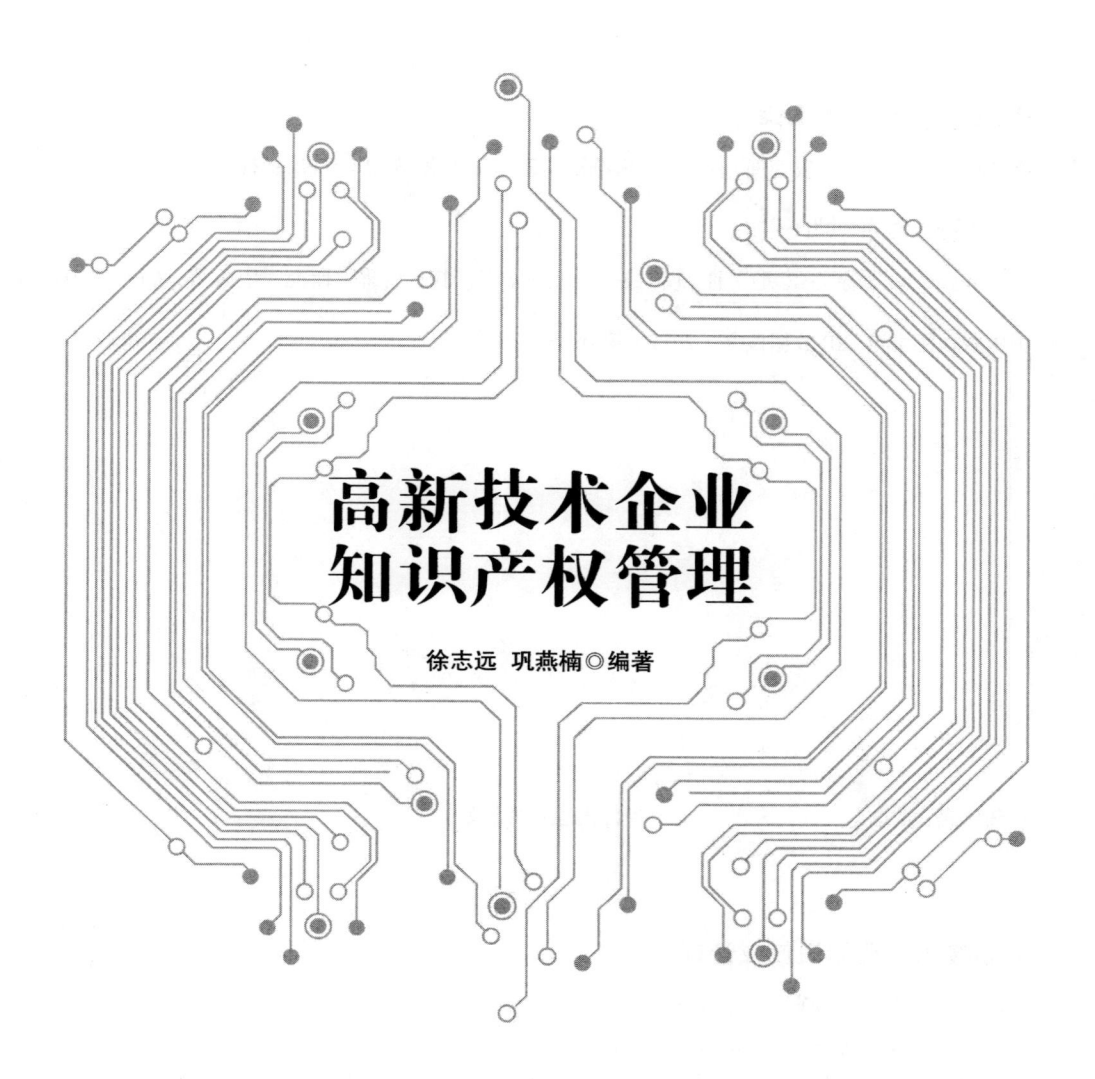

# 高新技术企业
知识产权管理

徐志远 巩燕楠◎编著

知识产权出版社
全国百佳图书出版单位

图书在版编目（CIP）数据

高新技术企业知识产权管理 / 徐志远，巩燕楠编著 . —北京：知识产权出版社，2017.5

ISBN 978-7-5130-4903-0

Ⅰ.①高… Ⅱ.①徐… ②巩… Ⅲ.①高技术企业—知识产权—管理—研究—中国 Ⅳ.①D923.404

中国版本图书馆 CIP 数据核字（2017）第 086526 号

责任编辑：高志方　　　　　　　　责任出版：刘译文

高新技术企业知识产权管理

徐志远　巩燕楠　编著

出版发行	知识产权出版社 有限责任公司	网　　址	http://www.ipph.cn
社　　址	北京市海淀区西外太平庄 55 号	邮　　编	100081
责编电话	010 - 82000860 转 8512	责编邮箱	gaozhifang@cnipr.com
发行电话	010 - 82000860 转 8101/8102	发行传真	010 - 82000893/82005070/82000270
印　　刷	北京嘉恒彩色印刷有限责任公司	经　　销	各大网上书店、新华书店及相关专业书店
开　　本	720mm×1000mm　1/16	印　　张	13.75
版　　次	2017 年 5 月第 1 版	印　　次	2017 年 5 月第 1 次印刷
字　　数	222 千字	定　　价	48.00 元

ISBN 978-7-5130-4903-0

出版权专有　侵权必究

如有印装质量问题，本社负责调换。

本书得到了宁波市鄞州区知识产权协会、宁波市鄞州区高新技术促进会的大力支持

前　言

本人从事科技服务工作至今已有 25 个年头，其中在宁波市鄞州区知识产权协会工作亦有 15 年。科技服务需要花费大量时间和精力与企业进行沟通和交流，更需要调查和研究为企业开展针对性培训和服务，在协会工作的 15 年中，我们的工作得到了广大会员单位的大力支持和肯定。多年的工作经历，让我深知科技服务工作的不易，更深知我们宁波企业——尤其是民营企业的不易和企业管理工作者的不易。因为民营企业每一岗位的设置都是满负荷的，每一分钱的支出都会讲究是否"物有所值"。每个会员单位代表参加一次活动和培训，就意味着该代表将额外加班工作。因此，每次会员单位代表来参加活动和培训都令我感动，特别是 2016 年我们原鄞州区拆分为鄞州区和海曙区时，海曙区会员单位要离开我们协会那种依依不舍的场景，让我在协会工作中的忙碌和艰辛烟消云散。也正是因为协会这个平台，使我更了解会员单位和企业的需求。如何回报大家对我们知识产权协会的厚爱，是我近年来一直思考的问题。我想，结合我多年的工作经验，通过梳理在企业科技管理方面的工作思路，从而减少企业科技管理者的劳动强度，就是对大家最好的回报。因此，我们编写了这本《高新技术企业知识产权管理》，以协助广大高新技术企业更好更高效地开展知识产权管理工作。该书从一个基层科技服务工作者的视角出发，讲述了高新技术、高新技术企业、知识产权的概念；讲述了高新技术企业认定的要求、办法和要点；讲述了企业在商标、著作权、专利、商业秘密四个方面的管理工作要点；并通过国家倡导的《企业知识产权管理规范》要求，对高新技术企业知识产权管理工作的 PDCA——（策划、实施、检查、改进）的工作要点和方法进行了描述。可以说，本书既是一本高新技术企业和广大中小企业开展知识产权管理的工具书，也是一本广大企业管理工作者开展知识产权工作的科普书。

虽然本人从事科技服务（知识产权）工作二十余年，但编写过程中难免有疏漏和不当之处，恳请广大读者批评指正。

徐志远

目录 Contents

第一章　高新技术及高新技术企业概述……………………………………1
　　第一节　高新技术企业概述……………………………………………1
　　第二节　知识产权的内涵和范围………………………………………5
　　第三节　高新技术企业知识产权管理概述……………………………10
　　第四节　高新技术企业知识产权管理现状……………………………15

第二章　高新技术企业知识产权战略管理…………………………………23
　　第一节　高新技术企业知识产权战略管理概述………………………23
　　第二节　知识产权战略的国际经验……………………………………29
　　第三节　高新技术企业知识产权战略管理的主要内容………………33

第三章　高新技术企业认定及《企业知识产权管理规范》国家标准……45
　　第一节　高新技术企业认定政策发展历程……………………………45
　　第二节　高新技术企业的认定条件及程序……………………………49
　　第三节　高新技术企业认定与《企业知识产权管理规范》…………60

第四章　高新技术企业商标管理实务………………………………………69
　　第一节　企业商标概述…………………………………………………69
　　第二节　企业申请注册商标办理流程…………………………………75
　　第三节　高新技术企业商标注册策略…………………………………86
　　第四节　企业商标权管理………………………………………………88

第五章　高新技术企业著作权管理实务 ……………………………… 103
第一节　著作权及软件著作权概述 …………………………… 103
第二节　软件著作权登记流程及手续 ………………………… 113
第三节　高新技术企业著作权的保护 ………………………… 120

第六章　高新技术企业专利管理实务 ……………………………… 128
第一节　高新技术企业专利管理概述 ………………………… 128
第二节　高新技术企业专利的申请 …………………………… 135
第三节　高新技术企业专利获取与布局 ……………………… 146
第四节　高新技术企业专利的保护 …………………………… 159

第七章　高新技术企业商业秘密管理实务 ………………………… 171
第一节　高新技术企业商业秘密管理概述 …………………… 171
第二节　商业秘密保护的立法现状 …………………………… 174
第三节　高新技术企业保护商业秘密的法律风险 …………… 180
第四节　高新技术企业商业秘密管理实务操作 ……………… 183

第八章　企业知识产权贯标 ………………………………………… 194
第一节　知识产权贯标概述 …………………………………… 194
第二节　企业知识产权贯标的主要内容 ……………………… 198
第三节　企业知识产权贯标流程 ……………………………… 201

附录：企业知识产权管理常用法律规范一览 ……………………… 209

第一章 高新技术及高新技术企业概述

第一节 高新技术企业概述

一、高新技术及高新技术企业的概念

我国经济社会走的是全面协调可持续发展和新型工业化道路，无论是提高技术含量和经济效益，还是降低资源消耗、减少环境污染，都必须建立在技术进步的基础之上。新型工业化道路决定了技术进步在我国经济社会发展中的重要地位。建立在对自然资源环境长期高强度开发和利用基础上的传统工业，已经使我国的资源与环境状况不堪重负。我国的国情和需求，决定了我国必须走技术创新的发展道路，推动经济增长方式的根本转变，使技术创新成为经济社会发展的内在动力和全社会的普遍行为，依靠制度创新和技术创新实现经济社会持续协调发展。

在科技发展日新月异、经济增长方式由粗放型向集约型转变的情况下，科技进步更成为经济增长的主要推动力和决定性制约因素，其中高新技术的飞速发展与经济日益密切结合，引发了新的产业革命，产生了一种新的经济形式——知识经济。在未来社会发展中，谁拥有的高新技术最多，谁也就取得了未来经济社会的领先地位。

高新技术就是指那些对一个国家或一个地区的政治、经济和军事等各方面的进步产生深远的影响，并能形成产业的先进技术群。其主要特点是高智力、高收益、高战略、高群落、高渗透、高投资、高竞争、高风险。

经济合作与发展组织（OECD）出于国际比较的需要，用研究与开发的强度定义及划分高新技术产业，并于1994年选用R&D总费用（直接R&D费用加上间接R&D费用）占总产值比重、直接R&D经费占产值比重和直接R&D占增加值比重3个指标重新提出了高新技术产业的4分类法：即将航空航天制造业、计算机与办公设备制造业、电子与通信设备制造业、医药品制造业等确定为高新技术产业。

这一分类法为世界大多数国家所接受。

美国商务部提出的判定高新技术产业的主要指标有两个：一是研发与开发强度，即研究与开发费用在销售收入中所占比重；二是研发人员（包括科学家、工程师、技术工人）占总员工数的比重。高新技术产业主要包括信息技术、生物技术、新材料技术三大领域。

此外，加拿大认为高新技术产业的认定取决于由研发经费和劳动力技术素质反映的技术水平的高低。而法国则认为只有当一种新产品使用标准生产线生产，具有高素质的劳动队伍，拥有一定的市场且已形成新分支产业时，才能称其为高新技术产业。澳大利亚则将新工艺的应用和新产品的制造作为判定的显著标志。

在2008年，我国国家科技部、财政部、国家税务总局联合印发了《高新技术企业认定管理办法》，该办法在附件《国家重点支持的高新技术领域》中划定了高新技术的范围。2016年，根据《中华人民共和国企业所得税法》及其实施条例有关规定，为加大对科技型企业特别是中小企业的政策扶持，有力推动大众创业、万众创新，培育创造新技术、新业态和提供新供给的生力军，促进经济升级发展，科技部、财政部、国家税务总局对《高新技术企业认定管理办法》进行了修订完善。根据2016年最新修订的《高新技术企业认定管理办法》及《国家重点支持的高新技术领域》的规定，我国高新技术范围划定为：电子信息、生物与新医药、航空航天、新材料、高技术服务、新能源与节能、资源与环境、先进制造与自动化八大类领域。

我国对于高新技术企业的定义也较为明确，指在《国家重点支持的高新技术领域》内，持续进行研究开发与技术成果转化，形成企业核心自主知识产权，并以此为基础开展经营活动，在中国境内（不包括港、澳、台地区）注册的居民企业。上述定义包括了三层含义，一是企业所从事的研究开发和生产经营活动必须属于《国家重点支持的高新技术领域》所规定的范围；二是企业必须拥有核心自主知识产权，以便形成持续的自主研发能力；三是企业必须通过自身的研究开发与技术成果转化活动取得主营业务收入。通过上述定义可以看出，没有开展研究开发活动，单纯从事高新技术产品生产加工或者单纯购买技术而不从事消化、吸收的企业，不能被认定为高新技术企业。

二、高新技术企业的特点

高新技术企业以高新技术为基础，有企业核心自主知识产权，是知识技术密集型的企业。高新技术企业的主导技术必须属于所确定的高技术领域，因此高新技术企业也具有自己的、与传统企业不同的特点。

1. 高新技术企业的创新性高

　　高新技术企业是技术创新的开拓者。高新技术企业大多先有自己的研究成果和技术，然后再建立企业以实现技术的商品化。高新技术企业存在的前提是科学技术的创新，没有科学技术的发明创造，高新技术企业就失去存在的基础。因此，知识和对知识的创新是高新技术企业价值创造的核心，也是高新技术企业最重要的战略性资源。相对于其他企业，高新技术企业无形资产的比例较高。

2. 高新技术企业的成长性高

　　高新技术企业的产品凭借其创新性和高技术性可以迅速占领市场，从而能获得比传统企业更多的市场，也将产生巨大的经济效益。与此同时，由于高新技术企业市场占有率高，容易吸引投资人投资，使得企业更有资本与实力对产品进行投入，又促进了企业进一步的成长。民营高新技术企业一般是中小型企业或处于起步阶段的新兴公司，由于起步阶段规模小、投资少、风险有限，所以很多投资人愿意投资这种尚未成熟的公司。许多著名的高新技术企业用不到几年的时间就跨越了传统企业需要的成长历程。高新技术企业要制定和完善自己的企业知识产权战略，才能有效保障高新技术企业的快速成长。

3. 高新技术企业面临的风险高

　　任何技术及产品的开发都具有风险。传统企业面临的技术风险相对来说比较小，而高新技术企业由于具有明显的创新性和开拓性，在研发过程中会遇到许多难以预料的困难和不确定性，具有较大的风险。除了技术风险，高新技术企业还面临产品研发失败的风险，以及资金投入失败或资金链断裂的风险、自主知识产权被侵权的风险等。

4. 高新技术企业的收益性高

　　由于高新技术企业研发的产品大多为知识密集型和技术密集型产品，新颖性和高技术特性高，这些技术或产品一旦拥有自己的知识产权，就具有很强的垄断性，能迅速占领市场从而可以取得市场竞争优势，获得更大的利润空间。因此高新技术企业为了获得高收益，更要加强企业的知识产权保护，进行完善的高新技术企业知识产权管理。

三、高新技术企业的分类

根据不同的划分标准，可以将高新技术企业划分为不同种类的企业，如按照企业所处的行业划分，可以将高新技术企业分为制造型高新技术企业、服务型高新技术企业、信息型高新技术企业等。还可以按照企业规模大小，划分为大型高新技术企业、中型高新技术企业和小型高新技术企业。

四、我国高新技术企业发展现状

在2017世界经济论坛年会上，中国国家主席习近平指出："我们必须在创新中寻找出路。只有敢于创新、勇于变革，才能突破世界经济增长和发展的瓶颈。"

在"十二五"时期，中国技术创新进入黄金时期，出现了流量与存量的爆发性"双增长"，从过去技术引进国转变为仅次于美国等国家的技术创新大国。在刚刚过去的2016年，中国技术创新保持强劲增长，实现"十三五"时期开门红。相关数据显示，2016年，中国发明专利申请受理量为133.9万件，比2015年增长21.5%，居世界第一位，每万人口发明专利拥有量达到8件，比2015年增长27.0%。知识产权专业国际智库预测，"十三五"时期，中国有望超过美国、日本，跃居世界第一。

中国技术创新主体主要为各大高校科研院所、大型国企和民营企业，其中民企已经成为发明专利申请的主力军。据世界知识产权组织中国办事处主任陈宏兵介绍，2015年，在国际专利申请量前20名的实体中，中国高科技企业占4席，华为蝉联全球第一，中兴连续三年保持前三，京东方和腾讯分别占据第14位和第20位。在大学申请排名中，清华大学和北京大学分别位列第8位和第11位。

华为从2万元起家，从名不见经传的民营科技企业，发展成为世界500强，其成功的秘密就是创新。

"不创新才是华为最大的风险"，华为总裁任正非的这句话道出了华为骨子里的创新精神。"回顾华为20多年的发展历程，我们体会到，没有创新，要在高科技行业中生存下去几乎是不可能的。在这个领域，没有喘气的机会，哪怕只落后一点点，就意味着逐渐死亡。"正是这种强烈的紧迫感驱使着华为持续创新。创新无疑是提升企业竞争力的法宝，同时它也是一条充满了风险和挑战的成长之路。尤其在高新技术产业领域，创新被称为一个企业的生存之本和一个品牌的价值核心。也正是华为坚持创新的血液，根据2015年华为年报数据显示，华为2015年营收、纳税双超BAT总和。

2015年，华为向苹果公司许可专利769件，苹果公司向华为许可专利98件。同年5月25日华为在美国、中国同时向三星起诉，要求三星立即停止侵权行为，并向华为进行赔偿。7月6日华为再次在美国本土起诉美国第四大运营商T-Mobile。

华为向三星等科技巨鳄诉讼，与苹果公司专利交叉许可，坐上全球专利"一哥"的华为代表着中国专利强企已经逐步掌握最高话语权，进入了敢与国际科技巨头叫板的新阶段，中国企业全球化处处受到跨国企业掣肘的时代一去不复返。

但是，除了华为等顶尖的大型高新技术企业，我们也应当看到，其他实力与华为等大型高新技术企业无法匹敌的中小企业，仍然有多数处于创新价值链的低端。与发达国家相比，我国技术创新的能力仍然存在较大差距，缺乏核心自主知识产权和自主品牌，整体创新能力还很弱，拥有核心和关键技术领域的自主知识产权数量和质量仍然有待提高。我们看到，制约我国高新技术企业发展的主要瓶颈就是：很多核心技术掌握在发达国家的企业手中。据不完全统计，我国近半数发明专利申请来自国外。特别是在高技术领域，美、日两国拥有的专利总量占世界专利总量高达90%，包括中国在内的其他发展中国家仅仅占有10%左右。没有核心技术的自主知识产权，在国际技术标准的建立上就没有发言权。

自主的知识产权和自主品牌、自主创新能力匮乏等问题，造成我国很多高新技术企业处在行业下游，在价值链的分工中，从处在技术创新的上游跨国公司获取一些成熟技术和知识产权，为跨国公司加工制造产品，赚取少得可怜的加工费，这也是"中国制造"而非"中国创造"的尴尬之处。

第二节　知识产权的内涵和范围

一、知识产权的概念

对于什么是知识产权，学术界一直以来有很多争论的观点。"知识产权"作为一个具有明确法律意义的概念，是19世纪后期才产生的。"知识产权"（Intellectual Property）又称"智力成果权"，即人们对于自己在科学技术、文化艺术等领域中创造的精神财富所享有的权利。知识产权最早诞生在工业革命的发源地——英国。1883年由11个国家签署的《保护工业产权巴黎公约（Paris Convention for the Protection of Industrial Property）》（以下简称《巴黎公约》）标志着现代知识产权国际保护的开始。1967年，在斯德哥尔摩签订的《建立世界知识产权组织公约》（以下简称《WIPO公约》）将知识产权解释为：人类智力创造的成果所产生的权利。"知识产权"（Intellectual Property）是涉及知识成果和知识价值的一种权利，是自然人、法人和其他组织对其科学技术、文化艺术、工商经贸等领域里创造的精神财富所依法享有的专有权。简要地说，是人们对通过脑力劳动创造出来的智力成果和知识财产所依法享有的权利，这种权利是一种民事权利。

对我国来说，知识产权是个外来语，是对英文intellectual property的一种翻译。对知识产权的概念，我国学术界各种观点和争论颇多。在刘春田教授主编的《知识产权法教程》中，将知识产权定义为："知识产权是智力成果的创造人依法享有的权利和生产经营活动中标记所有人依法享有的权利的总称。"[1] 吴汉东教授主编的《知识产权法》中的定义为"知识产权是人们对于自己的智力活动创造的成果和经营管理活动中的标记信誉依法享有的权利。"[2]

二、知识产权的范围

按照世界知识产权组织公约第2条（8）款规定的知识产权定义，知识产权包括下列权利：

（1）与文学、艺术及科学作品有关的权利，即版权或著作权；

（2）与表演艺术家的表演活动、与录音制品及广播有关的权利，即邻接权；

（3）与人类创造性活动的一切领域的发明有关的权利，即专利权（包括发明专利、实用新型和非专利发明的权利）；

（4）与科学发现有关的权利；

（5）与工业品外观设计有关的权利；

（6）与商品商标、服务商标、商号及其他商业标记有关的权利；

（7）与防止不正当竞争有关的权利；

（8）一切其他来自工业、科学及文学艺术领域的智力创作活动所产生的权利[3]。

其中第8款几乎是无所不包的兜底条款，且该公约的第16条明文规定了"对本公约，不得做任何保留"，今后再出现可受保护的客体，公约亦无须修订增补。

在世界贸易组织（WTO）文件中的《与贸易有关的知识产权协议》（TRIPS）

---

[1] 刘春田.知识产权法 [M].北京：中国人民大学出版社,2000.
[2] 吴汉东.知识产权法 [M].北京：中国人民大学出版社,2009.
[3] 国家科学技术委员会.中国的知识产权制度 [M].北京：科学技术文献出版社,1992.

中亦有对知识产权的范围界定，于协议的第一部分第1条中包含的知识产权的范围如下：

（1）版权与邻接权；

（2）商标权；

（3）地理标志权；

（4）工业品外观设计权；

（5）专利权；

（6）集成电路布图（拓扑图）权；

（7）未披露过的信息专有权。

其中第（7）款"未披露过的信息专有权"，主要是指工商业经营者所拥有的经营秘密和技术秘密等商业秘密。此外，该协议还把"集成电路布图设计权"列为知识产权的范围。随着科学技术的迅速发展，知识产权保护对象的范围不断扩大，不断涌现新型的智力成果，如计算机软件、生物工程技术、遗传基因技术、植物新品种等，也是当今世界各国所公认的知识产权的保护对象。

在我国，知识产权分为工业产权、著作权和其他类产权。工业产权是指由发明专利、商标以及工业品外观设计等方面所组成的，主要包括专利权、商标权、商标邻接权、制止不正当竞争权以及其他权利。专利权是指发明创造人或其权利受让人对其特定的发明创造在一定的期限内依法享有的独占实施权，包括发明、实用新型和外观设计。商标权是指商标主管机关依法授予商标所有人对其注册商标受国家法律保护的专有权，主要作用是维护产业活动中的秩序。此外，商标邻接权、制止不正当竞争权也包含在知识产权的范围中。著作权，又称为版权，是指由自然科学、社会科学以及文学、音乐、戏剧、绘画、雕塑、摄影和电影摄影等方面的作品组成的，主要包括狭义的著作权、与著作权有关的邻接权以及计算机软件著作权等。狭义的著作权可分为发表权、署名权和发行权等权利；著作权邻接权包括表演者权、录音者权、广播组织者权以及其他权利。其他类产权包括：商业秘密、技术秘密、植物新品种权、集成电路布图设计专有权等。

三、知识产权的特点

知识产权作为一种特殊的民事权利，有其不同于其他民事权利的特点。

（一）专有性

专有性也称垄断性或独占性，是指知识产权专属权利人所有。知识产权所有人对其权利的客体享有占有、使用、收益和处分的权利。权利所有人有权许可或者不许可他人使用其获得的知识产权。

知识产权的专有性决定了企业可以充分运用国家知识产权法律制度加强企业知识产权管理和运营，通过建立完善的企业知识产权管理体系，有效利用法律武器打击竞争对手，以获得较高的市场竞争地位。

（二）地域性

由于当今的世界是由各个国家构成的，因此知识产权就必然具有地域性。在中国拥有一项技术的专利权可能在其他国家却不被法律保护。这是由于在目前情况下，法律和法制还是国度性的，因此就产生了协调地域和国度差异的知识产权国际组织，以及相应的公约等，这是各国相关法律的协调，也是现代经济的特征之一。

（三）时间性

知识产权都有法定的保护期限，一旦保护期届满，权利自动终止。这一点同其他产权有很大不同。有些知识产权，如商标权，期限可以无限制的续延，但如不履行法定手续，也可能提前终止。此外，商业秘密也并不受时间性的限制。因此，企业需要配备专职的知识产权管理人员负责企业知识产权的日常维持和保护。

四、知识产权的作用

知识产权在鼓励创新、促进发明成果的推广应用、引进国外先进技术、改善我国市场环境方面正发挥着日益重要的作用。知识产权制度，一是极大地推动了我国发明创造活动的蓬勃发展。二是为引进国外先进技术创造了良好的环境，知识产权制度为我国良好的外商投资环境提供了重要保障条件。三是大大推动了创新成果的产业化。因此，知识产权无疑是高新技术企业不可回避的、最重要的主题词。在经济全球化的背景下，知识产权的作用显得尤为突出。知识产权不仅仅是一种重要的无形资产，也是高新技术企业强有力的竞争武器。在经济生活中，知识产权不仅作为无形资产具有相当的经济价值，而且作为一种法定的智力成果权具有巨大的商业竞争价值，这已经成为经济全球化时代的生产要素和技术创新竞争优势的基础。

知识产权保护旨在通过商标、专利、著作权等关于知识产权的法律规章制度，使得知识产权的权利人享有该项知识产权并且不受他人侵犯。而企业实施知识产权管理追求的目标很明确，就是获得市场优势，从而取得最高的利润回报。

五、我国高新技术企业知识产权发展现状

2001年中国成功加入世界贸易组织，国外跨国企业开始纷纷进入国内市场，使得国内市场竞争更加紧张，同时国内企业也逐步进入国际市场，参与激烈的国际市场竞争。在竞争激烈的国际竞争与合作中，我国高新技术企业的知识产权意识逐渐增强。政府也提出国家知识产权战略，开始支持和鼓励企业进行知识产权开发，对企业的知识产权管理予以指导，加强了高新技术企业知识产权创造、保护、管理和经营能力。根据国家统计局官方网站数据显示，我国高新技术企业科技创新积极性逐年高涨，知识产权创造能力不断提高。单就知识产权中专利这一项为例，截至2015年，全国高技术产业专利申请数量均在十万件以上，详情见下图：

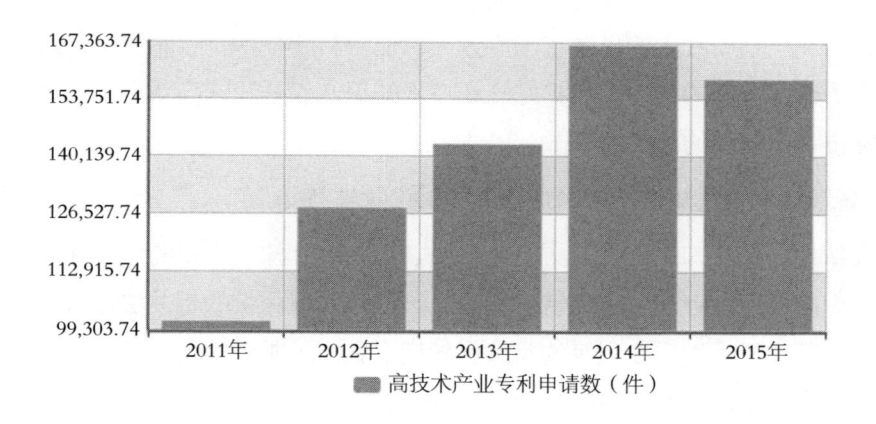

然而在高新技术企业知识产权保护日益发展的光环背后也有许多阴影。相较于发达国家，我国企业自主产权保护意识仍相对薄弱，知识产权保护力度弱，企业知识产权被盗，侵权行为严重，大量科技成果及商品被模仿、假冒，在消费者的利益得不到保障的同时大大降低了企业的信誉度，使企业形象打折扣；另一方面，由于高新技术企业需要大量的技术人员支持，在知识产权保护力度不够的情况下，一些非正常的人员调动或者离职都可能会使企业知识产权遭到破坏及流失。高新技术企业领导者必须认清当前经济发展局势，增加自身知识产权保护意识，不断完善企业知识产权保护办法和管理措施，全面加强和完善高新技术企业知识产权的保护。

六、高新技术企业知识产权保护的特点

高新技术企业作为知识产权的富集地和主要输出源,其知识产权保护也有与传统企业不同的地方。

(一)高新技术企业知识产权的保护对象及范围比较特殊

高新技术知识产权保护的对象是人类现阶段的尖端技术,具有关键性作用。高新技术是信息技术、航天技术、生物技术、激光技术、能源技术、自动化技术和新材料技术等前沿科学技术,对中国未来的经济以及社会发展有着深刻影响。高新技术知识产权保护范围非常广泛,涉及专利、商标、版权、商业秘密乃至技术合同等多方面问题,因此需要多层次多角度协作才能取得成效。

(二)高新技术企业知识产权的应用成效特殊

高新技术企业知识产权的应用成效十分显著,高产出,高回报率,企业可获得高额利润。高新技术的投资高和成效大,使得高新技术企业始终将高新技术的发展作为企业运营的核心。保护好高新技术知识产权是我国高新技术企业在国内及国际市场中取胜的法宝。

(三)高新技术企业知识产权保护期限和诉讼管辖特殊

高新技术企业知识产权的更新速度快、周期短,知识产权的保护期相比于一般的知识产权而言存在一定的特殊性。我国知识产权保护的相关法律法规分别对商标权、著作权、发明专利等的具体保护期限做出了明确规定,但是相对于一项高新技术可能被淘汰的较短时间而言,这些规定的现实意义是十分有限的。同样,不同于传统产业知识产权的管辖,由于涉及最前沿的科技知识和技术成果,高新技术知识产权的诉讼管辖需要专业素质更强的法院来管辖,我国的知识产权法律规定此类知识产权纠纷由中级或中级以上的人民法院来管辖。

第三节 高新技术企业知识产权管理概述

一、企业知识产权管理

企业知识产权管理是指为规范企业的知识产权工作,在现有法律法规的框架

之下，最大限度的发挥知识产权在企业发展中的作用，促进企业技术创新，加强企业自主知识产权，提升企业市场竞争能力，从而使企业能够更加有效地进行知识产权创造、运用、保护和管理，而围绕企业知识产权所展开的计划、组织、协调和控制的系列活动。[①]

企业知识产权管理与企业生产经营管理直接相关，是企业整体经营发展范畴的一个重要组成部分。其基本任务是围绕企业技术开发、资产的有效配置和运营、市场的积极开拓、挖掘企业知识产权蕴涵的巨大商业价值等方面进行的。企业善于保护、管理、运营知识产权，就能够在现代企业的经营管理中充分地拓展自己的市场空间和技术空间，获得市场和竞争的主动权。以企业商标管理为例，它与企业市场营销、广告宣传、市场竞争、企业形象等管理手段、策略紧密相关。所以，企业知识产权管理应纳入企业生产经营管理之中并贯穿于生产经营管理的各个方面。

二、高新技术企业知识产权管理及其内容

高新技术企业知识产权管理就是以高新技术企业为对象，以知识产权及企业管理制度为基础，健全和完善企业自身知识管理，激励知识产权开发、知识产权保护和知识产权的运营，提高企业的知识创新能力和国际竞争力，推动高新技术企业持续发展的系列活动和措施。

高新技术企业知识产权管理具体包括以下几方面内容：

1. 制定明确的知识产权战略

高新技术企业知识产权战略的制定应当放在企业知识产权管理的首位，并加入到企业发展的战略中去加以综合、系统的考虑，将知识产权战略作为企业整体战略的一部分，而不是作为独立或孤立的战略。这样做的目的除了使高新技术企业对企业的知识产权管理有一个全局性的把握以外，还能够让全体员工有一定的知识产权意识，有利于以后工作的开展。同时，高新技术企业可以根据所在的行业特点，确定知识产权战略的重点，并根据形势的发展及时进行调整。此外，高新技术企业还要制定明确的知识产权管理指导方针来保证知识产权战略的有效实施。

---

① 曾德国. 企业知识产权管理 [M]. 北京：北京大学出版社，2015.

2. 建立完善的知识产权管理制度

高新技术企业应当根据企业知识产权管理的所有流程制定相应的制度，并且要涉及企业日常工作及管理的各个方面，同时，在具体制度的实行过程中要不断完善，力求通过制度的制定对高新技术企业知识产权的管理起到保障作用。

3. 设置知识产权管理部门

知识产权管理部门是高新技术企业进行知识产权管理不可缺少的一部分，它作为高新技术企业管理的一个必不可少的部门，应该与企业的财务部、营销部、人事部等部门相互配合，协同发展。知识产权管理部门应当配备既了解相关技术又熟悉相关知识产权法律法规的专职人员。在企业知识产权的保护和管理工作中，各部门要相互交流与配合，才能发挥最大合力。

4. 增强员工的知识产权意识

员工进入高新技术企业时，企业应对其进行知识产权方面的培训，包括知识产权法律制度、文件管理及保密规定、知识产权发明、申请、应用、维权程序和途径等。经过教育培训，逐步形成员工自觉遵守法律制度和保护企业知识产权的意识。并且，要企业内部经常开展知识产权保护方面的宣传和教育，普及知识产权知识。同时，通过协议约束措施、制度约束措施、机制引导措施、法律制裁措施等的组合来防范因企业人员流动导致的企业知识产权的流失。

5. 建立知识产权预警、监控与纠纷处理机制

高新技术企业应进行知识产权侵权监控，预防其他企业及个人对企业的在先权利造成侵蚀和损害。侵犯高新技术企业知识产权的行为，应当根据不同情况采取诉讼和非诉讼的措施进行处理。

三、高新技术企业知识产权管理的特点

1. 经营战略性

高新技术企业知识产权管理，是具有战略意义的系统工程。在知识日新月异、科技发展迅猛的今天，全球商业环境的时代性变革使竞争日趋激烈，单个企业越来越难以保持其竞争优势，传统经营理念也越来越难以直接有效地帮助企业获得经营优势。许多企业缺乏对知识产权管理的战略意识，没有对企业知识产权管理

的系统规划，投机思想较重，普遍存在追求短期高额盈利的急功近利现象。在这种情况下，作为知识经济主要依托的高新技术企业只有将知识产权提高到战略管理的高度，才能更好地以未来为主导，立足于自身资源与外部环境变化，把企业的重要资源集中到合适的经营业务上，发展其独特的核心能力，培育企业的核心专长、取得长足的竞争优势，这是高新技术企业特别是中小型高新技术企业要实现改革与发展的当务之急。

2. 持续创新性

企业的目标是追逐高额的利润，而高额的利润必须有高附加值的产品和高效率的生产技术。要做到这点，企业必须自己从事研究开发，以技术创新来取得众多的知识产权，特别是专利权、商标权等无形资产权，以形成自己的垄断地位。通过对《高新技术企业认定管理办法》的分析，我们可以看出，企业的自主研发能力和创新能力是认定高新技术企业的核心。按照《高新技术企业认定管理办法》的规定，高新企业是在国家重点支持的高新技术领域内，持续开展研究开发活动，并进行科技成果转化，形成企业核心自主知识产权，并以此为基础开展生产经营活动。因此，没有持续开展研究开发活动，没有核心自主知识产权，单纯从事高新技术产品生产加工的企业，是不能被认定为高新技术企业的。高新技术企业认定中，对企业知识产权情况采用分类评价方式，其中发明专利（含国防专利）、植物新品种、国家级农作物品种、国家新药、国家一级中药保护品种、集成电路布图设计专有权等按Ⅰ类评价；实用新型专利、外观设计专利、软件著作权等（不含商标）按Ⅱ类评价。按Ⅱ类评价的知识产权在申请认定高新技术企业时，仅限使用一次。此外，通过认定的高新技术企业，其资格有效期为自颁发证书之日起三年，也就是说，三年到期后，企业要申请重新认定，这就对企业的持续创新能力提出了更高的要求。因此，企业尤其是高新技术企业，在知识产权管理上就尤其要注意持续创新性，也就是说，想申报高新技术的企业和已经成为高新技术的企业，都要在相当长的时期内持续不断地推出、研发与实施新的创新项目与服务，并在此基础上做好知识产权的管理工作。

3. 时效紧迫性

企业知识产权管理的目标，就是为了更快地占据市场和获得更大的市场竞争优势。现代科技的高速发展和与传统工业的快速融合所催生出来的新产品、新技术、新业态，迫使高新技术企业必须快速借助各种管理手段提升创新能力，从而提升企业的市场竞争力。由于市场是不断变化的，企业知识产权管理也不能一成不变，而是要根据企业所处的市场地位的变化来不断调整原有知识产权管理系统的结构及运作方式，以适应快速变化的市场环境。因此企业要积极利用各种可以利用的信息，如专利信息和其他经济信息等，提升和改进自己的知识产权管理水平，不断地随着市场和环境的变化进行改变。创新不仅仅体现在技术变革上，还应该包括经营模式、管理方式的变革。市场需求和经营模式的创新驱动技术变革，技术变革反过来推动经营模式转变和市场发展，企业只有时刻对新技术保持足够的敏锐度，作市场的快速反应者，才能不断推陈出新，打造金字招牌。

四、高新技术企业知识产权管理的作用

（一）提高企业知识产权数量和质量，促进企业自主创新

知识产权的数量和质量是高新技术企业实力的象征。高新技术企业为了提高知识产权拥有量和知识产权质量，首要就是加强企业的知识产权管理。一方面建立合理的知识产权激励制度和利益分配制度，可以有效地激发高新技术企业科研人员及技术人员的创新热情，充分发挥他们的聪明才智，从而提高企业的知识产权创造数量。另一方面，通过有效的知识产权管理可以提高高新技术企业知识产权质量。高新技术企业通过建立知识产权检索与检验制度，加强知识产权信息管理，及时了解该技术领域的国内外技术研发动态，避免了低水平的重复研发和无效知识产权的产生，提高知识产权的产出质量。

与此同时，由于知识产权管理同时也保护了高新技术企业技术创新的成果，使其获得较高的经济收益和社会效益，这将有利于技术创新的进一步投入，形成良性循环，促进技术创新的持续发展。

（二）提高高新技术企业经营水平，获得更大的经济效益

高新技术企业创造知识产权的最终目的就是合理经营知识产权，利用知识产权为企业获得最大的经济利益和社会效益。企业知识产权管理水平的高低制约着企业知识产权经营能力能否充分发挥。高新技术企业获得知识产权以后，可以采用多种方式经营企业的知识产权资源，比如：知识产权转让、知识产权许可和将知识产权产品化。高新技术企业通过制定合理的知识产权战略，将知识产权资源综合规划，采取合适的方式进行知识产权贸易，合理经营企业知识产权资源，获

得更大的经济效益。

(三)科技资源得以合理利用,促进技术的优化配置

高新技术企业通过对知识产权进行有效管理,将企业拥有的技术通过公开而获得保护,使得其他人可以在此技术基础之上再进行创新创造,避免了其他人的重复创造,节省了人力、物力和财力,提高了创新的起点和高度,技术得以流动和传播,由此推动了科技的不断更新和进步,科技资源得以合理利用。同时,高新技术企业通过知识产权的有效管理,可以规范技术市场,打击假冒伪劣产品对知识产权产品的不良竞争行为,保障好技术的传播和发展,从而也推动技术的不断进步。

第四节　高新技术企业知识产权管理现状

一、我国高新技术企业知识产权管理现状分析

随着改革开放和国际贸易往来的不断加深,我国逐步制定和完善了知识产权相关法律规范,知识产权基本法律制度体系也初步完成,相比较西方发达国家,中国知识产权战略研究起步虽然较晚,但近年来一直处于高速发展状态,《商标法》《专利法》《著作权法》《反不正当竞争法》等法律的相继实施为中国高新技术企业进行知识产权管理提供了先决条件,为推进高新技术企业知识产权保护和运用提供了良好的制度环境。

入世之后中国积极履行《与贸易有关的知识产权协议》相关内容,不断完善已有的法律规章制度,使之与国际知识产权大环境相适应。中国国家知识产权战略实施纲要也已经确立,其战略目标就是把中国建设成为知识产权开发、保护、运营水平都较高的国家,进一步完善知识产权战略实施的法制环境,增强市场主体的知识产权能力,积极处理知识产权纠纷,国内自主知识产权水平和授权量能确保创新型国家的建设和发展,现有的知识产权法制环境对文化发展、经济繁荣和社会进步推动作用十分显著。

判断一个高新技术企业是否有效实施了知识产权管理,应从三个方面来衡量:一是取得和拥有的知识产权成果数量,即知识产权开发情况;二是高新技术企业

本身知识产权保护的优劣,即知识产权保护情况;三是知识产权成果的产业化程度,即知识产权运营情况。我国高新技术企业知识产权管理现状也可以从以上三方面分别来看:

1. 高新技术企业知识产权开发现状

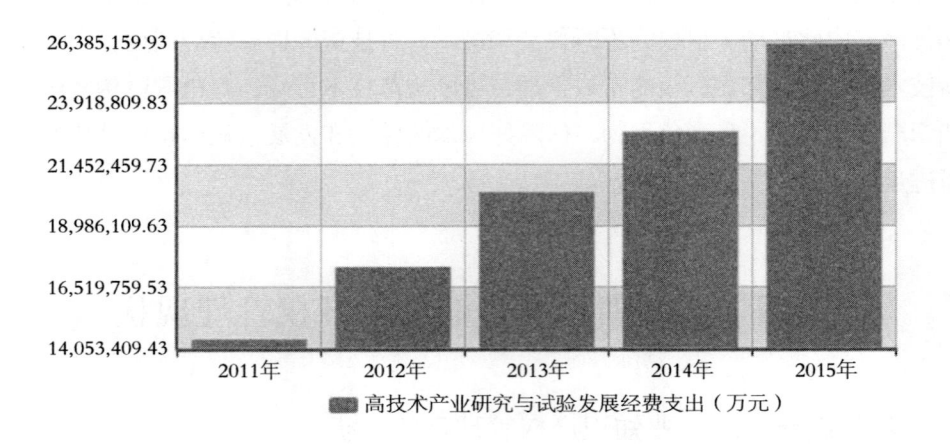

```
26,385,159.93
23,918,809.83
21,452,459.73
18,986,109.63
16,519,759.53
14,053,409.43
           2011年    2012年    2013年    2014年    2015年
              ■ 高技术产业研究与试验发展经费支出(万元)
```

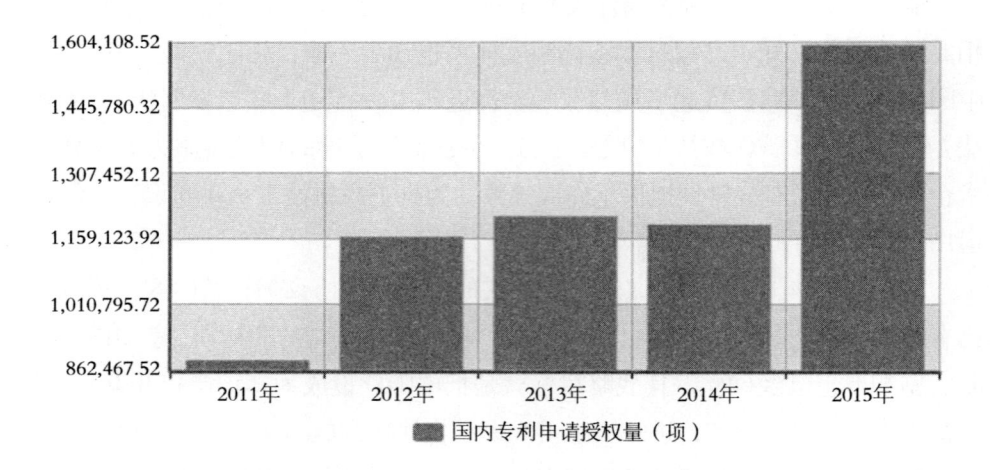

```
1,604,108.52
1,445,780.32
1,307,452.12
1,159,123.92
1,010,795.72
862,467.52
           2011年    2012年    2013年    2014年    2015年
              ■ 国内专利申请授权量(项)
```

随着中国知识产权法律制度的不断完善,在日趋复杂的市场供求压力的驱动下,许多实力较强的高技术企业都大幅度增加了知识产权的开发强度,为知识产权的开发和创造提供了充足的物质保证。根据国家统计局官方统计,2011年至2015年,全国高技术产业研究与试验发展经费支出逐年大幅度递增,2015年甚至达到了26266585万元。

在大量投入研究经费的保障下，我国高技术企业的专利授权量和受理量也在显著提高。

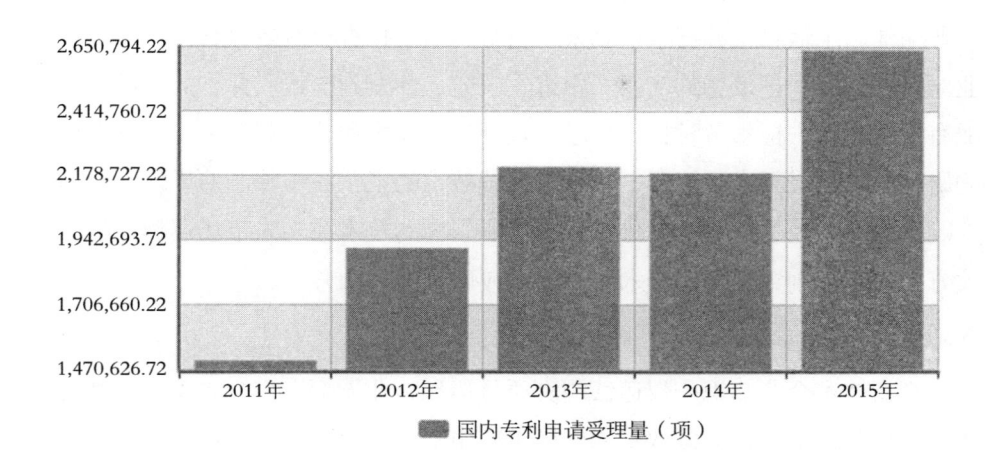

国内专利申请受理量（项）

2011年	约1,470,626
2012年	约1,900,000
2013年	约2,200,000
2014年	约2,180,000
2015年	约2,650,794

然而，通过数据我们也发现，中国高技术企业专利授权总量中实用新型所占比例最大，其次是外观设计，两者占了专利申请总量的绝大部分，而代表着核心技术的发明专利所占比例极小，如下图所示：

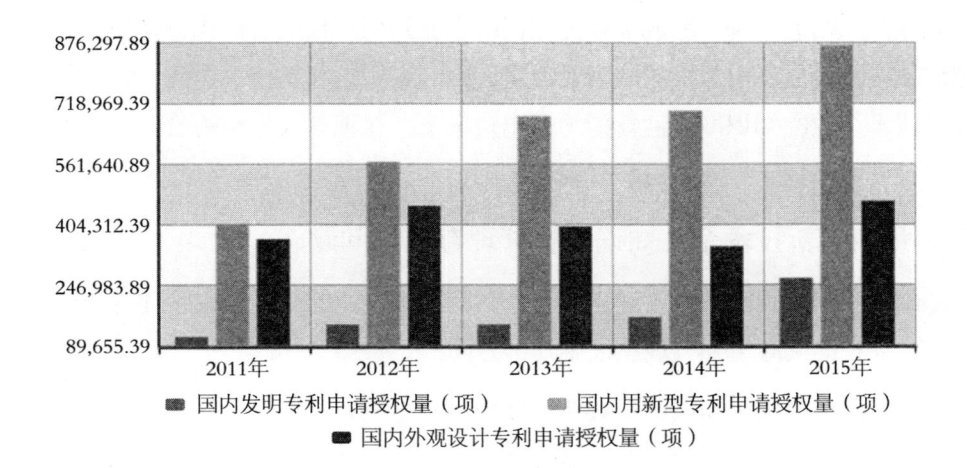

国内发明专利申请授权量（项）　国内用新型专利申请授权量（项）
国内外观设计专利申请授权量（项）

2. 国内高新技术企业知识产权保护现状

以往高新技术企业多注重能够迅速产生经济价值的成果，往往忽视了对有价值科研成果的确权保护，这样做往往严重损害了企业自身的利益，也削弱了企业本身的竞争实力,将辛苦研究成果无私贡献给了其他企业和机构。随着先进科学技术和知识在世界范围内的扩散和转移,中国高新技术企业已经逐步意识到从企业内部完善知识产权保护和管理的重要性。国内一些先进的高新技术企业目前已经普遍建立了信息资源搜索机制来对自身知识产权进行有效保护。这些高技术企业对新产品或工艺设想的产生、引进、研究、开发到扩散、保护的全过程中都已配有专门部门去检索各种技术文献,包括专利技术和非专利技术,同时有针对性的研究该技术最新进展情况,充分发掘该技术的工艺流程和制造手段,对迫切需要购买的专利技术进行评价分析,明确所引进的技术在未来市场运作过程中的主攻方向,提前制定好该项技术的知识产权保护策略和方针。①

3. 国内高新技术企业知识产权运营现状

高新技术企业知识产权运营的实质是运作企业无形资产,实现知识产权的商业化和社会化价值,运营效果的好坏主要由知识产权所产生的经济价值和社会价值来衡量,其结果也直接和高新技术企业的命运挂钩。作为中国知名民族企业和高新技术企业的典范,海尔集团的知识产权运营是一个成功的例子,海尔集团自从跨出知识产权战略的第一步开始,从简单的在全球范围内的商标注册和保护,到现在运用自主知识产权参与国际竞争,制定国家标准,将知识产权的经营作为企业经营战略的一种,形成了较为完善的企业知识产权运营模式,并在企业的全球化战略阶段显示出强大的威力。但是,中国大多数高新技术企业,特别是中小高新技术企业的知识产权运营能力还比较低下,忽视授权专利的价值、无力将知识产权进行市场化经营的情况普遍存在。

二、我国高新技术企业知识产权管理存在的问题

由于我国知识产权制度建立较晚,高新技术企业的知识产权管理意识还比较薄弱,存在的问题主要表现在以下几个方面:

1. 没有从战略高度对知识产权管理进行规划

高新技术企业知识产权战略作为企业知识产权管理工作纲领性策略和规划,是企业生存和发展的关键,是企业对知识产权管理工作进行整体性、全局性的筹划和安排,也是企业开展知识产权管理工作的战略保障。虽然目前大多数高新技

---

① 戴颖杰. 我国高新技术企业的知识产权保护 [J]. 兰州学刊, 2005 (6).

术企业已经认识到知识产权管理的重要性，但是还没有从战略高度上对企业的知识产权进行规划。

由于企业处在各个不同发展阶段，其知识产权战略具有多层次性和多样性，而战略是事关全局的中长期规划，这要求高新技术企业必须根据市场的导向来制定和实施适合的知识产权战略。此外，大多数高新技术企业关注有形资产及其管理，而对无形资产的重视不够。仅从专利方面看，很多高新技术企业甚至对研发工作的一些环节，包括选项、立项、专利申请、专利保护和研发成果的产业化没有一个总体的规划。

2. 没有健全的知识产权管理制度

知识产权管理制度是高新技术企业顺利开展知识产权管理工作重要的制度保障，企业应该制定健全的知识产权管理制度以保证知识产权管理工作能够在知识产权战略的指导下顺利实施。完善、健全的知识产权管理制度应该包括专利管理制度、商标管理制度、商业秘密管理制度、知识产权激励制度、知识产权保密制度、知识产权归属制度、知识产权侵权纠纷应对制度、知识产权检索和检验制度及其他相关知识产权制度。目前，虽然有一些大型高新技术企业制定了有关专利、商标、商业秘密的管理制度，但是更多的高新技术企业并没有这方面的管理制度。同时，高新技术企业在明确知识产权归属、激励知识产权产出、知识产权纠纷应对和解决、知识产权经营和评估等相关知识产权制度方面仍然存在很大不足之处，相当一部分企业知识产权管理制度不够完善，特别是中小型高新技术企业。企业知识产权管理制度上的不完善导致许多问题的发生：比如知识产权激励制度不完善导致技术研发人员创新积极性不高，知识产权数量产出少，知识产权产品转化率少，盈利水平相对不高；知识产权保护和检索制度欠缺，侵权行为增加等。

3. 缺乏对知识产权的产权化和产业化意识

目前我国的高新技术企业尚处发展阶段，对知识产权的保护工作重视不够，没有树立起良好的知识产权保护意识，比如有的企业只申请了我国专利而没有到国外去申请，有的企业商标由于不及时注册，造成被他人抢先注册，或者已注册商标由于没有及时进行续展注册而失去商标专用权，等等，许多拥有自主创新成果的高新技术企业遭受了不必要的损失。再者如很多高新技术企业疏于对知识产权的管理、保护，一些商业秘密、专有技术被科技人员带走，不仅造成本企业知识产权的流失，也抢夺了原有的销售市场，损失惨重。有些企业专利申请后，宣传力度不足，专利成果转化及推广利用率低，大量的授权专利不被市场接纳，或由于资金、企业目标等问题无法进行规模生产，难以商业化运作，产业化、商品化程度没有预想的高。

4.缺乏知识产权管理的专门部门或人才

良好的知识产权管理需要严密的组织和制度保障，这就必然需要高新技术企业配备专门的部门或人员去从事本企业的知识产权管理，起草专门的规章制度。然而，调查表明，我国很多高新技术企业并没有知识产权管理的专门人才，尤其是缺乏将知识产权管理与业务紧密结合的专门人才，致使企业的知识产权无人管理或者管理严重不力。

此外，高新技术企业知识产权管理人员不应局限于知识产权的申请、维护等一般性的工作，更应该参与企业经营管理战略的制定，积极配合处理研发、市场、生产等环节涉及的知识产权事务。而我国大多数高新技术企业知识产权管理机构地位设置不高，赋予知识产权管理人员的职责和权利相对有限，难以激发知识产权管理人员的工作热情积极投入到知识产权事业中。

三、高新技术企业知识产权管理的发展对策

（一）立足高新技术企业实际，制定相应的知识产权管理战略

对于高新技术企业来说，必须从战略高度上对企业的知识产权管理进行规划，将知识产权管理工作作为企业内部的基本的系统工程来加以对待，将知识产权创造、管理、保护，建立知识产权评估制度和预警机制，认真组织企业内部的知识产权培训，并从企业实际情况出发，结合市场导向，认真研究制定适合企业自身的知识产权管理战略，及时对本企业的知识产权实施保护，有效开展本企业的知识产权系统管理工作。虽然有些高新技术企业已经建立了自己的知识产权管理部门，但在日常工作中大多并未体现出应有的作用，而企业高层决策者也并未意识到从企业战略层面建立知识产权管理的重要性，一方面未能通过有效维权保护自身知识产权，另一方面，在企业内部也未能通过明确的知识产权战略调动研发人员的积极性。因此，在高新技术企业的未来发展中，应当在生产要素和收益的分配机制中加大知识产权管理工作的参与程度，通过立足于企业实际情况，建立符合企业未来发展方向的知识产权管理战略，从而不断提高知识产权工作在整个企业经营中的地位。

（二）完善企业自身的知识产权管理体系

高新技术企业应当在企业内部构建以鼓励自主创新为核心目标的管理体系和相应的规章制度。一方面在企业内部建立或完善知识产权管理部门，认真履行知识产权的申请、注册、登记、保护、纠纷处理等各项工作，通过人员的专业化提高知识产权工作效率；另一方面，通过知识产权管理体系的健全和相应规章制度的完善，提高企业内部研发人员的创新积极性，保障其在企业创新活动中的利益获取或补偿。

（三）加强知识产权管理与维权工作的人才培养

由于高新技术企业知识产权所具有的特殊性，在建立健全高新技术企业内部机制的同时，还应当注重对知识产权人才的培养。知识产权管理及维权工作对人员的专业知识结构具有很高的要求，既要了解企业实际情况，对有关的技术问题具有一定程度的了解和认识，又要非常熟悉相关法律法规和相关的法律程序。为了实现上述目标，一方面，高新技术企业应当不断加大内部培训与教育的力度，通过集中学习、案例研讨、经验解读、教训分析等多种形式，通过与实际工作的有效结合，提高全体员工的知识产权意识，并将其运用到实际工作中，从而达到提高整个企业知识产权管理水平的目的；另一方面，高新技术企业还应针对知识产权部门的实际情况，通过更多高层次的培训形式提高其业务能力和专业水平。

（四）积极促进企业的知识产权成果转化

尽管我国企业在知识产权申请和受理数量上有了大规模的发展，但是我国科技成果转化一直处于较低水平，知识产权对经济社会发展的支撑作用还未充分发挥出来。企业知识产权的科技成果转化与市场化运作仍有不少问题。

第一，知识产权保护不力是影响成果转化的核心问题。知识产权保护不力严重降低创新收益的预期，从而降低创新投入和先进技术的引进。我国对专利侵权实际赔偿额，远低于发达国家的标准。

第二，供给和需求的矛盾是制约成果转化的根本问题。科技成果不能有效转化，知识产权不能有效运用，一个重要原因在于存在严重的供给与需求不匹配。市场需求是知识产权科技成果转化的根本动力，任何成果转化都必须符合市场需求。实际上，很多知识产权成果转化是通过合作或者委托研发合同方式进行的，需求导向的成果转化是主要的转化方式。

第三，知识产权分散是制约转化运用的突出问题。国外一些有基于技术标准的专利池的企业或专利组合运营企业，为高科技企业提供一揽子许可协议，极大提高了转化运用的效率，而我国没有一家专利池或专利组合的许可企业。

第四，创业难是制约转化效率的主要瓶颈。知识产权转化的最好方式是对它进行投资，而我国绝大多数转化运用机构缺乏投资功能，投资基金与转化机构分离，同时现有法律政策缺乏对知识产权创业落地环节的支持。

第五，法律和政策规定不完善是制约转化的重要问题。我国知识产权转化的相关法律可操作性不足，原则性和上位性规定较多，但是缺乏实施细则，而且大量使用政策性语言，缺乏限制和规范性规定。

知识产权成果转化是一项十分艰巨的系统工程，涉及面很广，既有国家宏观政策方面的因素，又有企业转化供需双方等微观上的因素，上至法律规范下至企业运营细节，因此根据上问题我们也提出一些解决办法以抛砖引玉：

一是要从体系化上完善科技法律制度。要对相关法律实行系统修改，法律规定之间应不交叉、不重复、不冲突。法律要坚持市场决定原则，规定面向市场需求的转化运用模式并引导发展。

二是构建完善促进转化运用的政策体系。重点解决在法律中没有解决的制约科技成果转化和知识产权运用的突出问题。

三是加大对知识产权创业环节的支持。成果转化引导资金要加大对风投、保险和担保机构参与转化运用的支持。降低创新引导基金的政策门槛，发展专利混合质押贷款模式。制定支持转化运用的保险和再保险政策。

四是推动建立合理的科技成果转化收益分配制度。法律要坚持遵循兼顾合同和各方利益平衡原则，对做出实质性贡献的个人、部门和单位共享利益，建立相应的保障机制。探索建立职务科技成果知识产权按份共有制度。

五是完善科技评价制度。改革科技计划、能力评价、机构认定、人才选拔使用等知识产权评价政策，增加知识产权质量与转化运用指标，如专利实施率、许可合同数量与金额等。

第二章 高新技术企业知识产权战略管理

第一节 高新技术企业知识产权战略管理概述

一、企业知识产权战略

（一）企业战略的概念

《辞海》对"战略"一词的定义是：战略是重大的、带有全局性的或决定全局的谋划。早在1936年，毛泽东同志就在《中国革命战争的战略问题》一书中提到："战略问题是研究战争全局的规律性的东西"。随着社会的发展，战略的内涵也在不断扩大，现在通常认为：战略是带有全局性的、影响发展全局的重大问题；战略具有系统结构，包括战略思想、战略目标、战略方案、政策法律、动态调节机制等各个方面，具有层次性。

企业战略是对企业各种战略的统称，其中既包括竞争战略，也包括营销战略、发展战略、品牌战略、融资战略、技术开发战略、人才开发战略、资源开发战略、知识产权战略等。企业战略是层出不穷的，但归根起来是从属于企业的经营发展战略的，而从近年的科技发展速度来看，要搞好经营发展战略，必须以科技创新战略和知识产权战略为支撑，使三者互相支撑、互相促进。企业战略虽然有多种，但基本属性是相同的，都是对企业的谋略，都是对企业整体性、长期性、基本性问题的计谋。例如：企业知识产权战略是指为保持市场竞争优势，运用知识产权制度的企业整体性、长期性、基本性问题的计谋。以此类推，都是一样的。各种企业战略有同也有异，相同的是基本属性，不同的是谋划问题的层次与角度。总之，无论哪个方面的计谋，只要涉及的是企业整体性、长期性、基本性问题，就属于企业战略的范畴。

（二）企业知识产权战略及评价标准

企业知识产权战略属于企业战略与知识产权战略的交叉领域，是企业利用企业所享有的技术和其他知识资源上的差异优势，为超越竞争对手而制定的以适应企业内外部环境的经营发展规划。企业知识产权战略除了有企业战略基本的整体性、长期性、基本性的特点外,还具有全局性、综合性、纲领性、非独立性等特征。

  关于企业知识产权战略方案的选择,美国著名的战略管理学教授斯坦纳和迈纳曾提出20个评价企业战略的标准[①],对企业选择适合的知识产权战略具有一定的借鉴意义:

  企业战略目标是否与公司的使命和目标相适应;是否与企业所处的外部环境相适应;是否与企业内部的经营优势、政策、资源、管理者和员工的价值观相适应;是否在最小的风险接受水平和最大利润之间同公司资源和前景求得平衡;是否与企业在市场中的有利地位相配合,以及这种有利地位能否保持较长的时间;是否与企业其他战略相冲突;是否划分为适当的分战略,并且分战略是否保持良好的关系;是否用适当的标准和分析工具检验过;是否已通过制定可行的实施计划得到检验;是否同企业现有的产品生命周期相吻合;战略选择的时机是否得当;这种战略是否能够使本企业产品与竞争力强的企业产品相抗衡;是否留给客户抨击企业的权利,如果是,应重新考虑;这种战略是否仿效竞争对手的战略,如果是,应重新考虑;企业是否能将新产品或新的服务最先推向市场,如果是,将是企业优势所在;是否对竞争对手做出了详细准确的评估,是否过高或过低估计了竞争对手的实力;企业是否正在力图将国内滞销的产品销往国外;现有市场份额能否保证既定的投资收益率等。

(三)企业知识产权战略的类型

  从知识产权的权利内容上进行分类,我们可以把企业知识产权战略分为企业专利战略,企业商标战略,企业商业秘密战略和企业版权战略等。其中,专利战略和商标战略是知识产权战略中的两大支柱。

  从对知识产权战略的运作模式上进行分类,我们可以把企业知识产权战略分为进攻型、防御型和攻守兼备型。进攻型知识产权战略模式是指企业积极采取主动进攻的方式,把新型的研究技术发明及时申请专利、商标等获得应得的各种知识产权相关权利,借用知识产权的财产性和排他性占领市场;防御型知识产权战略模式是指在市场经济竞争模式中,由于竞争对手的知识产权在布局上对企业的生产服务产品产生了影响,对本企业相关产品的生产经营产生了阻碍,企业只能被动地采用改良等方式,在竞争中受制于人;攻守兼备型知识产权战略模式是一

---

① 王光甫等.企业战略管理[M].北京:中国财政经济出版社,2000.

种中间模式,是进攻型和防御型战略模式相结合的一种模式,攻守兼备型战略模式会依据企业自身的经营特点,同市场环境相融合,在市场竞争中采取进攻与防御随时转换的动态方式。

二、高新技术企业知识产权战略的制定

高新技术企业知识产权战略的制定应当建立在对高新技术企业内外部信息掌握与分析的基础上,知识产权战略制定人员应当对企业面临的外部环境和企业内部条件进行认真分析,分析结果将直接影响本企业制定和实施知识产权战略的成败,并且对本企业所处环境的分析将贯穿于知识产权战略管理的全过程。SWOT分析法是企业环境分析中最常见也是最主要采用的方法,即分析企业内部环境中的优势和劣势,以及企业外部环境中的机会和威胁。其中,内部环境是企业可以控制或改变的,但短期内不一定能够改变;外部环境是企业无法控制的,但对企业战略的实施具有极大影响。根据战略学派中定位学派的观点,形成战略的实质是将一个公司与其所处的环境建立联系,因此,企业知识产权战略的制定,必须使组织自身的条件与所处的环境相适应。在高新技术企业知识产权战略的制定过程中,要进行相关信息的收集工作,然后进行比较分析,最后制定决策。

SWOT分析,就是将公司的内部分析与产业竞争环境的外部分析结合起来,形成了结构化的平衡系统分析体系。与其他的分析方法相比较,SWOT分析从一开始就具有显著的结构化和系统性的特征。就结构化而言,首先在形式上,SWOT分析法表现为构造SWOT结构矩阵,并对矩阵的不同区域赋予了不同分析意义。其次在内容上,SWOT分析法的主要理论基础也强调从结构分析入手对企业的外部环境和内部资源进行分析。

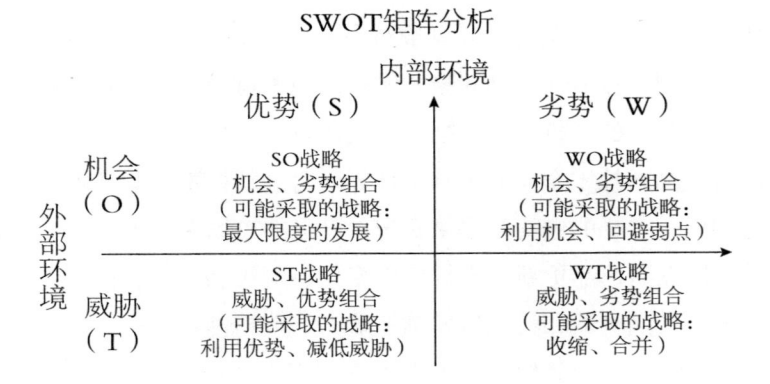

SWOT矩阵分析

	优势(S)	劣势(W)
机会(O)	SO战略 机会、优势组合 (可能采取的战略: 最大限度的发展)	WO战略 机会、劣势组合 (可能采取的战略: 利用机会、回避弱点)
威胁(T)	ST战略 威胁、优势组合 (可能采取的战略: 利用优势、减低威胁)	WT战略 威胁、劣势组合 (可能采取的战略: 收缩、合并)

(纵轴:内部环境;横轴:外部环境)

根据 SWOT 矩阵分析我们可得到四个象限：

S+O=SO（优势＋机会＝杠杆效应）当内部优势与外部机会相互一致和适应的时候，企业用内部优势赢得了外部机会，使机会和优势充分结合和发挥出来，产生杠杆效应，表现为特色经营战略。

W+O=WO（劣势＋机会＝抑制）当环境提供的机会与企业内部资源优势不相适应，或者不能相遇重叠时，企业有再大的优势也得不到发挥。即 WO 对策：着重考虑弱势因素和机会因素，力求使前者的不利影响趋于最小，而后者的有利影响趋于最大，又叫"最小与最大对策"。表现为利用专利特性积极反击战略。

S+T=ST（优势＋威胁＝脆弱）当环境状况对公司优势构成威胁时，优势得不到发挥，出现优势不优的脆弱局面，优势程度降低，即 ST 对策：着重考虑优势因素和威胁因素，力求使前者的有利影响趋于最大而后者的不利影响趋于最小，又叫"最大与最小对策"。表现为利用专利检索，拾遗补缺战略。

W+T=WT（劣势＋威胁＝问题）当企业内部劣势与企业外部威胁相遇时，企业就面临重大的问题。即 WT 对策：着重考虑弱势因素和威胁因素，力求使两者的不利影响都趋于最小，所以又叫"最小与最小对策"，表现为商标共享战略。

具体而言，高新技术企业的战略分析按照 SWOT 模型可以从以下内容把握：

首先要明确本企业的经营目标和战略定位，紧密结合高新技术企业自身的发展目标和企业文化。

其次，高新技术企业的外部环境分析，主要是评价、分析高新技术企业所面临的外部环境，通过对外部环境的分析预测企业所处的环境对企业的影响，从而制定科学合理的知识产权战略。对外部环境的分析具体包括以下几方面：对企业所处的行业环境进行分析；分析本企业的优势和劣势；分析企业的竞争对手在同行业中的优势和劣势；将本企业同竞争对手进行对比。其中，对本企业所处行业的分析，主要把握企业所在的高新技术领域的技术行业状况、同行业竞争形势等因素。技术行业状况的分析主要包括高新技术行业结构、行业性质、行业发展趋势、其他同行业高新技术企业的经营特征等。对高新技术行业结构的分析包括该技术的行业规模、产品的供给和需求情况、产品的市场潜力等。影响高新技术行业发展趋势的因素有产品更新、市场供需变化、替代品变化、行业内高新技术企业的进出情况、产品创新和技术研发创新能力、营销创新等。分析其他高新技术企业的经营特征，主要从其他企业的成本结构、资本需求、技术创新、营销策略等方面入手。

再次，对高新技术企业的内部环境分析，主要是分析高新技术企业可以利用的资源、技术、文化优势，掌握高新技术企业内部人、财、物的配备与结合情况，着重了解本企业资源状况、组织结构状况、管理状况、企业文化状况等。如本企业在技术研发人才上是否有足够的储备，在研发投入方面强度如何，在技术设备上是否全面和先进，企业是否有着良好知识产权保护基础，企业的知识产权规章制度是否完善等。对内部环境的分析，了解本企业现有战略的实施情况，对现有战略的实施效果和存在的问题进行合理评估，以及时调整实现企业愿景。

经过上述分析，在对高新技术企业所面临的外部环境和内部环境有了清晰的认识以后，再进一步选择战略类型，并进一步制定出备选方案，然后进行可行性论证，从而确定最终的方案。

通过上述分析，我们也可以总结出高新技术企业战略制定时的一些原则：

（1）以本高新技术企业的整体竞争战略为基础，将知识产权战略纳入企业的总体发展战略中来，立足于企业实际，将知识产权战略和企业内部条件和外部环境相适应。

（2）知识产权战略的制定要建立在对本企业高新技术产品市场分析和信息数据分析的基础上，既要有对市场的定性分析，也要有定量分析，同时要预测可能发生的变化，准备好相应的战略规划，以备不时之需。

（3）明确本企业的发展目标，围绕此目标开展知识产权战略的制定工作。这个目标应当是可以实现的，具有明确性。及时制定、实施符合高新技术企业发展愿景的知识产权战略，才能占据主动性，否则将丧失商机。

（4）知识产权战略要具备可行性。应从经济、法律、技术三方面考虑战略的可行性。做到重点突出，而非面面俱到，企业应集中优势资源和力量，发挥自己的优势解决主要矛盾。

三、知识产权战略对高新技术企业的意义

知识产权战略作为企业的重要竞争战略，该战略的实施有其内在的动因，即：企业知识产权作为无形资产，其价值的体现与企业经营中其他环节是紧密相连的，对高新技术企业尤其如此。

知识产权在很大的程度上反映了高新技术企业的核心竞争力，通过制定和实施知识产权战略，加快建设和不断完善知识产权制度，全面提升创造、管理、实

施和保护知识产权的能力，不仅是高新技术企业，更是各国发展知识产权事业的当务之急。在所有企业里面，知识产权战略因素影响最大的莫过于高新技术企业。高新技术企业由于重视自主研发，企业自身对知识产权保护的客观需求也较其他行业大。没有卓有成效的企业知识产权战略做支撑，高新技术企业在竞争中将处于十分被动与不利的状态。

对于高新技术企业来说，知识产权战略是企业创新的根本保证，它将深刻改变企业的经营活动和创新模式。实施企业知识产权战略，有利于充分保护知识产权，防止和控制企业无形资产流失，并促进企业资产的良性循环；还可以促进企业的管理创新，有利于企业建立现代企业制度，促进产权结构调整。

当代全球化背景下，知识产权竞争是企业竞争的高级形式，也是企业获得核心竞争力的关键手段。但这种竞争力的形成本身是一个逐渐积累的过程，而且是在有效遏制竞争对手的过程中形成的。在严峻的市场竞争中，企业没有知识产权战略管理，就永远不可能拥有真正的核心竞争优势。高新技术企业要想通过不断的可持续发展成长为世界级的领先企业，不能仅仅依靠资源的优势和劳动力的优势，还必须依靠以专利为基础的创新优势和以商标为基础的品牌优势。比如苹果公司就运用了将大量的外观设计加入产品的制造、巧妙利用著作权为筹码与交叉许可等知识产权战略，使其在激烈的国际市场竞争中处于不败之地。韩国三星特别关注技术竞争情报、专利合作共赢与国际化品牌战略，使其一度成为全球第一大手机生产商与全球营收最大的电子企业。2016年11月23日，世界知识产权组织在瑞士日内瓦发布《2016世界知识产权指标》报告，报告显示，在国际专利申请量前20名的实体中，中国高科技企业占4席，华为蝉联全球第一。华为之所以能打败苹果、高通、三星、爱立信等世界各大科技巨头，与华为成熟的知识产权战略是分不开的。华为从1995年成立知识产权部开始到现在，在全世界多地设立了16个研发中心，全球累计获得专利5万余件，提交专利申请8.3万余件（不含PCT）。华为副总裁宋柳平在2016中国专利信息年会上揭晓了华为的知识产权战略：

（1）知识产权是企业的核心能力，每年将不低于销售收入的10%用于产品研发和技术创新，以保持参与市场竞争所必需的知识产权能力。

（2）实施标准专利战略，积极参与国际标准的制定，推动自有技术方案纳入标准，积累基本专利。

（3）遵守和运用国际知识产权规则，依照国际惯例处理知识产权事务，以交叉许可、商业合作等多种途径解决知识产权问题。

（4）华为公司积极与其他企业合作，通过专利交叉许可，消除由于知识产权垄断而形成的企业竞争壁垒。目前，华为公司已与行业内主要厂商和专利权人签署了数十份知识产权交叉许可协议，如苹果公司、IBM、美国高通公司、爱立信、诺基亚等。

对于创新的投入与知识产权的保护，华为无疑是中国企业的先行者和引领者。近年来，华为连续多年将年收入的10%以上投入到研发，过去十年已经累计投入多达2400亿元。华为公司的自主创新与知识产权的保护，是如今华为能傲视群雄的根本原因！

因此，高新技术企业需要充分重视知识产权保护，制定并合理运用知识产权战略，培养自己的核心专利，才能创建国内乃至国际市场上的一流品牌，成为世界级的领先企业。

第二节　知识产权战略的国际经验

随着世界经济的快速发展，各国间的交易规则、技术标准的趋于统一，世界各国尤其是发达国家的企业纷纷制定自己的知识产权战略，以适应日益激烈的市场竞争。世界经济的每一次繁荣和新产业的兴起，都与知识产权保护制度以及知识产权战略推动下的技术创新分不开。在经济全球化的今天，西方大国特别是美国、日本尤其重视企业知识产权战略，甚至将知识产权战略放到国家大政方针的高度来发展。知识产权保护制度的加强和完善、知识产权战略的制定是国际潮流，世界发达国家大都有实施知识产权战略的成功经验。与西方大国相比，中国企业在知识产权战略方面投入的力度十分不足。中国企业若想要在国际竞争中占领一席之地，必然要适应新形势，将知识产权战略作为企业乃至整个国家竞争力的重要措施。

（一）美国的知识产权战略概况

美国是世界上最早实施知识产权战略的国家，是成功实施知识产权战略的典范，其目的是通过科技上的不断创新，保持经济的高速增长。美国早在1790年就制定了第一部专利法，2011年9月，美国完成了近60年来美国专利制度最全面、幅度最大的一次修改。美国总统奥巴马正式签署《美国发明法案》(《America Invents Act》)，奥巴马表示，此次专利法修改意在竭尽所能，在美国"宣扬、推崇创新精神""为所有美国公司在全球市场与竞争对手博弈提供帮助""使创新想法更加容易转变为现实"。《美国发明法案》较之前的法案，有以下进步之处：首先，在专利申请方面由先发明制改为发明人先申请制。其次，扩大了现有技术的范围，实行绝对新颖性。另外，在对专利提出质疑的机制方面增加了新的程序，通过行政途径对专利的有效性提出质疑，增加了授权后重审程序和双方重审程序。通过以上修改，降低了专利申请成本及专利有效性的成本，节省了程序上的时间，有利于提高创新的效率及降低创新成本。

在制定法律法规鼓励创新、保护科技成果的同时，美国还出台了一系列法律法规及政策促进企业科技成果转化，比如2000年的《技术转移商业化法案》等。上述措施提高了社会创办高新技术企业的主动性和积极性，促进了企业技术创新和技术转移，同时也提升了美国产业技术在世界上的竞争力，同时奠定了创新激励机制的基础。

从美国的高新技术企业来看，美国的高新技术企业都与受聘的科技人员签署知识产权归属合同，明确企业对知识产权的所有权以及员工的知识产权职责和义务。其次，美国的高新技术企业非常重视内部部门对知识产权管理职能的发挥，一般都设有法务部或单独的知识产权部门，专门负责企业知识产权相关管理事务，如知识产权的申请、登记、注册、授权保护、法律诉讼，等等。还有一个重要特点就是企业知识产权部门与研发部分的密切合作，可以有效实现对技术创新过程的监控，从而充分发挥知识产权管理的作用。在排他保护方面，通过诉讼维护企业的知识产权；运用各种知识产权组合加强竞争优势。单纯地利用专利、商标、版权等知识产权保护都有局限性，因此美国高新技术企业特别注重利用知识产权组合模式来为企业提供综合保护；通过交叉许可获得企业的发展自由权。交叉许可与合作作为一种双赢的知识产权战略，减少了高新技术企业双方的研发和技术购买成本，加快了产品创新进程，大大加强了双方的市场竞争力。

（二）日本的知识产权战略概况

日本是实施知识产权战略的高手，更是成功运用知识产权战略的典型国家，第二次世界大战后，日本大量引进、吸收先进技术，通过实施相应的知识产权战略,在短短的20年内成为能与美国抗衡的世界经济强国。日本的超速发展与其有效的实施知识产权战略有很大关系,其知识产权战略值得我们学习和借鉴。

日本首先通过制定相应的知识产权立法为保护知识产权提供法律基础,日本的《知识产权基本法》是日本走向知识产权战略的根本性标志。在专利方面,大量引进其他国家的先进技术,日本通过改进专利技术,形成了外围专利网,通过包围发达国家的核心技术来获得交叉许可,帮助日本实现了技术突围的目的。随着日本经济和技术实力的增强,日本加大基础研究方面的投入,促进原创技术的发展,使日本逐步由技术引进国发展成为技术输出大国。

日本高新技术企业知识产权战略的总体特点是:投入到知识产权管理上的人力和财力资源很大。人力资源所占比重通常为西方公司的十倍或十倍以上,财力投入占销售额的比重也很高;专利和其他知识产权事务的管理职能被整合和集中于一个综合的知识产权部门;知识产权部门的地位和权力大大提升,例如知识产权部门经理直接对CEO负责,汇报工作等;日本高新技术企业也非常重视对专利信息的管理,动用大量的资源和精力来完成技术信息的管理,清除专利障碍。多年实践证明,日本高新技术企业通过对专利相关信息分析,提高了专利信息利用率,促进了企业知识产权战略计划的制定,使日本企业获得了极高的技术发展和知识产权成功率。

(三)欧盟的知识产权战略概况

欧盟一直将知识产权策略作为一种重要的国际话语权。欧盟委员会有关专家认为,知识产权不仅维持着自身的权益,同时还涉及相关领域里的制度、机构的生产与再生产。在这个意义上,与知识产权有关的制度、机构、人员组成都是至关重要的。正因为有了这种认识,欧盟的知识产权战略才能在国际范围内获得非同寻常的地位。

纵观欧盟的发展之路,所有与知识产权相关策略及举措的实施,无一例外是为了市场利益及自身发展。作为知识产权制度的诞生地之一,欧盟国家对知识产权保护十分重视,其知识产权法律和制度以及相配套法律和制度都较为完善。

在知识产权国际规则的形成和发展方面,欧盟国家与美国具有较多的共同利益,其基本立场一致。但是,欧美之间也存在分歧。例如,美国从维持其计算机软件方面的巨大优势出发,极力主张其他国家也将与计算机程序有关的商业方法纳入可以受专利保护的范围;而欧盟则以授予专利权的方案必须具有技术属性为由予以抵制。这些分歧的产生主要并不是由于在法学理论方面的不同观点，而是出于维护各自经济利益的考虑。

正是在这样的背景下，一方面为了保护自己在贸易中的利益、优势和权益，另一方面对低水平的产品或技术形成制约，通过合法的手段构筑贸易壁垒，成为欧盟在全球市场发展中的迫切需要。

由欧盟委员会提出的新的知识产权保护计划涉及专利权、商标权和著作权等多个方面，其中强调了要加强对假冒、盗版的打击行动，以及主张设立一个统一的专门的专利法庭，解决专利权纠纷。

欧盟认为，之所以提出知识产权新战略，是因为随着时代的发展，与互联网相关的技术变革给知识产权保护带来了新的要求和新的挑战，因此欧盟和成员国有关知识产权保护的规定必须适应这种新变化，才能与时俱进。

在欧盟制定的"2020战略"中，创新被视为实现可持续发展和创造就业的重要支柱，欧盟计划创建高达1430亿欧元的创新基金。在专利体系方面，欧盟委员会在知识产权新战略中提出了建立统一专利体系的立法建议。该建议提出，今后任何企业或个人在欧盟申请专利保护，申请费用将减少80%。

新的欧盟专利权有效期为20年。对专利权的保护不涉及私下完成的和出于非商业目的发明创造，也不包括在各成员国注册后经发明者同意在欧盟内部市场上市的产品。欧盟有权在"特殊时期"限制某专利的生产，或在认为其妨碍市场公平竞争时禁止推广和使用。

同时，欧盟知识产权新战略对商标权、著作权、植物新品种、地理标志等多个涉及知识产权方面的问题都提出了较为成熟的建议。

欧盟委员会表示，新战略将努力促进改革创新，保护创作者的权益，同时让消费者更好地享受到受知识产权保护的商品和服务。

业界有关专家认为，欧盟知识产权新战略所提出的专利制度改革的最大特点，是简化申请手续，减轻申请人的经济负担，把知识产权保护的权力集中，实现专利制度一体化，使"共同体专利"同《慕尼黑协定》的现行专利制度相结合。

近年来，尽管知识产权面临着全球化的趋势，但主权观念、文化认同等都在一定程度上决定着知识产权的地域特征。事实上，知识产权与全球化的关系在一定程度上再现了自身权利与其实现经济发展之间的关系。如何在自身能力的基础上充分保护知识产权是每个国家面临的挑战。

第三节　高新技术企业知识产权战略管理的主要内容

一、企业专利战略管理

（一）企业专利战略

1. 专利战略的内容

包括国家专利战略、行业专利战略、企业专利战略。企业专利战略是企业知识产权战略中最为重要的组成部分，被视为企业发展的生命线。企业专利战略是指企业利用专利制度提供的法律保护及其种种方便条件有效地保护自己，并充分利用专利情报信息，研究分析竞争对手状况，推进专利技术开发，控制独占市场，从而取得专利竞争优势，为求得长期生存和不断发展而进行的总体性谋划。

2. 企业专利战略特点

企业专利战略以专利制度为依据，以专利保护、专利技术开发、专利技术实施、专利许可证贸易、专利信息和专利管理为主要对象，以技术市场为舞台，以获得最大经济效益为目的，涉及政治、经济、法律、技术、生产、经营、贸易、信息、知识产权等各个方面。具有以下特点：

（1）法律性，专利权的授予、运用、管理、保护都要受到专利法律的规范。

（2）长远性，是关于企业专利经营长远发展的纲领，具有长远性。

（3）技术性，专利战略的客体就是专利技术，专利战略的制定、实施无不与专利技术紧密联系。其制定、实施和应用技术性很强，涉及数据整理、文献计量、统计分析和专业知识等多方面内容。

（4）灵活性，每一个企业的专利战略都需要根据不同的内部条件及外部环境来灵活制定，不同的专利战略的实施指向对象，管理方法和手段均不同。

（5）综合性，专利战略集经济、技术、法律三位于一体，具有很强的综合性。作为企业经营战略、技术发展战略的一部分，专利战略的有效实施必须通过协调配合企业各部门，综合应用其他发展战略，配合得当，才能使企业科技成果较快地转为独占权利的技术形态。

（6）保密性，企业专利战略是企业整体发展战略的组成部分，与企业经营战略直接相关。企业专利战略涉及企业的经营战略意图、经济和技术情报分析、市场预测、新产品研制等经营秘密，如果被竞争对手掌握，将对企业造成不利影响。

3. 企业专利战略的重要作用

（1）可以促进企业的技术创新

专利制度赋予了企业的专利保护功能以及由此衍生出的激励发明创造功能。在专利保护下，企业对其技术创新成果拥有所有权，可以阻止他人的相同产品进入市场，有利于企业从技术创新的角度提高自己的竞争力。

（2）可以从战略高度把握研究成果的去向

企业在取得阶段性研究成果或获得具有市场前景的研究开发成果后，就要从技术上、法律上、经济上进行全面考虑，从战略高度把握该研究成果的去向。技术方面，要考虑其他竞争对手的研究状况与进展，是否有人准备申请专利、是否适于保密；法律方面，要考虑该技术成果是否符合专利条件；经济方面，要考虑该研究开发成果是否具有市场价值，市场需求量会有多大，在以上基础上则要进行申请专利还是作为技术秘密保密的选择。

（3）可以为跻身国际市场和参与国际竞争提供保障

企业如果不甘于作别人的加工厂，就必须拥有核心技术，必须制定专利战略，防止处处落入别人的专利雷区。从长远角度看，专利战略布局也是极其重要的企业战略选择。只有通过全面完善的专利战略布局，企业才有机会和实力参与未来激烈的国内国际市场竞争。

（二）高新技术企业专利战略的制定

总的来说，企业专利战略的制定是有一些基本的思路、程序与步骤的。高新技术企业专利战略的制定主要包括专利战略课题的选择、前期准备工作、专利战略目标的确定、专利战略方案的拟定与决策等内容。

1. 高新技术企业专利战略的立项

确定高新技术企业专利战略的课题，它既可以是针对较长时期宏观层次的企业专利总战略，也可以是针对某一特定时期或某一特定产品的专项专利战略。上述专利战略的立项可以由企业专利管理部门或主管人员向企业各部门征集，也可以委托相关机构或人员完成。

2. 前期准备工作

前期准备工作是制定企业专利战略的基础性工作，其工作成效直接影响到企业专利战略制定的质量。高新技术企业的前期准备工作主要包括以下内容：

（1）确定企业专利战略制定的组成人员。确定组成人员时，无论是专利工作人员还是技术人员或企业主管领导单独制定都会有各自的缺陷，企业专利战略的制定人员应是上述人员的组合。

（2）资金的准备。企业专利战略的制定要有一定的资金作物质基础，例如委托研究，资料收集市场调查与分析均需要资金。

（3）进行专利调查与市场调查，收集有关资料。

3. 高新技术企业专利战略目标的确定

战略目标是高新技术企业专利战略制定的关键性步骤。战略目标的确定要建立在详实的市场、专利、企业自身实力等情况分析之上，更要建立在明确的经营目标和研究目标基础之上。

（三）高新技术企业专利战略管理的实施

1. 专利情报战略

专利情报战略是高新技术企业知识产权战略的重要组成部分。这是因为专利不仅是企业用来保护自己创造的一种途径，也是开展竞争情报的重要信息源之一。高新技术企业可通过利用和查询网上专利数据库来获得专利竞争情报。专利文献是世界上最大的技术情报源，专利文献中含有90%-95%的研发成果，其中80%未被其他媒体公开。据世界知识产权组织统计，企业充分利用专利信息可以节约研发经费40%，缩短研发时间60%。所以说，专利文献知识是企业开展专利工作的基础，而专利文献检索则是企业获得专利竞争情报的关键步骤。专利文献检索的途径包括检索国内外专利文献、检索国内外有关非专利文献的出版物、查阅国家知识产权局的专利登记簿记专利档案，等等。在进行专利检索时，可以利用主题词进行初步检索，找到几篇文献，从而找出IPC分类号，进行分类号检索，也可以找出同义词、近义词，进行同义主题词检索，或者将上述检索进行逻辑组配，组成完整检索提问式，进行最终检索。

此外，要善于从专利文献中提取专利信息，经过加工整理、分析形成专利情报，从而为高新技术企业的知识产权战略服务。专利信息分析方法主要包括：专利定量分析、专利定性分析等。

专利定量分析是指通过数学、统计学、计算机等学科基础，通过数学模型和图表等方式研究专利文献中所记载的信息。专利定性分析是指对专利文献的内在特征进行归纳、分析、概括，找出专利信息之间的内在关系从而形成一个完成的专利情报链。专利分析项目实施流程一般包括：前期准备阶段、数据采集阶段、专利分析阶段、完成报告阶段，以及成果利用阶段。

由于高新技术企业技术发展更新的速度远高于传统行业，高新技术企业对专利情报战略的时效性要求更强，因此第一时间采集、分析、加工重要的专利情报十分重要。

本书为大家列举了以下专利情报搜集的常用网站：

A. 国家知识产权局专利检索系统，网址：http://cpquery.sipo.gov.cn/，进入网站后可点击右侧，公众查询进入查询页面。该系统收录了1985年中国专利法实施以来公开的全部中国发明、实用新型和外观设计专利的题录信息、摘要和说明书全文。

B. 中国专利信息网，网址：http://www.patent.com.cn/，该网由国家知识产权局专利检索咨询中心建立。

C. 中国知识产权网，网址：http://www.cnipr.com/，该网收入了知识产权出版社根据每周出版的《专利公报》的电子版数据，也可以进行专利、商标、版权的检索。

D. 美国专利检索网站，网址为：https://www.uspto.gov/patent，美国专利局提供各美国专利分类码所代表类别的线上查询。

美国专利局的专利公报，网址为 https://search.uspto.gov/search?query=&op=Search&affiliate=web-sdmg-uspto.gov

E. 欧洲专利的检索，http://www.epo.org/searching-for-patents/technical/espacenet.html。欧洲专利局提供专利检索、翻译、咨询、解决方案和追踪最新科技等服务。

F. 世界知识产权数字图书馆，http://www.wipo.int/portal/en/index.html，在右上角更改页面语言为中文，可利用免费的全球数据库检索技术、术语和品牌相关信息，查询全世界的知识产权信息，也可以下载相关的参考资料——专利出版物、统计数据、经济研究等。

2. 专利技术标准化战略

专利技术是以技术标准为基础的，因此，技术标准制约着专利权。要想更好地实现和体现专利的价值，企业就必须将其自主专利权变成技术标准。企业只有在拥有足够的自主知识产权的技术标准时，才能拥有市场核心竞争力。与此同时，拥有专利权的企业还能够通过控制专利许可证的发放，阻止竞争对手的市场进入。因此，技术标准和专利对企业是至关重要的。

企业专利技术标准的实质是以专利技术保护为基础，对标准技术进行系统和整体的确认。具体的实施过程是企业通过技术研究开发出相关技术，并通过专利申请并获得该技术的专利权，然后将该专利技术纳入行业技术规范，并在其他企业中推广使用，使其逐步成为行业技术标准。

从专利技术标准化的角度看，高新技术企业可能更容易体会到其中利害关系，尤其是技术与标准具有同源性的技术领域如IT、通信等领域，一旦参与了标准的制定，并将基本专利融入标准实施中，将获得事实上的技术供应无选择性的强制垄断权，所带来的经济效益将比普通的专利技术垄断更具深度和广度。

3. 专利保护战略

企业必须对其所拥有的专利技术采取适当的保护策略，以保护其相关利益不受到损害。企业经常采用的专利保护策略包括建立专利战略预警系统、进行专利维权、应对专利侵权指控等。

企业专利预警系统的作用是通过情报检索、市场监控等手段提前收集、整理信息，分析和判断竞争对手的"进攻"信号，当判断出本企业对他人有专利侵权或自己的专利有被他人侵权的可能时，采取紧急应对措施以规避风险、减少损失。专利预警系统是一个有众多因素构成的复杂的、动态的系统，其主要任务包括：收集信息、整理信息、分析判断，以及提出对策。

企业专利维权的基本步骤包括：收集证据、向侵权者发出警告函、与侵权者协商和谈判、请求专利管理机关行政调处、请求人民法院采取诉前临时措施、人民法院起诉。

基于高新技术企业的自身特点，决定了此类企业的专利战略具有区别于一般企业的特别要求，对于高科技创新型企业而言，其所处行业往往是技术发展和更新换代更为迅速的新兴行业，其专利申请与保护策略的选择必须具有一定的前瞻性，同时还要考虑到对行业技术的未来发展趋势的敏锐性和洞察力。只有提前布局，防患于未然，才能更好地应对技术与市场环境的激烈变化。

二、高新技术企业版权战略管理

(一) 企业版权战略

1. 概念

企业版权战略是企业知识产权战略这一整体不可分割的一部分，而且因企业个体情况和发展需要的不同而有所侧重。企业版权战略是指基于自身现状、行业竞争环境和企业发展趋势而制定的，以国家相关版权制度为基础的，建立和健全企业版权管理体系，促进和鼓励企业版权的转化与运用，并旨在提高企业综合竞争力的总体策略和实施措施与手段。

2. 特点

全局性：企业的版权战略的制定要符合企业的自身条件、行业竞争的需要和企业的发展方向，同时要与企业的专利战略以及商标战略相辅相成，共同提升企业的整体竞争力。

主动性：这种主动性既体现在根据竞争环境和企业现状制定和调整版权战略，还体现在通过制定版权战略，培养企业员工的知识产权意识，既注意发现、创造受知识产权保护的产品，又能通过版权战略的逐步实施防止侵权行为的发生。

法律性：企业版权战略的制定必须符合国家法律的规定；随着国际公约和条约发挥的作用越来越大，对各国及企业的约束力也越来越强，因此，企业制定版权战略也必须符合国际公约及条约的规定，在全球化竞争的环境下合法的保护自身的利益，并合法的参与竞争。

(二) 高新技术企业版权战略管理实施路径

高新技术企业版权战略是指作为技术创新主体的企业在进行技术创新活动时，运用版权制度的特点和功能，从法律、经济和科技的角度，对有关技术创新版权的创造、应用、保护和管理等做出的总体安排和谋划，是高新技术企业从自身条件、技术环境和竞争态势出发做出的版权工作的总体部署，以及为实现创新目标而采取的有关版权的根本对策。其实施路径包括以下几方面：

1. 高新技术企业版权创造战略

创造加版权等于财富。对于高新技术企业而言，版权创造战略是指高新技术企业应设立研发机构或加大投入，提高技术创新人员的素质，强化企业自主创新的动力机制，在观念创新、制度创新、技术创新和管理创新方面有机协调，并争取能够有所突破。目前，与尖端的技术创新相关的基础发明正在不断地涌现，这是我国高新技术企业充满活力的源泉。

2. 高新技术企业版权应用战略

版权应用战略即高新技术企业通过合理的使用版权为企业自身创造价值。版权的应用具体包括版权的取得、交易和合理使用等。对高新技术企业而言，版权应用战略最重要的意义就是将技术创新成果版权化，将版权有效使用，最终转化为经济效益。我国高新技术企业应积极发现那些不曾被其他国家企业使用的版权，并对其进行利用，这对于高新技术企业自身乃至整个社会都极为有益。

3. 高新技术企业版权保护战略

鼓励高新技术企业版权创造，细致的保护是必不可少的。在高新技术企业内实施版权保护战略，首先要树立和强化版权保护意识，包括对自己版权的保护，以及对他人版权的保护。把包括版权在内的无形资产的管理和考核提升到与企业的有形资产的管理和考核同样重要的位置；把版权的发展作为一个发展指标纳入到企业的整个发展战略中；在考核企业的业绩时，也应该把版权的发展作为一个考核指标纳入到企业考核体系中来，使得版权保护战略在信息技术企业发展过程中得到足够的重视。

4. 高新技术企业版权管理战略

高新技术企业要实施有效的版权管理战略，首先，要加强行政部门的管理。在我国，著作权管理机关分国务院和省、直辖市、自治区人民政府所属两级，国家版权局是国务院著作权行政管理部门，主管全国的著作权管理工作。地方人民政府的著作权行政管理部门主管本行政区域的著作权管理工作。其次，也是最重要最首要的就是要在高新技术企业内部建立专门的版权管理部门，综合分析本企业日常版权管理工作的基本职责，因地制宜，根据企业自身的特点制定出适合企业自身的版权管理战略。

三、高新技术企业商标战略管理

（一）企业商标战略

商标作为商品的固有标识，它是市场最活跃的因素之一，不仅是知识产权，而且也是一个企业甚至国家的无形资产和巨大财富。

企业商标战略是指企业根据其外部环境、企业内部资源和能力状况，特别是相关的商标资源及能力的状况，在此基础上通过对商标的精心选择和培育来提高商标知名度，以此来有效地传达产品的质量甚至是企业的形象。通过将商标工作及商标手段运用于企业的经营活动之中，带动和影响整个企业的经营活动。

商标战略是企业经营战略的组成部分，并随企业经营战略的调整而调整。具体主要包括：以商标为工具，塑造企业形象；以商标为商战利器，开拓占领市场；以商标为无形资本，去创造和积累更多的财富；以商标为广告宣传的焦点，让更多的经营者和消费者认识商标所代表的企业和商品。合理的制度、科学的管理并运用法律武器去保护商标权，维护企业的合法权益。

（二）高新技术企业商标战略的意义

企业间的竞争，从消费者的角度来说直接接触到的往往是企业的产品或者该产品服务的价格、该产品所采取的营销手段等。但这些最终其实都是产品品牌的较量，也是核心技术和质量的竞争。商标可以区分商品和服务的来源，既反映了产品的质量也反映出商家独特的经营理念、文化品位等因素。市场经济环境下，企业的知名度主要体现在消费者对商标的认知程度上，关系到企业在竞争中的市场份额，更是企业综合竞争实力的体现。

（三）高新技术企业商标战略管理

商标作为商品或服务的标志，是高新技术企业参与市场竞争的主要载体。商标战略是指企业在一定时期内运用商标开拓和占领市场的目标、任务和步骤。具体来说，高新技术企业的商标战略至少应当做到以下几个方面：

1. 选好商标及时注册

商标选得好坏，对今后在市场上发挥作用大小，以及其所标志的商品能否打开和占领市场都会起到十分重要的作用，及时依法注册是企业获得商标专用权的基础。我国《商标法》对商标权的确认实行注册在先原则，企业只有将设计使用的商标依法向国家工商局商标局申请注册，才能取得商标专用权，并得到法律的保护。

2. 加强商标的使用管理和自我保护意识

注意正确地使用商标，商标的注册意味着商标专用权的取得，但注册后一定要注意依法正确使用。要建立健全企业内部商标管理机制，把商标管理纳入全面质量管理之中，结合本企业的实际情况，建立商标管理组织，健全商标管理制度。同时高新技术企业还应增加自我保护的意识，自觉地同假冒侵权行为斗争，维护企业的商标信誉。

3. 实施商标品牌战略，创立驰名商标

实施商标品牌战略的目的不是为品牌而创品牌，而是要充分发挥商标品牌对市场经济的带动作用。商标品牌战略包括了商标的基础管理、创新和培育，以及运用商标树立市场的品牌形象，并贯穿产业及产品结构调整的全过程。企业商标战略的最高目标是创立驰名商标。驰名商标作为一种重要的工业产权，是可以在价值上量化的重要资产。企业的商标由普通商标发展到被认定为驰名商标，不是靠商标持有人自吹自擂，而是靠高质量的商品及服务和高品位的广告宣传创立出的，它倾注了商标持有人的心血。企业在使用商标时，应加大广告宣传，提高商标的知名度，扩大商标的影响范围和认知面，充分发挥商标引导消费、沟通产销的桥梁和纽带作用，争创驰名商标。

总之，企业商标战略的最终目标是制定适合企业自身特点的商标战略方案并最终为企业带来良好的经济效益，制定出优秀的商标战略仅仅是企业实施商标战略工作走出的第一步，企业只有将商标战略方案转化为具体的实际工作，才可能达到通过商标占领市场，提高企业竞争力，从而使企业获得良好效益。

四、高新技术企业商业秘密战略管理

商业秘密一般包括企业的技术信息（方法、工艺、制剂、装置等）或商业信息（成本和价格信息、促销信息、客户名单、市场策略等）。如果企业没有保护意识或没有采取合理的保密措施，就很容易丧失商业秘密。

高新技术企业的最大竞争力来源之一便是那些具有广泛市场和应用前景的核心技术的积累，而专利保护只是技术保护的路径之一，还有大量非专利技术因为种种原因不适合或不需要通过专利进行保护，这就导致高新技术企业在技术研发活动中会存在具有商业价值的包含有技术情报的商业秘密，而普通企业的商业秘密大都并不包含技术情报，而是以商业情报为主。这就决定了高新技术企业的商业秘密战略选择必须兼顾知识产权法律规则、人力资源和劳动关系、市场发展、技术演进等方面的因素，通过综合判断决策，选择最有利于本企业自身特点的策略。

高新企业应充分认识商业秘密在市场经济中的实际和潜在经济价值，制定并完善本企业商业秘密接触、披露、使用权限、文件管理等一系列相关规定。企业和员工之间要签订保守商业秘密合同，必要时制定符合高新技术行业特点的竞业限制协议，确保企业员工在企业任职期间及离开以后，均有义务保守其在工作期间获悉的有关商业秘密。高新技术企业还应制定员工商业秘密意识培养及培训制度，加强员工保守商业秘密的意识，必要时采取法律手段维护公司合法权益。总之，高新技术企业应积极实行商业秘密战略，综合运用法律、经济、管理等手段保护企业知识产权，形成知识产权核心竞争优势，提高潜在进入者的准入门槛。

五、高新技术企业知识产权融资战略

知识产权作为高新技术企业的生产要素已成为其保持长足发展的核心竞争力，它既可独立地成为一种商品，也可以与其他生产要素相结合，这为企业利用知识产权融资提供了条件。随知识产权制度的建立和完善，企业知识产权蕴含的巨大价值逐渐被金融机构所认可，高新技术企业如果能利用知识产权拓宽资金来源，将对高新技术企业的发展有着重大意义。下面是高新技术企业运用知识产权进行融资的一些主要方式：

（一）吸收国家创新基金

科技型中小企业技术创新基金是经国务院批准，为了鼓励技术创新和推动高新技术产业发展而设立的，用于扶持科技型中小企业技术创新的政府专项基金，目前也是中小高新技术企业申报成功率最高、获得资助数额较大的政府专项基金。它主要通过资本金注入、无偿资助和贷款贴息等方式，支持初创时期技术含量高、市场前景好、商业性资金进入尚不具备条件、最需要由政府支持的科技型中小企业项目，或为中小企业技术创新活动服务的公共平台给予资金支持，促进科技成果转化。目前科技型中小企业技术创新基金以中央政府拨款、引导地方财政资金的投入以及银行存款利息作为资金的主要来源，由科技部科技型中小企业技术创新基金管理中心负责管理。

（二）知识产权作价入股

知识产权作价入股是指在公司新设成立时，股东可以用评估后的知识产权缴纳注册资本。《公司法》规定，股东可以用货币出资，也可以用能依法转让和货币估价的非货币财产作价出资，如知识产权、实物以及土地使用权等。

对于即将设立但缺乏足够货币资金的高新技术企业，可以利用已的核心知识产权作价出资来满足企业的需求。

知识产权作价入股的流程包括以下几个方面：首先，公司股东应就知识产权作价的金额达成一致，并将作价金额、知识产权的使用范围以及违约责任明确写入公司章程，同时章程中注明知识产权出资形成的股权退出方式，以便管理机关对公司出资行为的认定和向公众揭示公司的经营风险；其次，应聘请依法设立的资产评估公司对知识产权进行评估作价并出具相应的验资证明；最后，按相关规定办理知识产权转移手续。比如以商标权出资，先到资产评估公司评估作价，再到国家商标局办理产权转移手续，把商标权转让给公司；以专利权、著作权等知识产权作价出资的，程序类似，先到中介机构进行评估作价，再到核发证件的相关部门办理产权变更手续。最后，持相关证明材料到工商部门办理、变更公司注册登记手续。

（三）吸引风险投资

风险资本是专业的投资机构投资于新兴的、发展迅速的且具有巨大潜力的科技型企业的权益资本，并参与其经营管理，以期在实现资本增殖后通过一定的退出方式取得高额资本收益，并循环往复地进行下一轮创业投资活动的投资行为。风险投资在高新技术企业的融资过程中作用重大。风险资本并不着眼于投资对象当前的盈亏，而在意于其发展前景，它以高风险和高回报著称，

风险投资家会从各种渠道收集大量的投资项目，从中进行选择。据统计，收集的投资项目、初审筛选的项目、实施的项目之间的比例是100:10:1。也就是收集的投资项目平均只有百分之一的可能性得到风险投资。风险投资家在进行项目选择时，往往要求被投资的高新技术企业提供条理清晰的业务计划、企业现状的准确描述、产品或服务的详细说明、明确的管理纲要、具体的市场战略、详细的财务分析和管理者的背景。在项目评估阶段，风险投资考虑的主要因素有：①投资规模；②技术和市场；③行业背景；④地理区位；⑤融资阶段。

在项目选定阶段，风险投资通常需要由各方面专家组成的项目组来完成，其评估投资项目的可行性主要有五个因素：技术的独特性和产品的差异化程度、产品的市场前景、创业家的经营管理能力、投资风险评估、套现能力和潜力。最后，通过上述精心审查，风险投资家如果对项目前景看好，就要与高新技术企业的创业者进行投资方式和价格的谈判。通常风险投资家会拿出一份条款清单来概括谈

判涉及的内容。由于高新技术企业的创业者对风险投资家提出的谈判内容可能不了解或没有准备,所以要注意对将付出多大代价、股份的分割、项目的其他参与者,以及现有管理层的调整等问题做进一步的了解和权衡。风险投资公司为了确定投入多少价值(金额、股权份额和相关条款,这可理解为投资交易的价格),要对高新技术企业未来几年的前景进行分析预测。经过讨价还价后,进入签订协议阶段。双方也可以先签署一个关于合同内容的备忘录,然后再逐步讨论涉及合同的细节问题。一旦最后协议签订完成,高新技术企业便可以得到资金。

(四)知识产权质押融资

知识产权质押融资是高新技术企业解决资金来源困难的切实有效的金融方式。质押就是权利的所有人将其持有的权利交由债权人占有,该权利作为债权的担保,一般出质双方通过签订质押合同来约定质押的效力,并需要到国家相关部门办理质押登记,如果出质人不能按期偿还债务,质权人有权对该质押物进行处置,并优先取得偿还资金。知识产权质押融资是企业将其合法拥有且目前仍有效的专利权、注册商标权、著作权等知识产权出质,从银行等金融机构取得资金,并按期偿还本息的一种融资方式。在该融资方式中,企业为出质人,银行为质权人,质物为企业拥有的知识产权,如出质人未能按期偿还借款,质权人有权对质物进行处置并优先受偿。

知识产权质押融资作为一种相对新型的融资方式,与以往的质押融资方式有着明显的区别。知识产权质押融资指企业或个人以合法拥有的专利权、商标权、著作权中的财产权经评估后作为质押物,向银行申请融资,而以往的质押融资往往采用不动产作为抵押产品向金融机构申请贷款的方式。这种新型的融资方式为中小企业,尤其是中小型高新技术企业提供了非常便利的金融环境。

第三章 高新技术企业认定及《企业知识产权管理规范》国家标准

第一节 高新技术企业认定政策发展历程

1988年8月，经国务院批准，由科学技术部（原国家科委）开始组织实施火炬计划。火炬计划的宗旨是：实施科教兴国战略，贯彻执行改革开放的总方针，发挥我国科技力量的优势和潜力，以市场为导向，促进高新技术成果商品化、高新技术商品产业化和高新技术产业国际化。同期，配合火炬计划的实施，原国家科委颁布了《关于高技术、新技术企业认定条件和标准的暂行规定》。其后，我国高新技术企业的认定条件和管理办法就伴随着国家火炬计划的不断深入实施而不断演变。[1]

（一）20世纪80年代末——高新技术企业的形成期

火炬计划的主要目标之一就是发动和引导中国的科技大军投身于促进高新技术的商品化、产业化和国际化。火炬计划的出台在科研院所、高等院校和广大科技人员中引起强烈反响。他们把参与火炬计划作为深化改革、转变观念、开发产品、自主创业、进入市场的一条重要途径，表现出极大的积极性和创造性。

截至1989年底，全国已有几千家高新技术企业开始在我国高新技术产业的形成与发展中发挥生力军的作用。这些企业不仅实行技工贸一体化的市场化管理和经营，而且具备较强的依靠科技进步、发展高新技术产业的意识和实力，形成了我国高新技术企业队伍的雏形。

（二）20世纪90年代——高新技术企业的发展期

火炬计划的重要内容之一是办好国家高新技术产业开发区，营造高新技术产

---

[1] 史昱. 高新技术企业发展历程回顾[J]. 中国科技产业, 2009（02）.

业化发展环境。1991年，国务院发布了《关于批准关键高新技术产业开发区和有关政策规定的通知》（国发〔1991〕12号），《国家高新技术产业开发区高新技术企业认定条件和办法》作为第一附件一同发布，该办法继1988年批准北京市高新技术产业开发区之后又在其他城市新审定设立了21个高新技术产业开发区。在我国实行改革开放的第二个十年中，国家出台的一系列促进高新技术产业、特别是国家高新技术产业开发区内的高新技术企业发展的政策，有力地推动了我国高新技术企业的发展壮大。据统计，至1999年底，我国共有17118家高新技术企业，从业人员364万人，实现工业总产值10558.8亿元，出口创汇203亿美元，实现净利润和上缴税额均超过700亿元。

（三）2000—2007年——高新技术企业的壮大期

1999年中共中央、国务院召开科技大会之后，根据新形式要求，国家科技部修订了国家高新区内高新技术企业认定标准（国科发火字〔2000〕324号）。新世纪初实行的高新技术企业认定管理办法中，具体的认定标准相对以前的条件要求更为严格和明确，主要是基于以下几个方面：一是和《高新技术产品目录》挂钩；二是对研发经费强度的要求；三是研发人员、科技人员比重；四是高新技术产品与技术性收入比重。截止到2007年，根据这些条件认定的高新技术企业数量已超过56000家，其研究开发经费总支出已经达到1995.4亿元，占全社会研究开发经费的54.5%。这说明高新技术企业在自主创新方面已经成为当之无愧的主力军。2007年，全国高新技术企业共完成工业增加值22109.9亿元，占全国工业企业工业增加值的20.6%，是全国的1/5，充分显示出高新技术企业对经济增长的带动作用。

（四）2008—2015年——高新技术企业进入转型期

2008年4月14日，经国务院批准，科技部、财政部、国家税务总局共同颁布了新的《高新技术企业认定管理办法》（国科发火〔2008〕172号），配套文件《高新技术企业认定管理工作指引》也于2008年7月8日正式印发。这次认定办法突出强调和鼓励企业创新，将企业研发投入强度、研发活动、自主知识产权尤其是核心专利技术作为评审认定的核心指标。此次修订是促进企业成为技术创新的主体，加快推进经济发展方式转变，调整和优化经济结构的重要举措；是在必须依靠创新推进经济社会发展的新阶段，突破资源和环境瓶颈约束的重要举措。从2008年起，我国高新技术企业的发展又开始了新的征程，进入了转型期。截止2014年底，全国已建立了114家国家高新技术产业开发区，在国民经济和社会发展中发挥着越来越大的作用。

（五）2016年至今——高新技术企业进入飞跃期

2016年1月29日，经国务院批准，科技部、财政部、国家税务总局共同颁布了新的《高新技术企业认定管理办法》（国科发火〔2016〕32号），第四次对《高新技术企业认定管理办法》进行了修订完善。配套文件《高新技术企业认定管理工作指引》也于2016年6月22日正式印发。本次修订相比于旧的《高新技术企业认定管理办法》（国科发火〔2008〕172号），主要在认定条件、认定程序、重点支持的高新技术领域等方面发生了变化，具体表现为：

1. 新增支持领域

随着国家经济发展趋势及产业结构调整，《国家重点支持的高新技术领域》列举的内容有较多改变，例如："电子信息"版块中新增"云计算与移动互联网软件""卫星通信系统技术"等；"新材料"版块中新增"与文化艺术产业相关的新材料"等；"高技术服务"版块中新增了"信息技术服务""电子商务与现代物流技术"等。

2. 认定条件有所改变

新的《高新技术企业认定管理办法》规定："企业通过自主研发、受让、受赠、并购等方式，获得对其主要产品（服务）在技术上发挥核心支持作用的知识产权的所有权"，相较于国科发火〔2008〕172号文件，取消了"近三年"的时间限制，也取消了"通过5年以上的独占许可方式拥有核心技术知识产权"等内容。

3. 在认定程序方面

（1）高新技术企业资格认定不再设有复审环节。

（2）申请高新技术企业资格认定的企业，新增了"近一个会计年度高新技术产品（服务）收入专项审计或鉴证报告"和"近三个会计年度企业所得税年度纳税申报表"等需要提交的申请资料。

（3）审查认定的公示时间由15个工作日减少至10个工作日。

（4）进一步明确税收优惠享受的起止时间：企业获得高新技术企业资格后，自高新技术企业证书颁发之日所在年度起享受税收优惠。

4. 已认定的高新技术企业需要关注的内容

（1）对已认定的高新技术企业，经复核被认定为不符合高新技术企业条件而被取消高新资格的，税务机关将追缴其不符合认定条件年度起已享受的税收优惠。

（2）对于已认定的高新技术企业，因弄虚作假、违法违规、未按规定履行报告义务而被取消高新资格的，税务机关可追缴其自发生上述行为之日所属年度起已享受的高新技术企业税收优惠。

（3）企业存在偷、骗税行为的，不再作为取消高新技术资格的情形之一。

（4）企业获得高新技术企业资格后，应于每年5月底前在"高新技术企业认定管理工作网"填报上一年度知识产权、科技人员、研发费用、经营收入等年度发展情况报表。

（5）高新技术企业发生更名或与认定条件有关的重大变化（如分立、合并、重组以及经营业务发生变化等）应在三个月内向认定机构报告。未按期报告与认定条件有关重大变化情况，或累计两年未填报年度发展情况报表的，将被取消高新技术企业资格。

（6）新增高新技术企业跨认定机构管理区域搬迁时，企业于高新资格有效期内完成整体迁移的，资格继续有效。企业部分搬迁的，由迁入地认定机构重新认定。

2017年1月10日，全国科技工作会议在北京召开。科学技术部部长万钢在工作报告中指出，2016年以来，科技工作深入贯彻新发展理念，全面落实创新驱动发展战略，取得一系列突破性进展，呈现出崭新的气象。我国科技实力和创新能力进一步增强，重大科技创新成果亮点纷呈；科技创新融入经济社会发展全局，新动能加快成长，对供给侧结构性改革的支撑引领作用显著提升；大众创新创业蓬勃开展，全社会支持创新、参与创新的热情空前高涨；科技体制改革主体架构基本建立，企业创新政策、计划经费管理、科技成果转化、收入分配制度等重点领域改革取得实质性突破，科技人员获得感进一步增强；科技创新的国际位势不断提升。2016年全社会R&D支出（用于研究与试验发展活动的经费）达到15440亿元，占GDP比重为2.1%，企业占比78%以上；全国技术合同成交额达11407亿元，科技进步贡献率增至56.2%，创新型国家建设取得重要进展。2016年我国新增备案高新技术企业2.5万家，累计高新技术企业已经达10.4万家，据税务总局统计，2016年减免高企所得税1150亿元；研发费用加计扣除政策减免税收约760亿元。我国高新技术企业必将在国家的大力扶持下进入质的飞跃期。

第二节　高新技术企业的认定条件及程序

一、高新技术企业的认定

认定为高新技术企业须同时满足以下条件：

（1）企业申请认定时须注册成立一年以上；

（2）企业通过自主研发、受让、受赠、并购等方式，获得对其主要产品（服务）在技术上发挥核心支持作用的知识产权的所有权；

（3）对企业主要产品（服务）发挥核心支持作用的技术属于《国家重点支持的高新技术领域》规定的范围；

（4）企业从事研发和相关技术创新活动的科技人员占企业当年职工总数的比例应不低于10%；

（5）企业近三个会计年度（实际经营期不满三年的按实际经营时间计算，下同）的研究开发费用总额占同期销售收入总额的比例符合如下要求：

①最近一年销售收入小于5,000万元（含）的企业，比例不低于5%；

②最近一年销售收入在5,000万元至2亿元（含）的企业，比例不低于4%；

③最近一年销售收入在2亿元以上的企业，比例不低于3%。其中，企业在中国境内发生的研究开发费用总额占全部研究开发费用总额的比例不低于60%；

（6）近一年高新技术产品（服务）收入占企业同期总收入的比例不低于60%；

（7）企业创新能力评价应达到相应要求；

（8）企业申请认定前一年内未发生重大安全、重大质量事故或严重环境违法行为。

全国高新技术企业认定管理工作领导小组办公室设在科技部火炬高技术产业开发中心，由科技部、财政部、税务总局相关人员组成，负责处理日常工作。各省、自治区、直辖市、计划单列市科技行政管理部门同本级财政、税务部门组成本地区高新技术企业认定管理机构。认定机构下设办公室，办公室设在省级、计划单列市科技行政主管部门，由省级、计划单列市科技、财政、税务部门相关人员组成。

二、高新技术企业的认定的程序

（一）自我评价

企业应对照《认定办法》和《工作指引》进行自我评价。

（二）注册登记

企业登录"高新技术企业认定管理工作网"（网址：www.innocom.gov.cn），按要求填写《企业注册登记表》，并通过网络系统提交至认定机构。认定机构核对企业注册信息，在网络系统上确认激活后，企业可以开展后续申报工作。

（三）提交材料

企业登录"高新技术企业认定管理工作网"，按要求填写《高新技术企业认定申请书》，通过网络系统提交至认定机构，并向认定机构提交下列书面材料：

（1）《高新技术企业认定申请书》（在线打印并签名、加盖企业公章）；

（2）证明企业依法成立的《营业执照》等相关注册登记证件的复印件；

（3）知识产权相关材料（知识产权证书及反映技术水平的证明材料、参与制定标准情况等）、科研项目立项证明（已验收或结题项目需附验收或结题报告）、科技成果转化（总体情况与转化形式、应用成效的逐项说明）、研究开发组织管理（总体情况与四项指标符合情况的具体说明）等相关材料；

（4）企业高新技术产品（服务）的关键技术和技术指标的具体说明，相关的生产批文、认证认可和资质证书、产品质量检验报告等材料；

（5）企业职工和科技人员情况说明材料，包括在职、兼职和临时聘用人员人数、人员学历结构、科技人员名单及其工作岗位等；

（6）经具有资质并符合《工作指引》相关条件的中介机构出具的企业近三个会计年度（实际年限不足三年的按实际经营年限，下同）研究开发费用、近一个会计年度高新技术产品（服务）收入专项审计或鉴证报告，并附研究开发活动说明材料；

（7）经具有资质的中介机构鉴证的企业近三个会计年度的财务会计报告（包括会计报表、会计报表附注和财务情况说明书）；

（8）近三个会计年度企业所得税年度纳税申报表（包括主表及附表）。

对涉密企业，须将申请认定高新技术企业的申报材料做脱密处理，确保涉密信息安全。

（四）专家评审

认定机构收到企业申请材料后，根据企业主营产品（服务）的核心技术所属技术领域在符合评审要求的专家中，随机抽取专家组成专家组，对每个企业的评审专家不少于5人（其中技术专家不少于60%，并至少有1名财务专家）。每名技术专家单独填写《高新技术企业认定技术专家评价表》，每名财务专家单独填写《高新技术企业认定财务专家评价表》，专家组长汇总各位专家分数，按分数平均值填写《高新技术企业认定专家组综合评价表》。具备条件的地区可进行网络评审。

（五）认定报备

认定机构结合专家组评审意见，对申请企业申报材料进行综合审查（可视情况对部分企业进行实地核查），提出认定意见，确定认定高新技术企业名单，报领导小组办公室备案，报送时间不得晚于每年11月底。

（六）公示公告

经认定报备的企业名单，由领导小组办公室在"高新技术企业认定管理工作网"公示10个工作日。无异议的，予以备案，认定时间以公示时间为准，核发证书编号，并在"高新技术企业认定管理工作网"上公告企业名单，由认定机构向企业颁发统一印制的"高新技术企业证书"（加盖认定机构科技、财政、税务部门公章）；有异议的，须以书面形式实名向领导小组办公室提出，由认定机构核实处理（认定流程如图所示）。

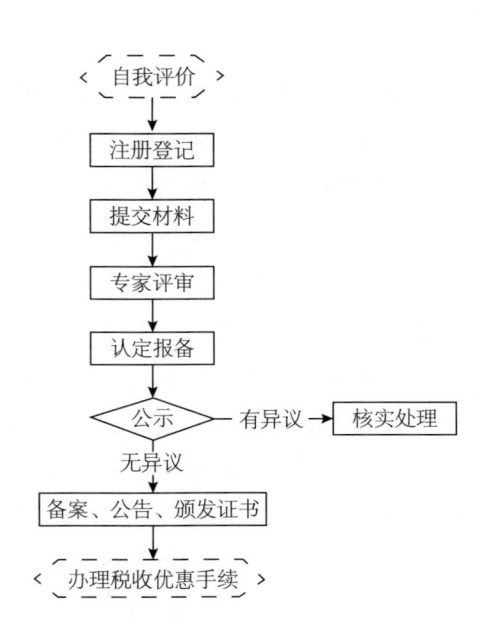

附：高新技术企业具体认定条件及评定细则

（一）年限

须注册成立一年以上：是指企业须注册成立365个日历天数以上；"当年""最近一年"和"近一年"都是指企业申报前1个会计年度；"近三个会计年度"是指企业申报前的连续3个会计年度（不含申报年）；"申请认定前一年内"是指申请前的365天之内（含申报年）。

（二）知识产权

（1）高新技术企业认定所指的知识产权须在中国境内授权或审批审定，并在中国法律的有效保护期内。知识产权权属人应为申请企业。

（2）不具备知识产权的企业不能认定为高新技术企业。

（3）高新技术企业认定中，对企业知识产权情况采用分类评价方式，其中：发明专利（含国防专利）、植物新品种、国家级农作物品种、国家新药、国家一级中药保护品种、集成电路布图设计专有权等按Ⅰ类评价；实用新型专利、外观设计专利、软件著作权等（不含商标）按Ⅱ类评价。

（4）按Ⅱ类评价的知识产权在申请高新技术企业时，仅限使用一次。

（5）在申请高新技术企业及高新技术企业资格存续期内，知识产权有多个权属人时，只能由一个权属人在申请时使用。

（6）申请认定时专利的有效性以企业申请认定前获得授权证书或授权通知书并能提供缴费收据为准。

（7）发明、实用新型、外观设计、集成电路布图设计专有权可在国家知识产权局网站（http://www.sipo.gov.cn）查询专利标记和专利号；国防专利须提供国家知识产权局授予的国防专利证书；植物新品种可在农业部植物新品种保护办公室网站（http://www.cnpvp.cn）和国家林业局植物新品种保护办公室网站（http://www.cnpvp.net）查询；国家级农作物品种是指农业部国家农作物品种审定委员会审定公告的农作物品种；国家新药须提供国家食品药品监督管理局签发的新药证书；国家一级中药保护品种须提供国家食品药品监督管理局签发的中药保护品种证书；软件著作权可在国家版权局中国版权保护中心网站（http://www.ccopyright.com.cn）查询软件著作权标记（亦称版权标记）。

（三）高新技术产品（服务）与主要产品（服务）

高新技术产品（服务）是指对其发挥核心支持作用的技术属于《国家重点支持的高新技术领域》规定范围的产品（服务）。

主要产品（服务）是指高新技术产品（服务）中，拥有在技术上发挥核心支持作用的知识产权的所有权，且收入之和在企业同期高新技术产品（服务）收入中超过50%的产品（服务）。

（四）高新技术产品（服务）收入占比

高新技术产品（服务）收入占比是指高新技术产品（服务）收入与同期总收入的比值。

1. 高新技术产品（服务）收入

高新技术产品（服务）收入是指企业通过研发和相关技术创新活动，取得的产品（服务）收入与技术性收入的总和。对企业取得上述收入发挥核心支持作用的技术应属于《技术领域》规定的范围。其中，技术性收入包括：

（1）技术转让收入：指企业技术创新成果通过技术贸易、技术转让所获得的收入；

（2）技术服务收入：指企业利用自己的人力、物力和数据系统等为社会和本企业外的用户提供技术资料、技术咨询与市场评估、工程技术项目设计、数据处理、测试分析及其他类型的服务所获得的收入；

（3）接受委托研究开发收入：指企业承担社会各方面委托研究开发、中间试验及新产品开发所获得的收入。

企业应正确计算高新技术产品（服务）收入，由具有资质并符合本《工作指引》相关条件的中介机构进行专项审计或鉴证。

2. 总收入

总收入是指收入总额减去不征税收入。

收入总额与不征税收入按照《中华人民共和国企业所得税法》（以下称《企业所得税法》）及《中华人民共和国企业所得税法实施条例》（以下称《实施条例》）的规定计算。

（五）企业科技人员占比

企业科技人员占比是企业科技人员数与职工总数的比值。

1. 科技人员

企业科技人员是指直接从事研发和相关技术创新活动，以及专门从事上述活动的管理和提供直接技术服务的，累计实际工作时间在183天以上的人员，包括在职、兼职和临时聘用人员。

2. 职工总数

企业职工总数包括企业在职、兼职和临时聘用人员。在职人员可以通过企业是否签订了劳动合同或缴纳社会保险费来鉴别；兼职、临时聘用人员全年须在企业累计工作183天以上。

3. 统计方法

企业当年职工总数、科技人员数均按照全年月平均数计算。

月平均数=（月初数+月末数）÷2

全年月平均数=全年各月平均数之和÷12

年度中间开业或者终止经营活动的，以其实际经营期作为一个纳税年度确定上述相关指标。

（六）企业研究开发费用占比

企业研究开发费用占比是企业近三个会计年度的研究开发费用总额占同期销售收入总额的比值。

1. 企业研究开发活动确定

研究开发活动是指，为获得科学与技术（不包括社会科学、艺术或人文学）新知识，创造性运用科学技术新知识，或实质性改进技术、产品（服务）、工艺而持续进行的具有明确目标的活动。不包括企业对产品（服务）的常规性升级或对某项科研成果直接应用等活动（如直接采用新的材料、装置、产品、服务、工艺或知识等）。

企业应按照研究开发活动的定义填写《高新技术企业认定申请书》中的"四、企业研究开发活动情况表"。

专家评价过程中可参考如下方法判断：

（1）行业标准判断法。若国家有关部门、全国（世界）性行业协会等具备相应资质的机构提供了测定科技"新知识""创造性运用科学技术新知识"或"具有实质性改进的技术、产品（服务）、工艺"等技术参数（标准），则优先按此参数（标准）来判断企业所进行项目是否为研究开发活动。

（2）专家判断法。如果企业所在行业中没有发布公认的研发活动测度标准，则通过本行业专家进行判断。获得新知识、创造性运用新知识以及技术的实质改进，应当是取得被同行业专家认可的、有价值的创新成果，对本地区相关行业的技术进步具有推动作用。

（3）目标或结果判定法。在采用行业标准判断法和专家判断法不易判断企业是否发生了研发活动时，以本方法作为辅助。重点了解研发活动的目的、创新性、投入资源（预算），以及是否取得了最终成果或中间成果（如专利等知识产权或其他形式的科技成果）。

2. 研究开发费用的归集范围

（1）人员人工费用

包括企业科技人员的工资薪金、基本养老保险费、基本医疗保险费、失业保险费、工伤保险费、生育保险费和住房公积金，以及外聘科技人员的劳务费用。

（2）直接投入费用

直接投入费用是指企业为实施研究开发活动而实际发生的相关支出。包括：

直接消耗的材料、燃料和动力费用；

用于中间试验和产品试制的模具、工艺装备开发及制造费，不构成固定资产的样品、样机及一般测试手段购置费，试制产品的检验费；

用于研究开发活动的仪器、设备的运行维护、调整、检验、检测、维修等费用，以及通过经营租赁方式租入的用于研发活动的固定资产租赁费。

（3）折旧费用与长期待摊费用

折旧费用是指用于研究开发活动的仪器、设备和在用建筑物的折旧费。

长期待摊费用是指研发设施的改建、改装、装修和修理过程中发生的长期待摊费用。

（4）无形资产摊销费用

无形资产摊销费用是指用于研究开发活动的软件、知识产权、非专利技术（专有技术、许可证、设计和计算方法等）的摊销费用。

（5）设计费用

设计费用是指为新产品和新工艺进行构思、开发和制造，进行工序、技术规范、规程制定、操作特性方面的设计等发生的费用。包括为获得创新性、创意性、突破性产品进行的创意设计活动发生的相关费用。

（6）装备调试费用与试验费用

装备调试费用是指工装准备过程中研究开发活动所发生的费用，包括研制特殊、专用的生产机器，改变生产和质量控制程序，或制定新方法及标准等活动所发生的费用。

为大规模批量化和商业化生产所进行的常规性工装准备和工业工程发生的费用不能计入归集范围。

试验费用包括新药研制的临床试验费、勘探开发技术的现场试验费、田间试验费等。

（7）委托外部研究开发费用

委托外部研究开发费用是指企业委托境内外其他机构或个人进行研究开发活动所发生的费用（研究开发活动成果为委托方企业拥有，且与该企业的主要经营业务紧密相关）。委托外部研究开发费用的实际发生额应按照独立交易原则确定，按照实际发生额的80%计入委托方研发费用总额。

（8）其他费用

其他费用是指上述费用之外与研究开发活动直接相关的其他费用，包括技术图书资料费、资料翻译费、专家咨询费、高新科技研发保险费，研发成果的检索、论证、评审、鉴定、验收费用，知识产权的申请费、注册费、代理费，会议费、差旅费、通讯费等。此项费用一般不得超过研究开发总费用的20%，另有规定的除外。

3. 企业在中国境内发生的研究开发费用

企业在中国境内发生的研究开发费用，是指企业内部研究开发活动实际支出的全部费用与委托境内其他机构或个人进行的研究开发活动所支出的费用之和，不包括委托境外机构或个人完成的研究开发活动所发生的费用。受托研发的境外机构是指依照外国和地区（含港澳台）法律成立的企业和其他取得收入的组织；受托研发的境外个人是指外籍（含港澳台）个人。

4. 企业研究开发费用归集办法

企业应正确归集研发费用，由具有资质并符合《工作指引》相关条件的中介机构进行专项审计或鉴证。

企业的研究开发费用是以单个研发活动为基本单位分别进行测度并加总计算的。企业应对包括直接研究开发活动和可以计入的间接研究开发活动所发生的费用进行归集,并填写《高新技术企业认定申请书》中的"企业年度研究开发费用结构明细表"。

企业应按照"企业年度研究开发费用结构明细表"设置高新技术企业认定专用研究开发费用辅助核算账目,提供相关凭证及明细表,并按《工作指引》要求进行核算。

5. 销售收入

销售收入为主营业务收入与其他业务收入之和。

主营业务收入与其他业务收入按照企业所得税年度纳税申报表的口径计算。

(七)企业创新能力评价

企业创新能力主要从知识产权、科技成果转化能力、研究开发组织管理水平、企业成长性等四项指标进行评价。各级指标均按整数打分,满分为100分,综合得分达到70分以上(不含70分)为符合认定要求。四项指标分值结构详见下表:

序号	指 标	分值
1	知识产权	≤30
2	科技成果转化能力	≤30
3	研究开发组织管理水平	≤20
4	企业成长性	≤20

1. 知识产权(≤30分)

由技术专家对企业申报的知识产权是否符合《认定办法》和《工作指引》要求,进行定性与定量结合的评价。

序号	知识产权相关评价指标	分值
1	技术的先进程度	≤8
2	对主要产品(服务)在技术上发挥核心支持作用	≤8
3	知识产权数量	≤8
4	知识产权获得方式	≤6
5	(作为参考条件,最多加2分)企业参与编制国家标准、行业标准、检测方法、技术规范的情况	≤2

(1)技术的先进程度

A.高(7-8分)　　B.较高(5-6分)　　C.一般(3-4分)

D．较低（1-2分）　　E．无（0分）

（2）对主要产品（服务）在技术上发挥核心支持作用

A．强（7-8分）　　B．较强（5-6分）　　C．一般（3-4分）

D．较弱（1-2分）　　E．无（0分）

（3）知识产权数量

A．1项及以上（Ⅰ类）（7-8分）

B．5项及以上（Ⅱ类）（5-6分）

C．3-4项（Ⅱ类）（3-4分）

D．1-2项（Ⅱ类）（1-2分）

E．0项（0分）

（4）知识产权获得方式

A．有自主研发（1-6分）

B．仅有受让、受赠和并购等（1-3分）

（5）企业参与编制国家标准、行业标准、检测方法、技术规范的情况（此项为加分项，加分后"知识产权"总分不超过30分。相关标准、方法和规范须经国家有关部门认证认可）。

A．是（1-2分）

B．否（0分）

2.科技成果转化能力（≤30分）

依照《促进科技成果转化法》，科技成果是指通过科学研究与技术开发所产生的具有实用价值的成果（专利、版权、集成电路布图设计等）。科技成果转化是指为提高生产力水平而对科技成果进行的后续试验、开发、应用、推广直至形成新产品、新工艺、新材料，发展新产业等活动。

科技成果转化形式包括：自行投资实施转化；向他人转让该技术成果；许可他人使用该科技成果；以该科技成果作为合作条件，与他人共同实施转化；以该科技成果作价投资、折算股份或者出资比例；以及其他协商确定的方式。

由技术专家根据企业科技成果转化总体情况和近3年内科技成果转化的年平均数进行综合评价。同一科技成果分别在国内外转化的，或转化为多个产品、服务、工艺、样品、样机等的，只计为一项。

A．转化能力强，≥5项（25-30分）

B．转化能力较强，≥4项（19–24分）

C．转化能力一般，≥3项（13–18分）

D．转化能力较弱，≥2项（7–12分）

E．转化能力弱，≥1项（1–6分）

F．转化能力无，0项（0分）

3. 研究开发组织管理水平（≤20分）

由技术专家根据企业研究开发与技术创新组织管理的总体情况，结合以下几项评价，进行综合打分。

（1）制定了企业研究开发的组织管理制度，建立了研发投入核算体系，编制了研发费用辅助账；(≤6分)

（2）设立了内部科学技术研究开发机构并具备相应的科研条件，与国内外研究开发机构开展多种形式产学研合作；(≤6分)

（3）建立了科技成果转化的组织实施与激励奖励制度，建立开放式的创新创业平台；(≤4分)

（4）建立了科技人员的培养进修、职工技能培训、优秀人才引进，以及人才绩效评价奖励制度。(≤4分)

4. 企业成长性（≤20分）

由财务专家选取企业净资产增长率、销售收入增长率等指标对企业成长性进行评价。企业实际经营期不满三年的按实际经营时间计算。计算方法如下：

（1）净资产增长率

净资产增长率=1／2（第二年末净资产÷第一年末净资产+第三年末净资产÷第二年末净资产）–1

净资产=资产总额–负债总额

资产总额、负债总额应以具有资质的中介机构鉴证的企业会计报表期末数为准。

（2）销售收入增长率

销售收入增长率=1／2（第二年销售收入÷第一年销售收入+第三年销售收入÷第二年销售收入）–1

企业净资产增长率或销售收入增长率为负的，按0分计算。第一年末净资产或销售收入为0的，按后两年计算；第二年末净资产或销售收入为0的，按0分计算。

以上两个指标分别对照下表评价档次（ABCDEF）得出分值，两项得分相加计算出企业成长性指标综合得分。

成长性得分	指标赋值	分数					
		≥35%	≥25%	≥15%	≥5%	>0	≤0
≤20分	净资产增长率赋值≤10分	A9–10分	B7–8分	C5–6分	D3–4分	E1–2分	F 0分
	销售收入增长率赋值≤10分						

第三节　高新技术企业认定与《企业知识产权管理规范》

一、国家标准《企业知识产权管理规范》（GB/T 29490–2013）出台的背景

改革开放以来，我国经济社会持续快速发展，科学技术和文化创作取得长足进步，创新能力不断提升，知识在经济社会发展中的作用越来越突出。经过多年发展，我国知识产权法律法规体系逐步健全，执法水平不断提高；知识产权拥有量快速增长，效益日益显现；市场主体运用知识产权能力逐步提高；知识产权领域的国际交往日益增多，国际影响力逐渐增强。知识产权制度的建立和实施，规范了市场秩序，激励了发明创造和文化创作，促进了对外开放和知识资源的引进，对经济社会发展发挥了重要作用。但是，从总体上看，我国知识产权制度仍不完善，自主知识产权水平和拥有量尚不能满足经济社会发展需要，社会公众知识产权意识仍较薄弱，市场主体运用知识产权能力不强，侵犯知识产权现象还比较突出，知识产权滥用行为时有发生，知识产权服务支撑体系和人才队伍建设滞后，知识产权制度对经济社会发展的促进作用尚未得到充分发挥。鉴于此，2008年6月5日，国务院颁布实施《国家知识产权战略纲要》，纲要明确提出：要将知识产权工作上升到国家战略层面进行统筹部署和整体推进，到2020年把我国建设成知识产权创造、运用、保护和管理水平较高的国家。知识产权法治环境进一步完善，

市场主体创造、运用、保护和管理知识产权的能力显著增强，知识产权意识深入人心，自主知识产权的水平和拥有量能够有效支撑创新型国家建设，知识产权制度对经济发展、文化繁荣和社会建设的促进作用充分显现。

《国家知识产权战略纲要》为我国知识产权事业发展指出了明确方向。这是继科教兴国战略、人才强国战略之后第三个国家战略。纲要强调实施国家知识产权战略，大力提升知识产权创造、运用、保护和管理能力，有利于增强我国自主创新能力，建设创新型国家；有利于完善社会主义市场经济体制，规范市场秩序和建立诚信社会；有利于扩大对外开放，实现互利共赢。纲要指出：实施国家知识产权战略，要坚持以邓小平理论和"三个代表"重要思想为指导，深入贯彻落实科学发展观，按照激励创造、有效运用、依法保护、科学管理的方针，着力完善知识产权制度，积极营造良好的知识产权法制环境、市场环境、文化环境，大幅度提升我国知识产权创造、运用、保护和管理能力，为建设创新型国家和全面建设小康社会提供强有力支撑。

2008年10月9日，国务院批复同意成立国家知识产权战略实施工作部际联席会议，统筹协调国家知识产权战略实施工作。联席会议由28个成员单位组成，办公室设在国家知识产权局。同年12月12日国务院办公厅下发了《关于印发〈实施国家知识产权战略纲要任务分工〉的通知》，明确了各部门实施知识产权战略的任务分工。此后每一年，国家知识产权战略实施工作部际联席会议均会发布当年度的《国家知识产权战略实施推进计划》，并提出具体的措施。

为促进我国企业自主创新能力和知识产权运用水平的不断提高，逐步实现把知识产权融入企业生产经营的各个环节，借鉴江苏等省在推行企业知识产权管理标准化方面的经验，国家知识产权局2011年开始组织制定国家标准《企业知识产权管理规范》，在结合国内标准体系最新进展及国际上标准体系研究成果的基础上，历经预研、立项、起草、征求意见、专家审查、试点运用、报批备案等阶段后，在2012年形成。在《企业知识产权管理规范》编制期间，国家知识产权局先后组织了有关部门、地方政府、企业、科研院所、中介服务机构等单位和有关专家完成了文本讨论稿，并就其中相关内容向中国科学院、中国石油化工股份有限公司等不同类型的单位征求意见。在此基础上，国家知识产权局联合中国标准化研究院的专家学者，对《规范》的内容进行了修订完善，形成《企业知识产权管理规范（征求意见稿）》。《企业知识产权管理规范（征求意见稿）》通过文件下发、政府网站发布等途径向社会公开征求意见，经汇总共收到企业、地方局、协会等32家单位近百条意见，根据意见对征求意见稿进一步修改，形成《企业知识产权管理规范（送审稿）》。《企业知识产权管理规范（送审稿）》经国家标准专家审查后，根据专家意见再次修改后形成《企业知识产权管理规范（报批稿）》，后经国家质量监督检验检疫总局、国家标准化管理委员会批准颁布，于2013年3月1日起正式实施。

《企业知识产权管理规范》是我国首部企业知识产权管理国家标准。核心主旨是指导企业策划、实施、检查、改进知识产权管理体系。

二、实施《企业知识产权管理规范》（GB/T 29490-2013）的意义

（一）对企业的意义

《企业知识产权管理规范》是对企业经营全过程知识产权管理具有指引、评价和预测作用的质量标准。该规范对企业的意义体现在：

1. 有助于促进企业技术创新

首先，企业通过学习《企业知识产权管理规范》，企业领导和广大职工知识产权意识增强，可以充分调动职工发明创造的积极性，有利于增强企业员工的创新意识和创新能力。其次，加强知识产权管理有利于提高企业的研发效率与效益。再次，加强知识产权管理有利于推动企业的自主创新活动。

2. 改善企业市场竞争地位

面对激烈的市场竞争和企业国际化发展的要求，企业必须要形成和提高自己的核心竞争力，而企业核心竞争力的关键是拥有自己的核心技术和自主知识产权，《企业知识产权管理规范》有利于企业的知识产权创造、运用、保护、管理和创新能力的提高，从而有效改善企业的市场竞争地位。企业拥有自主知识产权的新产品、新技术不断涌现，通过自己生产销售或通过技术贸易许可转让他人，将给企业带来丰厚经济收益。

3. 支撑企业持续发展

知识产权是企业重要的无形资产，企业通过加强知识产权管理，建立一套有效的知识产权保护体系，可以增强对知识产权的保护。《企业知识产权管理规范》有利于增强企业知识产权预警能力，有利于增强知识产权应急能力，有利于增强

知识产权维护能力,有利于增强知识产权纠纷处理能力。企业拥有的自主知识产权的产品在销售市场的地位明显增强,另一方面也巩固了企业的市场地位,无形资产的价值不断提升,帮助企业在今后融资上市、投资并购及企业出售等资产运作上获取更大的收益,从而支撑企业可持续的发展。

(二)对国家的意义

《企业知识产权管理规范》作为我国首部企业知识产权管理国家标准,是我国建设成为知识产权强国的重要手段。根据国家统计局数据,从2012年到2015年,国内发明专利申请受理中职务发明专利的数量连年攀升,比例甚至高达80%(数据见图),这表明,我国具有较高创新能力的发明专利的申请主体绝大多数为企业和其他组织,同时也表明企业是我国知识产权强国建设的重要主体。企业知识产权管理水平的高低,将决定知识产权强国建设目标能否实现。具有高水平知识产权管理体系的企业,是知识产权强国的重要标志。

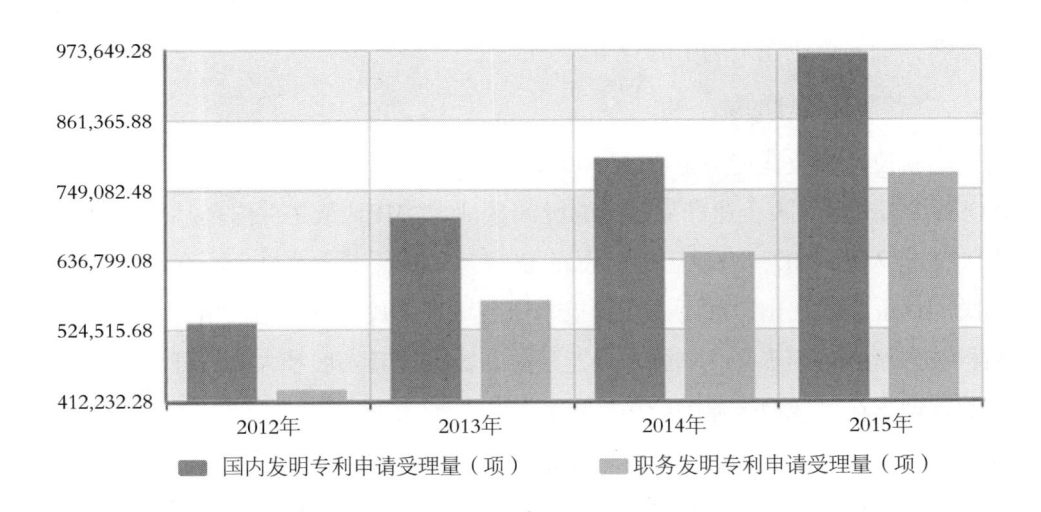

随着知识经济和经济全球化深入发展,知识产权日益成为国家发展的战略性资源和国际竞争力的核心要素。深入实施知识产权战略是全面深化改革的重要支撑和保障,是推动经济结构优化升级的重要举措。为进一步贯彻落实《国家知识产权战略纲要》,全面提升知识产权综合能力,实现创新驱动发展,推动经济提质增效升级,国家知识产权局等二十多家单位联合制定了《深入实施国家知识产权战略行动计划(2014—2020年)》,经国务院同意,于2014年12月20日发布,

国务院要求各省、自治区、直辖市人民政府，国务院各部委、各直属机构认真执行该行动计划，此举彰显了国家最高行政机关对建设知识产权强国战略的高度重视，企业贯彻实施《企业知识产权管理规范》对国家的作用不言而喻。

三、高新技术企业认定与国家标准《企业知识产权管理规范》（GB/T 29490-2013）的关系

（一）二者具有目的的一致性

2015年6月30日，知识产权局等八部委联合颁布《关于全面推行〈企业知识产权管理规范〉国家标准的指导意见》，意见指出，《企业知识产权管理规范》国家标准推行的目的在于引导大部分具有创新优势的企业建立知识产权管理体系，大幅提升企业知识产权运用和保护能力，知识产权对企业竞争优势的贡献显著增强。高新技术企业认定与国家标准《企业知识产权管理规范》，目的均在于采用一定的考核标准，优化企业的各类资源配置，控制企业风险，推动企业的知识产权创新，增强企业在市场中的竞争力。

（二）二者具有管理的统一性

高新技术企业认定与企业ISO9001认证、GMP认证、CE认证以及UL认证类似。ISO9001认证是保障企业产品质量的民间认证，GMP认证是保障药品生产符合要求的强制认证，CE、UL认证是产品的技术、标准及安全性符合所在国基本要求的民间认证，以便出口通行。高新技术企业认定是我国政府通过引导企业持续提高科技创新能力和水平、增强市场竞争能力、促进其发展壮大的认证，是一种科研管理理念在科技型企业的应用推广。

国家标准《企业知识产权管理规范》立足将知识产权管理体系嵌入企业现有体系中，同现有体系具有高度一致性。企业在执行标准过程中，只需要对原有管理体系做适应性调整即可，企业贯标工作量小，实施比较容易。该标准在编制过程中综合考虑了不同规模、不同行业、不同类型企业知识产权管理的需求，吸收全国各地方知识产权管理标准的优点，注重结合知识产权工作的具体特点，设计关键控制环节和共性控制节点，对部分条款内容提供选择执行的指导，以满足我国大多数企业管理需求。

（三）二者具有相互依存性

企业知识产权管理规范的认证情况是企业科研项目立项、高新技术企业认定、知识产权示范企业等认定的重要参考条件。2013年11月6日，为深入实施知识产权战略，增强企业核心竞争力，提升企业知识产权管理工作水平，推动《企业知识产权管理规范》GB／T 29490-2013标准实施，国家认证认可监督管理委员会和国家知识产权局根据《中华人民共和国认证认可条例》，对开展企业知识产权管理体系认证提出了多项实施意见，并根据实施意见逐步开展、管理和推动知识产权管理体系认证。2015年八部委指导意见也表明，今后的高新技术企业认定管理办法，要将企业知识产权管理体系认证情况作为高新技术企业认定的重要参考条件，从而积极推动企业知识产权管理体系认证与高新技术企业政策的衔接。

四、国家标准下的高新技术企业认定

（一）《企业知识产权管理规范》（GB/T 29490-2013）管理体系的特点

《企业知识产权管理规范》的基本架构，除前言、引言外共包括九个章节，其中与知识产权管理相关的核心章节是第4章至第9章，分别是："4知识产权管理体系，5管理职责，6资源管理，7基础管理，8实施和运行，9审核和改进"。上述章节是构成知识产权管理体系的六大过程，其内容体现了该规范引言中的基于过程方法的企业知识产权管理模型，即PDCA循环。其中P代表Plan，策划，指理解企业知识产权管理需求，制定知识产权方针和目标；D代表Do，实施，指在企业的业务环节（产品的立项、研究开发、采购、生产、销售和售后）中获取、维护、运用和保护知识产权；C代表Check，检查，指监控和评审知识产权管理效果；A代表Action，指改进根据检查结果持续改进知识产权管理体系。

《企业知识产权管理规范》GB／T 29490-2013管理体系的特点在于，该规范针对企业知识产权管理提出了全面系统的要求，为企业知识产权管理提供了一个科学的管理体系，将ISO9001质量管理体系标准的"系统原理"及"过程方法"引入了企业知识产权管理之中。如4.2.2文件控制，5.3.2知识产权目标，5.4.1管理者代表，5.5管理评审，9.2内部审核，9.3分析与改进等，使企业的知识产权管理体系可以与企业的其他管理体系的相同职责、过程及文件实现有机兼容。此外，该标准确定了知识产权管理的基本过程及相关活动，并规定了基本要求。其中"7基础管理"和"8实施和运行"是知识产权管理的核心过程，分别规定了知识产权的获取、维护、运用、保护、合同管理、保密等基本管理活动，基本完整覆盖了知识产权管理的各项要素，充分体现了知识产权管理的特点。

（二）企业在贯彻（GB/T 29490-2013）管理体系时要着重把握以下几方面[①]

1. 知识产权权属是知识产权管理规范的管理核心

知识产权管理规范的核心是控制和应用知识产权权属。企业需辨识自身拥有的知识产权权属和特征，从而利用知识产权带来收益、控制风险。企业在知识产权的获取、维护、运用、保护等知识产权生命周期管理中均应围绕知识产权权属这个核心，因根据企业的自身发展状况和发展战略合理布局，设立和展开管理要求，实现知识产权利用价值的最大化。

2. 知识产权管理体系的目的是遵守法律法规要求承诺的功能

企业根据知识产权管理规范建立的体系应服务于其经营宗旨的需要，这种需要不是通过一种简单的合同、投诉与纠纷形式向企业传达，而多是以法律法规要求的形式表达出来。因此，法律法规是控制知识产权的根本和准则。在知识产权管理体系规范中，知识产权法律法规要求贯穿其始末。有效的知识产权管理体系运行是以遵守法律法规和其他要求为最低要求并不断的持续改进。

3. 知识产权方针、目标和落实措施是实现持续改进的重要途径

知识产权管理规范要求企业围绕不断创新、发挥知识产权作用、降低风险制定知识产权方针和目标，通过知识产权落实措施取得知识产权绩效，改进知识产权状况。知识产权的目标和落实措施作为知识产权管理体系规范中所包含的要素，在知识产权管理体系运行的PDCA循环中不断实施，从而使得企业的知识产权绩效达到持续改进。

4. 运行控制是企业知识产权取得效益和控制风险的关键步骤

企业在建立和实施知识产权管理体系规范时，应有适宜的、可操作的运行体系程序和制度，通过实施有效的促进和监控知识产权经营和运营的措施，使知识产权对企业做出必要的贡献，保证相关活动在文件化运行控制程序的管理条件下进行，使可能给企业带来风险、导致纠纷、侵权或知识产权外泄的问题都处于可控状态。因此，在建立与保持知识产权管理体系过程中，与企业经营和运营活动

---

① 刘凤娟，王培勋，苏慎之. 解读企业知识产权管理规范[J]. 质量与认证,2015（2）.

有关的知识产权运行控制程序文件的策划与编制，成为企业充分发挥知识产权作用、取得收益、控制风险的关键步骤。

5. 知识产权管理体系的监控系统对体系运行起到保障作用

企业在建立知识产权管理体系时，应建立与其知识产权管理要求相适应的监控机制，该监控机制应具有实施检查、纠错、验证、评审和提高的能力。企业通过监测知识产权的管理绩效，检查目标实现情况，调查侵权、纠纷、泄密等事件，开展内部审核和管理评审等监控措施，对监控中发现的问题随时发现、随时解决、随时改进。知识产权监控措施并不是各自独立的，在监控的内容有所交叉，互为补充的，构成了完整的监控机制，以保证知识产权管理体系的持续适用、充分和有效。

6. 明确组织机构与职责是实施知识产权管理体系的必要前提

企业知识产权管理体系的建立、运行均是围绕企业的组织机构，需要企业各部门的参与，应根据各部门的职能和层次依次展开。因此，在体系建立过程中应明确各机构的作用、职责、责任与权限。在知识产权管理体系的实际运行中，机构的合理可靠、职责及责任的明确、资源的充分保障是体系运行的必要条件。同时实现规范每一要素的要求都依赖相关责权人员的参与和相关资源的充分保障。知识产权管理体系的建立与保持将上至最高管理者下至员工联系起来，体现了全面系统、结构化的管理特色。

（三）高新技术企业认定与《企业知识产权管理规范》（GB/T 29490-2013）

企业在进行高新技术企业认定时，要着重把握以下几点：

1. 在GB／T 29490-2013-5.5.2评审输入中，要着重强调本企业生产高新技术产品所处高新技术领域中的技术、标准发展趋势。

2. 在GB／T 29490-2013-6.1人力资源管理处，应当从以下几方面把握：首先要突出强调技术人员管理特点，明确规定本企业技术人员的任职条件，从教育、培训、技能和经验方面对技术人员实施管理。其次，进行高新技术认定的企业，企业技术骨干的劳动合同应当由总经理或分管副总签署，并同时签订《保密协议》，明确保密的责任和义务。另外企业还应当制定《知识产权奖罚制度》，对员工创造的知识产权给予相应的物质奖励和精神奖励，从而鼓励员工的创造积极性，激励员工的发明创造；企业内部每年对员工的知识产权产出进行考核，设置创新成果奖、技术发明奖、成果转化奖、技术改进奖、合理化建议奖、科研论文奖、知识产权信息奖、知识产权管理成就奖等奖项。

3. 在GB/T 29490-2013-6.4信息资源管理处，要强调本企业生产高新技术产品所处高新技术领域中的技术、标准和竞争对手相关信息的搜集，包括专利、商标、商业秘密、专有技术、许可证贸易等各类知识产权信息以及高新技术领域中其他竞争对手及其产品技术信息等。

4. 在GB/T 29490-2013-7.2知识产权维护管理处，企业要着重强调专利布局在本企业的重要性，以及对本企业高新技术产品所拥有的知识产权进行价值评价。

5. 在GB/T 29490-2013-8.1立项及研究开发处，要强调高新技术企业通过知识产权贯标，针对高新技术特点，运用知识产权信息，为企业的技术方案拟定、知识产权获取、科技成果转化等研究开发组织管理的任何一个环节，建立适合企业的规范制度，并贯彻到企业研发的每一个环节中，从而达到和满足高新技术企业认定要求中企业创新能力的要求。

第四章 高新技术企业商标管理实务

第一节 企业商标概述

一、商标的概念

商标Trademark，俗称"牌子"。现在社会上经常说的品牌，其核心就是商标。它是指生产经营者在其生产、制造、加工、拣选或者经销的商品或服务上采用的，为了区别商品或服务来源、具有显著特征的标志。我国《商标法》第8条规定，任何能够将自然人、法人或者其他组织的商品与他人的商品区别开的标志，包括文字、图形、字母、数字、三维标志、颜色组合和声音等，以及上述要素的组合，均可以作为商标申请注册。经国家核准注册的商标为"注册商标"，受法律保护。商标注册人享有商标专有权。

二、商标的主要特征

商标既具有动产的特征，又具有不动产的特征。作为一种所有权，商标权人可以把它拥有的商标让与他人或授权他人使用，任何人未经授权不得使用已经获得注册的商标，当受到侵害时，商标权人可以通过法律途径维护自己的权益，请求赔偿。而作为一种知识产权，又具有其他动产不具有的特征。具体来说，主要有以下方面：

（1）依附性。商标是商品或服务的标志，与商品或服务不能分离，并依附于商品或服务。它是商品经济的产物，没有商品就谈不上商标。

（2）显著性。商标是一种表示商品或服务来源的标志，因此商标必须起到识别商品或服务的基本作用，这决定了商标必须具有显著性，以便于消费者识别不同生产厂家的产品和服务。显著性是商标的核心概念，是商标保护的灵魂。

（3）财产性。商标不仅是一种智力成果，一个有价值的商标，是企业的宝贵财富，可以作为企业的无形资产进行投资，给企业创造更多的财富。此外，由于商标在长期使用中树立了自己的信誉，从而使其能代表某种商品特定的质量、品格、风格，形成相对固定的消费群体，这也是消费者认牌购货的目的之一。所以商标通常代表着商品或服务的质量，消费者通过商标就能识别商品或服务质量的优劣、价位的高低。

（4）排他性。商品是商品生产者或经营者的专用标志，是企业声誉、地位和社会评价的象征，是经过法律程序的认定，享有商标专有权，未经允许，他人不得使用，包括不得使用与之相混淆或容易造成误认的标志。

（5）地域性。注册商标仅在申请地受到保护，企业可根据自己的经营需要，向有关的国家提出商标注册的申请。

（6）竞争性。商品或服务借助商标进入市场，参加竞争。商标起源于竞争，反过来又保证和促进合法竞争。因此，我们通常也说，商标是企业参与市场竞争的利器，是企业进入市场的通行证，这也是指商标与竞争的关系。

三、商标的分类

（1）按商标构成要素分类，商标可以分为视觉商标、听觉商标、嗅觉商标、味觉商标和触觉商标。视觉商标是我们最常见的商标，又可以分为文字商标、图形商标、文字图形组合商标、立体标志、全息商标和颜色商标。听觉商标即声音商标，是非传统商标中相对使用最广泛的一种，2013年修改后的《商标法》第八条规定了声音可作为商标申请注册，此类商标主要集中在多媒体等非传统企业以及一些知名企业的广告，如电影、电视、广播广告中的配乐，产品APP应用或其他电子出版物的启动、背景音乐等。嗅觉商标、味觉商标和触觉商标目前在我国尚在探索阶段，还不可以申请注册。

（2）按商标用途分类，商标可以分为商品商标、服务商标、证明商标和集体商标。商品商标指使用在商品上的商标。服务商标是指使用在服务项目上的商标。集体商标，是指以团体、协会或者其他组织名义注册，供该组织成员在商事活动中使用，以表明使用者在该组织中的成员资格的标志。证明商标，是指由对某种商品或者服务具有监督能力的组织所控制，而由该组织以外的单位或者个人使用于其商品或者服务，用以证明该商品或者服务的原产地、原料、制造方法、质量或者其他特定品质的标志。在证明商标和集体商标中，还有一种比较特殊的商标——地理标志。我国商标法规定，地理标志，是指标示某商品来源于某地区，该商品的特定质量、信誉或者其他特征，主要由该地区的自然因素或者人文因素所决定的标志。地理标志可以作为集体商标或证明商标来获得有效的保护。

（3）按商标的特殊性质分，商标可以分为驰名商标、著名商标、联合商标和防御商标。其中，驰名商标是指在中国国内为相关公众广为知晓并享有较高声誉的商标，由中国国家工商行政管理部门商标局进行认定。驰名商标除具有显著性和可视性等一般商标的特性外，还有竞争力强、知名度高、信誉度好、影响范围广等特点。著名商标是指具有较高市场声誉和商业价值，为相关公众所熟知，并依法被认定的注册商标。著名商标的认定机构是省级工商行政管理部门，著名商标在一定地域范围内有较高知名度。防御商标是指较为知名的商标所有人在该注册商标核定使用的商品或类似商品以外的其他不同类别的商品或服务上注册的若干相同商标，为防止他人在这些类别的商品或服务上注册使用相同的商标。原商标为主商标，其余为防御商标。联合商标一般是指同一商标所有人在同一种或类似商品上注册的若干近似商标。这些商标中首先注册的或者主要使用的为主商标，其余的则为联合商标。

（4）按商标注册情况分类，商标可以分为注册商标和未注册商标。其中，注册商标是经过法律确认的，享有商标专用权，受相关法律保护，并且可以禁止他人在相同或近似商品上使用。

四、企业商标的选择

企业在最初选择、设计商标的时候，首先要考虑其合法性，既要符合我国《商标法》的规定，也要符合我国关于商标法律制度的相关规定。在选择商标的过程中，要考虑以下几方面的问题：

（一）商标的选择不得违反法律的禁止性规定

企业选择商标首先就要符合法律的规定，不得与法律的规定相冲突。我国《商标法》第十条规定，下列标志不得作为商标使用：

（1）同中华人民共和国的国家名称、国旗、国徽、国歌、军旗、军徽、军歌、勋章等相同或者近似的，以及同中央国家机关的名称、标志、所在地特定地点的名称或者标志性建筑物的名称、图形相同的；

（2）同外国的国家名称、国旗、国徽、军旗等相同或者近似的，但经该国政府同意的除外；

（3）同政府间国际组织的名称、旗帜、徽记等相同或者近似的，但经该组织同意或者不易误导公众的除外；

（4）与表明实施控制、予以保证的官方标志、检验印记相同或者近似的，但经授权的除外；

（5）同"红十字""红新月"的名称、标志相同或者近似的；

（6）带有民族歧视性的；

（7）带有欺骗性，容易使公众对商品的质量等特点或者产地产生误认的；

（8）有害于社会主义道德风尚或者有其他不良影响的。

县级以上行政区划的地名或者公众知晓的外国地名，不得作为商标。但是，地名具有其他含义或者作为集体商标、证明商标组成部分的除外；已经注册的使用地名的商标继续有效。

（二）商标的选择要注重显著性

商标的选择应该与众不同，便于消费者识别。我国《商标法》第九条规定，申请注册的商标，应当有显著特征，便于识别，并不得与他人在先取得的合法权利相冲突。也就是说，即使有一个标志没有其他人在先注册，并且符合产品的具体内容，但是这个标志并不能很明显地将所标志的产品与其他产品区分开来，那么这个标志就不能作为商标使用。简单举几个例子，比如"现宰猪肉""手工煎饼""数控机床"都不能作为商标进行使用，因为这种商标不能显著地将自己的产品和其他同类产品区分开来。容易造成消费者的混淆和权利的滥用。

商标的显著性是商标保护的灵魂，它的强度不仅可以直接决定商标是否可以注册，而且还决定商标权利范围的大小。企业在选择设计商标的时候，如果商标跟企业的产品或服务不相关，那么这个商标的显著性就越强，就越能给消费者留下视觉效果，商标才不容易被淡化。有的商标虽然跟产品或服务不相关，但是由于显著性是一个程度问题，而且也是动态可变的，如果企业通过大量的市场宣传及媒介推广，也可以使原本不具有显著性的商标具备显著性。比如养元集团的六个核桃，这个商标本身就能让人联想到产品的营养价值，铺天盖地的宣传又为产品提高了知名度，使其曾一度成为同类产品的销售冠军。再比如"小肥羊"商标，虽然其构成文字属于商品或服务的主要原料，但其经过多年的使用，已经具有了显著性。

（三）商标的选择要符合法律规定的构成要素

我国《商标法》第8条就规定："任何能够将自然人、法人或者其他组织的商品与他人的商品区别开的可视性标志，包括文字、图形、字母、数字、三维标志和颜色组合，以及上述要素的组合，均可以作为商标申请注册。"因此，商标的选择要符合法律规定的要素。

（四）商标的选择不得与他人的在先权利相冲突

我国《商标法》第三十二条明确规定："申请商标注册不得损害他人现有的在先权利，也不得以不正当手段抢先注册他人已经使用并有一定影响的商标。"上述规定明确指出商标的注册应该符合正当性的特点。如果与他人先取得的权利相冲突就有违公平的原则。如果企业不注意这一点，很可能会造成侵权，增加诉讼负担。因此，企业在选择设计商标的时候应当避免跟他人先取得的合法权利发生冲突。

（五）企业选择商标时的考虑因素

1. 企业在选择商标时要考虑到企业形象

企业之间的竞争在当今社会已经不再仅仅局限于产品或服务，而扩大到企业形象的竞争。商标则最能集中体现企业形象，企业在设计商标的时候要充分考虑到企业的形象，将企业的优秀理念融入商标中。这方面成功的例子比如"宝洁"公司，作为全世界最大的日用消费品公司之一，它的商标就传递了企业的品牌宗旨即"世界一流产品，美化你的生活"，为企业做了形象的宣传。

2. 企业在选择商标时要考虑社会文化因素

社会文化因素中包含着众多的因子，譬如说历史文化、传统价值观、风俗习惯以及地域特点等。许多驰名商标在命名的时候都特别重视这些因素的有机结合，贵州茅台、红豆服饰、青岛啤酒、红塔山，等等，这些商标的出现，无疑都结合了当地的社会文化因素，才使得企业在激烈的市场竞争中占据一席之地。

3. 企业在选择商标时要迎合消费者的心理

企业在定位品牌的时候要抓住目标消费者的喜好和心理倾向，用积极向上的表达来吸引消费者的眼球，这样才能使商品或服务更容易为消费者所接受。以我国的名茶"碧螺春"为例，它的原名是"吓煞人名茶"，茶农们在命名的时候并没有从消费者的角度去考虑，才导致它在很长一段时间内没能被认可。清朝乾隆皇帝将其改名为"碧螺春"，融其颜色、形状、采摘季节于一词，形象地表达了这款茶叶的特点，这个名字充满诗意，更贴近消费者的需求。再比如，大部分消费心态是讲究实用，往往期望得到长久、肯定而真实的允许和保证，比如"旺旺（饼干）""捷安特（自行车）""富绅（衬衫）"等商标皆带有吉祥语。中国文化对某些数字如颇为偏爱，如"999感冒灵""金六福"等，反映了人们的一种价值取向。因此许多国外商标在汉译时就注意了中国消费者的价值观念及民族心态，如"Seven-up（七喜）""Goldlion（金利来）""Cannon（佳能）""Gil-lette（吉利）""Dove德芙（与'德福'同音）"等。

五、企业商标注册的原则

（一）自愿注册为原则，强制注册为补充

自愿注册原则是指商标使用人是否申请商标注册取决于自己的意愿。除了法律规定的必须强制注册商标的商品外，企业注册商标与否取决于自愿。意思自治原则是民法的一项重要的原则，商标权属于私权，使用人注册商标与否都是自己的私权利，不受他人的非法干涉。在自愿注册原则下，商标注册人对其注册商标享有专用权，受法律保护。在实行自愿注册原则的同时，我国规定了在极少数商品上使用的商标实行强制注册原则，作为对自愿注册原则的补充。目前必须使用注册商标的商品只有烟草制品，包括卷烟、雪茄烟和有包装的烟丝。使用未注册商标的烟草制品，禁止生产和销售。

（二）申请在先为原则，使用在先为补充

申请在先原则又称注册在先原则，是指两个或者两个以上的商标注册申请人，在同一种商品或者类似商品上，以相同或者近似的商标申请注册的，申请在先的商标，其申请人可获得商标专用权，在后的商标注册申请予以驳回。商标注册的申请日期，以商标局收到申请文件的日期为准。商标的注册需要一定的周期，如果企业在未注册商标的时候就展开宣传，那么就很容易面临市场风险，很可能替他人做嫁衣。在我国现行的商标制度下，未注册商标的在先使用既不能产生实体上的权利，也不能产生与已注册的商标对抗的效力。只要先申请自己的商标，然后再使用，这样就可能不会面临商标被抢注这种风险。

在申请在先原则无法判定的情况下采用使用在先原则，根据《商标法》第二十九条，两个或者两个以上的商标注册申请人，在同一种商品或者类似商品上，以相同或者近似的商标申请注册的，初步审定并公告申请在先的商标；同一天申请的，初步审定并公告使用在先的商标，驳回其他人的申请，不予公告。

（三）优先权原则

我国《商标法》第二十五条、第二十六条是关于商标注册优先权的规定。《商

标法》第二十五条规定：商标注册申请人自其商标在外国第一次提出商标注册申请之日起六个月内，又在中国就相同商品以同一商标提出商标注册申请的，依照该外国同中国签订的协议或者共同参加的国际条约，或者按照相互承认优先权的原则，可以享有优先权。依照前款要求优先权的，应当在提出商标注册申请的时候提出书面声明，并且在三个月内提交第一次提出的商标注册申请文件的副本；未提出书面声明或者逾期未提交商标注册申请文件副本的，视为未要求优先权。

《商标法》第二十六条规定：商标在中国政府主办的或者承认的国际展览会展出的商品上首次使用的，自该商品展出之日起六个月内，该商标的注册申请人可以享有优先权。依照前款要求优先权的，应当在提出商标注册申请的时候提出书面声明，并且在三个月内提交展出其商品的展览会名称、在展出商品上使用该商标的证据、展出日期等证明文件；未提出书面声明或者逾期未提交证明文件的，视为未要求优先权。

（四）分类申请原则

《商标法》第二十二条规定，商标注册申请人应当按规定的商品分类表填报使用商标的商品类别和商品名称，提出注册申请。商标注册申请人可以通过一份申请就多个类别的商品申请注册同一商标。商标注册申请等有关文件，可以以书面方式或者数据电文方式提出。

第二节　企业申请注册商标办理流程

一、国内企业办理商标注册申请途径

企业在生产经营活动中，对其商品或者服务需要取得商标专用权的，应当向商标局申请商标注册。狭义的商标注册申请仅指商品和服务商标注册申请、商标国际注册申请、证明商标注册申请、集体商标注册申请、特殊标志登记申请。广义的商标注册申请除包括狭义的商标注册申请的内容外，还包括变更、续展、转让注册申请，异议申请，撤销申请，商标使用许可备案，以及其他商标注册事宜的办理。

国内企业办理商标注册申请有两种途径：一是自行办理，即由申请人直接办理商标注册申请；二是委托依法设立的商标代理机构办理。两种途径的主要区别

是发生联系的方式、提交的书件和文件递交方式不同。在发生联系的方式方面，直接到商标局办理的，在办理过程中申请人与商标局直接发生联系；委托商标代理机构办理的，在办理过程中申请人通过商标代理机构与商标局发生联系，而不直接与商标局发生联系。在提交的书件方面，直接到商标局办理的，申请人除应提交的其他书件外，应提交经办人本人的身份证复印件；委托商标代理机构办理的，申请人除应提交的其他书件外，应提交委托商标代理机构办理商标注册事宜的授权委托书。在文件递交方式方面，申请人自行办理的，由申请人或经办人直接将申请文件递交到商标注册大厅受理窗口；代理机构可以将申请文件直接递交、邮寄递交或通过快递企业递交商标局，也可以通过网上申请系统提交商标注册申请。

二、企业商标注册的办理流程

（一）办理流程

（1）委托商标代理机构办理的，申请人可以自愿选择任何一家在商标局备案的商标代理机构办理。所有在商标局备案的商标代理机构都公布在"代理机构"一栏中。

（2）申请人直接到商标大厅办理的，申请人可以按照以下步骤办理：

商标注册申请前查询（非必需程序）→ 准备申请书件 → 在商标大厅受理窗口提交申请书件 →在打码窗口确认提交申请→ 在交费窗口缴纳商标注册规费 →领取规费收据

申请人领取收据后，提交商标注册申请工作就已完成。商标局会向申请人发放各种文件。商标注册审查程序请参阅《商标注册流程图》，申请人在收到《领取商标注册证通知书》后，到商标大厅领取《商标注册证》。

（二）申请前的查询（非必需程序）

如果商标注册申请被驳回，申请人一方面损失商标注册费，另一方面重新申请注册商标还需要时间，而且再次申请能否被核准注册仍然处于未知状态。因此，申请人在申请注册商标之前最好进行商标查询，了解在先权利情况，根据查询结果做出判断以后再提交申请书。这样可以做到心中有数，避免不必要的浪费。

（三）企业办理商标注册的申请手续

办理商标注册申请，应当提交下列文件：

高新技术企业商标管理实务 第四章

商标注册流程简图

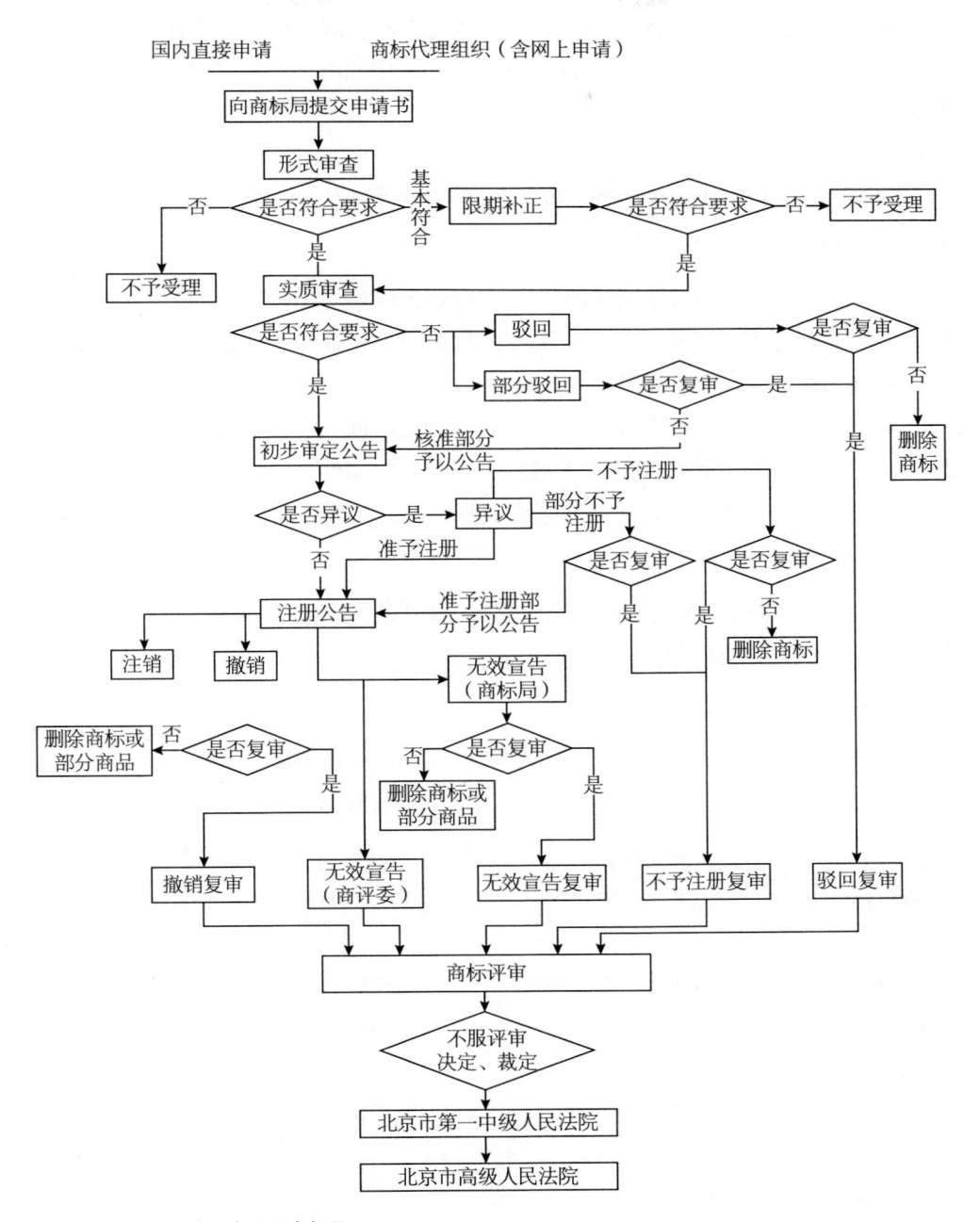

图示来源：国家工商总局商标局

1.《商标注册申请书》

（1）每一件商标注册申请应当向商标局提交《商标注册申请书》1份。

（2）《商标注册申请书》可以以纸质方式或者数据电文方式提出。以纸质方式提出的，应当打字或者印刷。以数据电文方式提出的，具体要求详见网上申请相关规定。

（3）企业应当在申请书的指定位置加盖公章。

（4）《商标注册申请书》填写要求详见《商标注册申请书》所附填写说明。

2. 申请人身份证明文件复印件

申请的企业应当提交营业执照、法人登记证、事业单位法人证书、社会团体法人证书、律师事务所执业证书、医疗机构执业许可证等有效证件的复印件；办学许可证、期刊证、组织机构代码证等证件不能作为申请人身份证明文件。

申请人为港澳台或国外企业的，应当提交所属地区或国家的登记证件复印件。外国企业在华的办事处、常驻代表机构的登记证复印件不能作为身份证明文件复印件。上述文件是外文的，应当附送中文译文；未附送的，视为未提交该文件。

3.《商标代理委托书》

委托商标代理机构办理的，应当提交《商标代理委托书》。《商标代理委托书》应当载明代理内容及权限。

4. 经办人身份证件复印件

直接办理有经办人的，应当提交经办人身份证件复印件。

5. 商标图样

（1）每一件商标注册申请应当提交1份商标图样。以颜色组合或者着色图样申请商标注册的，应当提交着色图样，并提交黑白稿1份；不指定颜色的，应当提交黑白图样。

（2）商标图样必须清晰，便于粘贴，用光洁耐用的纸张印制或者用照片代替，长和宽应当不大于10厘米，不小于5厘米。商标图样应粘贴在《商标注册申请书》指定位置。

（3）以三维标志申请商标注册的，应当在申请书中予以声明，并应在《商标注册申请书》"商标说明"栏中说明商标的使用方式。申请人应当提交能够确定三维形状的图样，该商标图样应至少包含三面视图。

（4）以颜色组合申请商标注册的，应当在申请书中予以声明，并在《商标注册申请书》"商标说明"栏中加以文字说明，说明色标和商标的使用方式。

（5）以声音标志申请注册商标的，应当在申请书中予以声明，并在商标图样框里对声音商标进行描述，同时报送符合要求的声音样本，以及在《商标注册申请书》"商标说明"栏中说明商标的使用方式。

1）声音商标的描述。应当以五线谱或者简谱对申请用作商标的声音加以描述并附加文字说明；无法以五线谱或者简谱描述的，应当使用文字进行描述。

2）声音样本的要求：

①通过纸质方式提交声音商标注册申请的，声音样本的音频文件应当储存在只读光盘中，且该光盘内应当只有一个音频文件。通过数据电文方式提交声音商标注册申请的，应按照要求正确上传声音样本。

②声音样本的音频文件应小于5mb，格式为wav或mp3。

3）商标描述与声音样本应当一致。

6. 优先权证明文件

要求优先权的，应当提交书面声明，并同时提交或在申请之日起三个月内提交优先权证明文件，包括原件和完整的中文译文。未书面声明或申请／展出国家／地区、申请／展出日期、申请号栏目填写不完整的，视为未要求优先权。逾期未提交或未完整提交优先权证明文件的，或证明文件不足以证明其享有优先权的，优先权无效。

7. 肖像人的授权书

将他人肖像作为商标图样进行注册申请的，应当予以说明，并附送肖像人的授权书。授权书应包括作为商标图样申请的肖像人肖像。自然人、法人或其他组织将他人肖像作为商标图样进行注册申请，肖像人已死亡的，应附送申请人有权处置该肖像的证明文件，证明文件应包括作为商标图样申请的肖像人肖像。

8. 附送中文译文

申请人提交的各种证件、证明文件和证据材料是外文的，应当附送中文译文；未附送的，视为未提交该证件、证明文件或者证据材料。

9. 为申请商标注册所申报的事项和所提供的材料应当真实、准确、完整

以欺骗手段或者其他不正当手段取得注册的，由商标局宣告该注册商标无效；其他单位或者个人可以请求商标评审委员会宣告该注册商标无效。

三、商标注册规费的缴纳

《商标法》第七十二条和《商标法实施条例》第九十七条均规定：申请商标注册和办理其他商标事宜的，应当缴纳费用。根据财政部、发改委 2017 年 3 月 23 日通知，自 2017 年 4 月 1 日起，商标注册收费标准将降低 50%。

收费依据：原国家计委、财政部计价格〔1995〕2404 号文件和国家发改委、财政部发改价格〔2015〕2136 号文件，财政部、国家发展改革委财税〔2017〕20 号文件。

	业务名称	收费标准	备注
1	受理商标注册费	300 元	（限定本类 10 个商品。10 个以上商品，每超过 1 个商品，每个商品加收 30 元）。
2	受理集体商标注册费	1500 元	
3	受理证明商标注册费	1500 元	
4	补发商标注册证费	500 元	含刊登遗失声明的费用
5	受理转让注册商标费	500 元	
6	受理商标续展注册费	1000 元	
7	受理续展注册迟延费	250 元	
8	受理商标评审费	750 元	
9	商标异议费	500 元	
10	变更费	250 元	
11	出具商标证明费	50 元	
12	撤销商标费	500 元	
13	商标使用许可合同备案费	150 元	

四、商标注册申请补正程序（非必经程序）

商标注册申请手续齐备、按照规定填写申请文件并缴纳费用的，商标局予以受理并书面通知申请人；申请手续不齐备、未按照规定填写申请文件或者未缴纳费用的，商标局不予受理，书面通知申请人并说明理由。申请手续基本齐备或者申请文件基本符合规定，但是需要补正的，商标局通知申请人予以补正，限其自收到通知之日起 30 日内，按照指定内容补正并交回商标局。在规定期限内补正并交回商标局的，保留申请日期；期满未补正的或者不按照要求进行补正的，商标局不予受理并书面通知申请人。

五、商标注册申请的实质审查程序

（1）商标局对受理的商标注册申请，依照商标法的有关规定进行审查，对符合规定的或者在部分指定商品上使用商标的注册申请符合规定的，予以初步审定，并予以公告；对不符合规定或者在部分指定商品上使用商标的注册申请不符合规定的，予以驳回或者驳回在部分指定商品上使用商标的注册申请，书面通知申请人并说明理由。

（2）实质审查是决定申请商标是否获得商标专用权的关键环节，商标注册的实质审查内容包括对商标注册绝对条件的审查和相对条件的审查。绝对条件的审查又称对申请注册商标自身条件的审查，它包括对申请注册商标的绝对合法性和显著性的审查；对申请注册商标的相对条件的审查又称为对商标是否与在先权利发生冲突的审查。

1）商标注册绝对条件的审查

①申请注册的商标所使用的文字、图形、字母、数字、三维标志和颜色组合等构成要素是否违背商标法的禁用条款，即《商标法》第十条、第十一条的规定；

②申请注册的商标是否具备法定条件，就是说商标所使用的文字、图形、字母、数字、三维标志和颜色组合等是否具有显著性。申请注册的商标若是违反商标法规的禁用条款以及不具有显著性的，将商标注册的实质审查阶段被驳回。

2）商标注册相对条件的审查：申请注册的商标是否与他人的在先申请、注册的商标权利发生冲突。

如果申请注册的商标与他人在先申请和注册的商标权利相冲突的同样将在实质审查阶段被驳回。商标注册的实质审查阶段，如果审核不通过，商标局会下发商标驳回（或部驳回）通知书。由于商标审查工作都是审查员人工完成，审查员主观意识在审查中发挥重要影响。因此，如果商标被驳回则需要根据商标局下发的驳回通知书进行分析，如果是审查员的误判错判，可以进行商标驳回复审获得商标权。

六、商标注册的核准

商标注册凡是经过实质审查，认为申请注册的商标符合商标法的有关规定并且有显著性的，予以初步审定，并予以公告。在初步审定公告的3个月期限内无人提出异议或者有异议但异议不成立的，商标局予以核准注册，在《商标登记簿》上登记、编号，发给申请人《商标注册证》，并在《商标公告》上进行公告。商标注册申请人自商标核准注册之日起成为商标权人。

七、商标申请注意事项

（1）《注册申请受理通知书》仅表明商标注册申请已被商标局受理，并不表明该申请已被核准。

（2）商标注册申请被驳回的，如果对驳回决定不服，申请人可以自收到驳回通知之日起15日内向商标评审委员会申请复审。

（3）申请注册的商标被提出异议的，如果申请人（即被异议人）对商标局的不予注册决定不服，可以自收到通知之日起15日内向商标评审委员会申请复审。

（4）商标在提出申请之后但尚未核准注册前仍为未注册商标，仍须按未注册商标使用。如果使用该商标侵犯他人商标专用权，不影响有关工商行政管理机关对该行为的查处。

（5）注册商标的有效期为10年，自核准注册之日起计算。注册商标有效期满需要继续使用的，商标注册人应当在期满前12个月内办理续展手续。商标注册人在此期间未能办理的，可以在期满后的6个月的宽展期内提出，但须缴纳受理续展注册迟延费。宽展期满后仍未提出续展申请的，商标局将注销该注册商标，如果原注册人想继续拥有该商标专用权，则须重新提出注册申请。

八、商标网上申请

商标申请人可以自行提交网上申请，也可以委托依法设立的商标代理机构提交商标网上申请。在中国没有经常居所或者营业所的外国人或者外国企业提交商标网上申请应当委托依法设立的商标代理机构办理。商标局的网上服务系统有新旧两个版本，新系统于 2017 年 3 月 10 日正式上线。自 2017 年 3 月 10 日起，新旧系统并行三个月。

（一）申请"商标数字证书"

持有电子营业执照的商标申请人：应当提交用户注册申请。点击"立即注册"提交用户注册申请，申请核准后将发送用户审核通知。收到通知后即可使用电子营业执照办理商标申请业务。

非持有电子营业执照的商标申请人：应当先安装"工商软证书客户端驱动"，安装完毕后，点击"立即注册"提交用户注册申请，申请核准后将发送用户审核通知及"商标数字证书－软证书"下载地址至用户注册时填写的邮箱，点击下载链接，正确填写用户名和申请人名称后可下载软证书。地址一经下载将失效，请保证在提交用户注册申请时使用的计算机上操作。

商标代理机构：应当先在商标局质量监督管理处备案，备案完成后，可在"立即注册"中提交申请。

获得商标局下发的"商标数字证书－硬证书"后，应登录商标网上服务系统首页，下载数字证书驱动程序和安全应用控件软件，并按照"商标数字证书（KEY）安装指南"的要求进行安装。

（二）进行网上申报

持有电子营业执照的商标申请人：进入商标网上服务系统首页，在计算机USB口插入电子营业执照，输入PIN码，点击"登录"进入系统，首次登录需输入激活码（用户注册申请完成时提示保存的32位字符串）激活电子营业执照。阅读填写要求并按规定操作。

非持有电子营业执照的商标申请人：进入商标网上服务系统首页，首次登录系统前，需先在"PIN码修改"中修改默认PIN码，修改完成后，输入修改后"PIN码"，进入系统，首次登录需输入激活码（用户注册申请完成时提示保存的32位字符串）激活软证书。阅读填写要求并按规定操作。

商标代理机构：进入商标网上服务系统首页，在计算机USB口插入硬证书，输入PIN码，点击"登录"进入系统，首次登录需输入激活码（用户注册申请完成时提示保存的32位字符串）激活硬证书。阅读填写要求并按规定操作。

（三）在线缴纳商标规费

提交商标网上申请业务，商标申请人及商标代理机构应在线向商标局足额缴纳商标规费。网上申请商标规费与柜台申请商标规费价格一致。

（四）商标网上申请及提交材料

提交商标网上申请业务后，可通过"我的账户"中"我的申请管理"查询并核对申请信息，确认是否提交成功，当日发起规费支付前，可对申请件进行修改或删除；当日规费缴纳后，涉及规费变动的内容不可修改，不涉及规费变动的可以修改；当日申请件可以删除，所涉及的退费按照商标局网上申请系统的规定进行退费。自2014年5月1日起，申请无须提交纸质文件，但申请人要求优先权后补及提交更正商标申请注册事项申请的，应按要求向商标局提交纸质文件。

（五）网上申请注意事项

（1）提交商标网上申请的商标申请人及商标代理机构，应当事先与商标局签订《商标网上申请系统用户使用协议》，确认同意商标网上申请相关约定。

（2）商标申请人自行提交网上申请事宜的，在提交商标网上申请前需在线提交用户注册申请，按要求填写真实有效的用户信息。商标申请人持有电子营业执照的，可以使用电子营业执照进行用户注册申请。

（3）提交商标网上申请，应当通过商标网上申请系统并按照商标局规定的文件格式、数据标准、操作规范和传输方式提交申请文件。网上申请文件不符合上述规定的，视为未提交。

（4）提交商标网上申请，申请日期以申请文件成功提交进入商标局网上申请系统的日期为准。

（5）提交商标网上申请，申请信息以进入商标局的数据库记录为准。但是当事人确有证据证明商标局档案、数据库记录有错误的除外。

（6）提交商标网上申请，商标申请人及商标代理机构应采用在线支付方式在当日系统开放时间内缴纳商标规费，未成功支付的视为未提交申请。

（7）关于纸件申请的所有规定，除专门针对以纸件形式提交的商标申请的规定之外，均适用于商标网上申请。

附：商标注册申请书样本

商标注册申请书

申请人名称（中文）：
　　　　　（英文）：
申请人国籍/地区：
申请人地址（中文）：
　　　　　（英文）：
邮政编码：
联系人：
电话：
代理机构名称：
商标申请声明：　　□集体商标　　□证明商标
　　　　　　　　　□以三维标志申请商标注册
　　　　　　　　　□以颜色组合申请商标注册
　　　　　　　　　□以声音标志申请商标注册
　　　　　　　　　□两个以上申请人共同申请注册同一商标
要求优先权声明：　□基于第一次申请的优先权　□基于展会的优先权　□优先权证明文件后补
申请/展出国家/地区：
申请/展出日期：
申请号：

下框为商标图样粘贴处。图样应当不大于10×10cm，不小于5×5cm。以颜色组合或者着色图样申请商标注册的，应当提交着色图样并提交黑白稿1份；不指定颜色的，应当提交黑白图样。以三维标志申请商标注册的，应当提交能够确定三维形状的图样，提交的商标图样应当至少包含三面视图。以声音标志申请商标注册的，应当以五线谱或者简谱对申请用作商标的声音加以描述并附加文字说明；无法以五线谱或者简谱描述的，应当使用文字进行描述；商标描述与声音样本应当一致。

商标说明：

类别：

商品/服务项目：

类别：

商品/服务项目：

第三节　高新技术企业商标注册策略

一些高新技术公司对商标保护不够重视，或是缺乏商标专业知识，前期往往不能全面系统地对企业商标进行有效保护，商标被抢注、被侵权的事情时有发生，导致在上市、融资等重大关头面临商标侵权诉讼，致使公司权益受到难以弥补的损害，极大地阻碍了公司的发展。那么，公司前期在进行商标注册时有哪些策略可以帮助公司抢占先机呢？

一、及时注册策略

企业在刚刚成立或者准备有产品上市之时，就要首先考虑商标注册的问题，至少要在企业产品还没有进行对外宣传或销售的时候，就要首先考虑注册商标事宜。如第一节所述，我国商标注册实行"申请在先原则"，就一份相同或近似的商标申请来说，谁先提出的商标注册申请谁将得到商标专用权。通俗来讲，"申请在先原则"就是先到先得，如果企业没有及时注册商标，商标一旦被他人抢注，后期企业就会陷入要么花费大量金钱赎回商标，要么被迫放弃商标的两难境地，因此，尽早申请商标注册是企业商标注册策略至关重要的一步。

实际上，商标注册之前进行商标查询可以说是一个必经之路，但商标查询不仅仅是在商标局指定网站输入商标名称与类别就可以的，要想真正做到全面、没有疏漏的商标查询，除了要完全理解商标局公布的《商标审查标准》之外，还要充分了解《类似商品和服务区分表》，尽量掌握跨类别近似的小项情况，对想要注册的商标进行单类别检索和交叉检索，最大限度地避免出现漏检等失误。

此外，驰名商标的存在也是商标查询中不可忽视的一个检索难点。我国《商标法》规定，已在我国注册的驰名商标享受跨类别保护，那么即使公司想要注册的商标与驰名商标已经注册的商标类别不一样，但若商标名称相同或近似，也无法注册该商标。因此，将一些耳熟能详的驰名商标列入近似检索名单也是很有必要的。

二、商标组合策略

商标法第八条规定："任何能够将自然人、法人或者其他组织的商品与他人的商品区别开的标志，包括文字、图形、字母、数字、三维标志、颜色组合和声音等，以及上述要素的组合，均可以作为商标申请注册。"可见，商标可以由文字、图形、字母、数字、三维标志和颜色、声音七种要素组成或组合组成，企业如何设计并选择最佳方案十分关键。

首先，商标与商号相结合。商号是企业名称的简称，一般而言一个公司和企业只能有一个商号，一般由两个以上的汉字组成。企业通过将商标与商号相结合，既可以宣传本企业产品，又可以宣传企业，一举两得。其次，文字与图形相结合。文字与图形相结合，既可以是组合在一起注册然后使用，也可以是分别注册后组合在一起使用。不过从商标注册成功率的角度看，把文字和图形放在一起统一申请的时候，商标局对这个商标的审查仍然是分别审查，文字审查一次，图案审查一次，审查在此之前有没有相同或近似的标志。如果文字部分没有通过或者图形部分没有通过，商标整体图案将被驳回。所以通常建议企业将各要素分开注册的，这样既可以单独使用，也可以组合在一起使用。再次，中英文相结合。企业注册中英文相结合的商标好处就是，这样的商标外国人也可以看懂，企业和产品在进军国际市场的时候，就可以不用再重新设计商标。

三、商标防御策略

商标防御策略是指采取一主多辅的方式在非类似商品上进行跨类别商标注册。主要使用的商标为基础商标，其余为防御商标。企业在申请商标注册时要选择商品或服务类别，我国采用《类似商品和服务区分表》，将商品及服务分为45个大类别和若干小项，初创型的高新技术企业可能面临经营规模较小、业务比较单一、资金短缺等现状，没有实力也没有必要进行全类别商标注册，因此初创型企业要尽可能谨慎、准确地选择自己的商品或服务所属的类别，然后对核心类别、辅助类别以及可能拓展的业务类别进行注册，尽可能明确、全面地指定商标的保护范围，也使企业在今后有可以扩张的空间。如果企业申请的类别不对，不仅商标无法起到维护企业和个人合法利益的作用，在商标注册时也有很大可能因此而造成商标近似，从而导致商标注册失败。跨类别进行商标注册也可以防范日后不法商家的"傍名牌""搭便车"，抢注商标等行为。如日本电器制造商索尼（SONY）电器公司，在自行车、食品等许多与电器并不类似的商品上注册了"索尼"（SONY）商标，以防止他人使用，有损"索尼"声誉。取得防御商标注册后，原商标（基础商标）的专用权范围得以扩大。

四、联合商标策略

联合商标策略是指同一商标所有人在同一种或类似商品上注册的若干相同或近似商标,有的是文字近似,有的是图形近似,这些的商标称为联合商标。这种相互近似商标注册后,不一定都使用,其目的是为了防止他人仿冒或注册,从而更有效地保护自己的商标。联合商标以其中的一个商标为主,称为主商标,亦称之为正商标。因联合商标作用和功能的特殊性,其中的某个商标闲置不用,不致被国家商标主管机关撤销。由于联合商标相互近似的整体作用,因此,联合商标不得跨类分割使用或转让。如娃哈哈集团公司的"娃哈哈"商标,公司为了防止"娃哈哈"商标被他人影射和仿冒,先后申请注册了"哈哈娃""哈娃娃""娃娃哈"等几个商标。再如因赞助综艺节目《奔跑吧兄弟》而大热的鸡尾酒品牌锐澳(RIO),在进行商标注册时就将与英文商标"RIO"近似的RIO、PIO、R1O,与中文商标锐澳近似的锐傲、睿奥、瑞澳等山寨商标一一收入囊中,有效地保护了公司合法权益。除此之外,注册联合商标的目的,也在于适应企业发展和新产品开发的需要。对于有实力的企业,产品种类繁多,新产品不断涌现,旧产品不断更新换代,在新商品上使用与原注册商标有一定近似的商标,既可以利用老牌子促销,又展示了新产品的风采,可谓一举多得。

第四节 企业商标权管理

一、企业商标的使用管理

(一)企业使用商标时严格按照商标注册时的图样

企业在使用商标的时候应该严格按照商标注册时候的图样。企业在注册商标的时候已经设计好了图样,在商标注册通过之后,就应该严格按照图样的样式来使用,不得擅自更改。我国《商标法》第四十九条第一款规定:"商标注册人在使用注册商标的过程中,自行改变注册商标、注册人名义、地址或者其他注册事项的,由地方工商行政管理部门责令限期改正;期满不改正的,由商标局撤销其注册商标。"如果企业违反了此规定,商标局是有权撤销其注册商标的。企业在需要更改注册商标的时候,应该重新向商标局提出商标注册的申请。

（二）企业使用商标时应持续公开

企业在使用商标的时候应当持续公开地使用。企业在取得注册商标专用权以后，应当将商标运用到商业活动当中，以公开的方式让公众知晓。商标的使用也应当保持连续，商标只有在连续使用的过程中才能为消费者所熟知并认可，才能让消费者对商标与特定的商品或服务形成一定的联系。我国《商标法》第四十九条第二款规定，注册商标成为其核定使用的商品的通用名称或者没有正当理由连续三年不使用的，任何单位或者个人可以向商标局申请撤销该注册商标。商标局应当自收到申请之日起九个月内做出决定。有特殊情况需要延长的，经国务院工商行政管理部门批准，可以延长三个月。

（三）企业使用商标时应突出商标在消费者心中的形象

显著性是商标的核心概念。企业商标最最核心的特点就是用来区分商品或服务的提供者，消费者之所以能够在琳琅满目的商品中选择到自己心仪的产品，就是商标在起作用。企业通过使用商标来使自己的产品跟其他竞争对手的产品区分开，这样才能使消费者在看到商标的时候就联想到企业的商品或服务。因此，企业应当注重商标宣传，运用多种手段，有针对性的宣传自己的商标，树立自己的品牌形象。

二、企业商标的许可管理

商标专用权属于财产权范畴，商标法规定商标注册人享有商标专用权。商标专用权在受到《商标法》调整的同时，还受《物权法》调整，即商标注册人对注册商标享有占有、使用、收益、处分四项权能。商标注册人作为注册商标的专用权人，可以将商标的部分权能转让给他人，商标的许可使用就是商标注册人将商标的使用权、收益权进行转让，受让人取得相应权利的法律行为。商标注册人为商标许可使用人，受让人为被许可使用人。由于注册商标是企业所拥有的具有专有使用权的重要无形财产，其他任何企业或者个人想要使用就必须经过合法的许可使用的手续。

（一）企业商标许可使用的三种情形

商标许可使用分为三类，即独占使用许可、排他使用许可、普通使用许可。

独占使用许可，是指商标注册人在约定的期间、地域和以约定的方式，将该注册商标仅许可一个被许可人使用，商标注册人依约定不得使用该注册商标。该许可使用方式把商标注册人的使用权都进行了禁止性限制，被许可使用人不仅可以依约定使用商标，而且当商标被侵权时，被许可使用人可以以自己的名义独立提起商标侵权诉讼，权利范围非常广泛。

排他使用许可，是指商标注册人在约定的期间、地域和以约定的方式，将该注册商标仅许可一个被许可人使用，商标注册人依约定可以使用该注册商标但不得另行许可他人使用该注册商标。该许可方式实际确定了注册商标的两个使用人，即商标注册人和被许可使用人，二者根据合同约定同时使用注册商标。在排他使用许可当中，如果出现商标侵权行为，被许可使用人可以和商标注册人共同提起商标侵权诉讼，当商标注册人不起诉或者怠于起诉时，被许可使用人可以单独提起诉讼。

普通使用许可，是指商标注册人在约定的期间、地域和以约定的方式，许可他人使用其注册商标，并可自行使用该注册商标和许可他人使用其注册商标。该许可使用方式当中，当出现商标侵权行为时，被许可人只有在商标注册人明确授权的情况下，才有权利提起商标侵权诉讼。

（二）企业商标使用许可应注意的问题

1. 应当签订商标使用许可合同

商标使用许可合同也是强制性书面合同的一种，因此商标使用许可行为必须签订书面合同。该类合同一般包括许可使用的商标及注册号，许可使用的商品范围，许可使用期限，许可使用商标的标识提供方式，许可人对被许可人使用其注册商标的商品质量进行监督的条款，在使用许可人注册商标的商品上表明被许可人的名称和商品产地条款。

2. 及时办理商标使用许可合同备案手续

《商标法实施条例》第六十九条规定："许可他人使用其注册商标的，许可人应当在许可合同有效期内向商标局备案并报送备案材料。备案材料应当说明注册商标使用许可人、被许可人、许可期限、许可使用的商品或者服务范围等事项。"该法律条款是对签订商标使用许可合同后进行备案的相关规定。之所以要求建立商标使用许可的备案制度，是为了便于商标管理部门加强对商标许可使用的管理，规范商标许可使用行为。签订商标许可使用合同后，如果没有按照规定进行备案，那么合同也是有效的，但此时合同的效力范围会受到一定限制，即只在许可人和被许可人之间有效，而不能对抗善意第三人，即第三人可以不认可该许可合同的真实存在。

3. 慎重的选择商标被许可使用人

保证商品质量不仅是商标注册人的法定义务，也是商标被许可使用人的法定义务，商品质量的保证是商标基本功能之一。在商标实际使用过程中，商家为了追究利益最大化，有时候会牺牲商品质量，一旦商品质量出现严重问题，在当前信息传播高度发达的环境下，一个通过多年经营的知名度很高的商标，可能一夜之间就要告别历史舞台。比如曾经的"三鹿"商标，现如今已淡出公众视线。无论是哪种商标许可使用方式，被许可使用人都是他人，商标注册人很难直接控制商品质量。如果被许可使用人较多，那么，相应的风险也就越大，出现质量事故的几率也就越高。一旦出现商品质量问题，商标注册人就可能因此失去被许可使用的商标。因此，企业慎重的选择商标被许可人十分重要，被许可人的商品或服务质量应作为首先要考虑的因素，对被许可使用人进行必要的尽职调查必不可少。

此外，为了保证被许可使用商标的声誉，企业还可以从以下几个方面把控风险：第一，监督被许可使用人在商标使用过程中的商品质量。第二，制定商品质量事故的应急预案。第三，当出现商品质量时，及时有效的处理好质量事故，做好相应的危机公关处理。

三、企业商标的转让管理

商标作为企业最重要的无形资产，是可以转让给他人使用的。我国商标法第四十二条规定："转让注册商标的，转让人和受让人应当签订转让协议，并共同向商标局提出申请。受让人应当保证使用该注册商标的商品质量。转让注册商标的，商标注册人对其在同一种商品上注册的近似的商标，或者在类似商品上注册的相同或者近似的商标，应当一并转让。对容易导致混淆或者有其他不良影响的转让，商标局不予核准，书面通知申请人并说明理由。转让注册商标经核准后，予以公告。受让人自公告之日起享有商标专用权。"

从企业的角度来讲，如果注册的商标长期闲置不用，那么转让商标就是一个不错的选择，这样不仅可以获得一笔转让资金，还可以促进企业商标的流通和经营，为企业节约商标管理成本。如果企业注册的商标在三年之内不使用的话，就会面临被工商行政部门撤销的风险，会给企业带来更大的损失。从受让人的角度而言，企业在成长之初通过受让的方式获得注册商标远比自己去注册一个新商标的周期短的多，企业可以最快地获得属于自己的商标。无论从哪方面考虑，商标的转让都是可以促进双方互利共赢的，其重要性也由此可见了。

四、企业商标的质押管理

商标权作为知识产权的重要组成部分，是企业财产权的一种，可以依照我国《担保法》以及相关司法解释方面的规定来加以质押。已经注册的商品商标和服务商标可作为商标权质押的标的。

对于企业商标权的质押可以行使商标的收益权能。商标权人如果要将企业的商标权出质的时候，需要同质权人订立书面的合同，除此以外，还需要办理企业商标权出质的相关登记，合同的生效也是自登记之日起的。在质押合同签订生效以后，出质人如果没有经过质权人的同意再将企业的商标权进行使用许可或者转让给其他人使用的，该行为是无效的。因为法律对此有明确规定，权利一旦出质，只有经合同双方都同意以外，不得再擅自许可或者转让给他人使用。不仅如此，出质人因此而获得的收益将会被用来提前清偿债务或者被提存。

2009年，为充分发挥商标专用权无形资产的价值，促进经济发展，国家工商行政管理总局制定了《注册商标专用权质权登记程序规定》，国家工商行政管理总局商标局负责办理注册商标专用权质权登记。企业应当严格遵守该规定的相关要求。商标作为企业的无形财产，企业应该充分利用这一财产来进行融资，使商标的价值得到最大化的发挥。

五、网络环境下企业商标权的保护

随着网络应用与发展的深化，尤其是电子商务的迅猛发展，网络环境下的商标侵权现象逐渐增多、方式多样，而由于网络的虚拟性、超地域性、技术多样性等特征，使得传统商标权保护遭遇到前所未有的挑战。

（一）相关法律法规

目前我国在商标权的保护方面具有专门立法，并明确规定了商标权保护的内容、范围、程度以及相关的责任和处罚。而对于网络环境下的商标权保护，则多是从行政法规和司法解释来加以规范。商标主要的法律制度有：

1. 法律

对于网络环境下的商标侵权保护，可以适用的相关条款分布在《民法通则》《商标法》《反不正当竞争法》《刑法》《侵权责任法》。其中《反不正当竞争法》

作为兜底条款使用，其中的原则性规定也可以适用。

2. 行政法规

行政法规有《商标法实施条例》《驰名商标认定和保护规定》《网络商品交易及有关服务行为管理暂行办法》。这三部行政法规分别对《商标法》的具体实施、驰名商标以及网络商品交易的规范做了具体的规定。

3. 司法解释

主要有《最高人民法院关于审理涉及计算机网络域名民事纠纷案件适用法律若干问题的解释》《关于审审理因域名注册、使用而引起的知识产权民事纠纷案件的若干指导意见》《最高人民法院关于诉前停止侵犯注册商标专用权和保全证据使用法律问题的解释》《最高人民法院关于审理商标案件有关管辖和法律适用范围问题的解释》《最高人民法院关于审理商标民事纠纷案件适用法律若干问题的解释》《最高人民法院关于审理涉及驰名商标保护的民事纠纷案件应用法律若干问题的解释》《最高人民法院关于充分发挥知识产权审判职能作用推动社会主义文化大发展大繁荣和促进经济自主协调发展若干问题的意见》等。

4. 其他规则

网络的发展和信息技术紧密相关，对于要做到网络环境下的商标保护，也离不开相关的信息技术规则，目前有的信息技术规则包括《中国互联网信息中心域名争议解决办法》《通用网址争议解决办法》《通用网址注册办法》《中国互联网络域名管理办法》《网络交易平台服务规范》。

（二）网络环境下商标侵权的方式

1. 域名纠纷

域名是用于互联网络上识别和定位计算机的层次结构式的字符标识，与该计算机的互联网协议网络地址（IP）地址相对应。通俗点说，域名就是网站的地址，网站的"门牌号"。随着网络商业化的发展，域名不再是简单的技术，其已经成为网络用户识别网站的重要工具，也已经成为企业和商家在网上宣传自己、提高知名度的有力武器。域名已经具备了识别功能，具有了表明商品来源的类似商标的功能。正是因为域名蕴藏着的商业价值，许多企业把自己商标核心部分注册为域名。作为一种特殊的知识产权，域名除了与商标、企业名称发生剧烈产生冲突外，还有很多其他商业纠纷。域名是品牌数字资产的核心组成部分，因此域名纠纷的相关问题十分有必要在此一提。

（1）域名纠纷种类

域名（domainnames）是连接到国际互联网上的计算机的地址，是作为互联网联机通讯的技术参数而出现的。但随着互联网络的商业化进程和我国经济的高速发展，域名已经由一个单纯的技术名词而转变成为一个蕴育着巨大商机的标识，并与原有的商业标识体系，如商标、企业名称等发生着剧烈的冲突。从技术上说，域名只是联接在互联网上各计算机的地址。但域名同时也是联系网络用户和网站所有者的桥梁，具有可观的经济价值，在法律规定尚不完善的情况下，纠纷四起也在所难免。

域名纠纷主要有以下几种：

第一种，少数人注册大量以商标为名称的域名，再囤积居奇，高价转让于商标权人或其竞争对手，牟取暴利，即所谓"域名抢注"。

2011年4月7日，新浪微博正式启用独立域名 weibo.com，同步更换全新标识，据称花费800万人民币。坊间有传闻称，当年五大门户网站都看上了新兴的微博市场，纷纷跑马圈地，其中就数腾讯和新浪斗得最凶。没想到，新浪早已买下 weibo.com 域名，一招就定了输赢。

第二种，域名是数字时代最重要的互联网资产，与有形资产使用时间越长折旧越多相反，域名使用时间越长，认知度越高，也就越值钱。域名巨大的商业价值随着时间增长，此时域名成了商业竞争中的又一追逐对象，域名纠纷的形态也更类似于一般的商业竞争纠纷，2015年9秒社团创始人李明花了3000万买下"http://weixin.com"这个域名。最终，域名原持有者与腾讯双方达成庭外和解，weixin.com 域名所有权将归属于腾讯，在双方认可的期限内，weixin.com 域名将会跳转至李明的"很快微信开发者社区"。

第三种由域名引起的权利冲突。这是由于域名的唯一性与同一商标、商号可以存在多个权利人的矛盾引起的。例如，按照我国商标法的规定，一般情况下，只有未经商标注册人的许可，在同一种商品或者类似商品上使用与其注册商标相同或者近似的商标的才构成侵权。所以在我国"中华""长城""梅花"等商标被众多企业注册为商标。因此如果有人注册的域名与众多的同一商标的权利人发生冲突，这种冲突就不仅是域名与商标的冲突，而且是商标注册人相互之间的冲突。

（2）如何解决域名纠纷

域名纠纷情况复杂，在处理纠纷问题时一般先看是否违反关于域名的司法解释和其他规定，再看是否违反关于商标权的法律规定，最后看是否违反法律原则。这是遵循特殊优于一般的法律适用原则。其次是防御性。超越这些规范的请求则属于权利的滥用，将造成新的不公平。

域名登记制度的缺陷是域名纠纷产生的主要原因。现存的域名登记制度上的缺陷，固然是域名纠纷的原因，但从法律上看，导致域名纠纷产生的，并非管理性或技术性问题，恰恰是法律性问题，其根本原因在于知识产权制度与域名制度在过去几年的发展过程中的相互隔绝和相互忽视，当两者发生冲突的时候，法律又表现出对既得权的过度保护。

虽然互联网不应成为一个可以逃避法律监管的世界，但是与现实中的物理性活动相比，网络行为具有许多不同的特点和规律却是客观事实。目前国际上对域名争议的解决有的是作为不正当竞争法律关系处理，有的则作为侵犯商标权等法律关系处理。有的则根据具体案情，分别或同时适用反不正当竞争法和商标法等法律。

2. 链接侵权

链接是网络中的常用技术之一，是网络中的导航工具与路标。设置链接并不当然损害被链接者的利益，相反，被链接者甚至有可能从中获益。各种各样的链接成为新的竞争对象。因而，越来越多的企业开始利用网络链接来扩大其本身的影响力。与链接有关的商标侵权主要表现为：设链者绕过他人主页而直接到分页，把网络用户引向自己的主页，用户并不知道已经到了新的网站，用户会对网页作者的所有权产生误判。网络经济是注意力经济，点击率越高吸引的注意力越多，如果被链接者之间存在竞争关系，设链接者可能通过纵深链接截留本来可能访问被链接网站的网络用户，并使得被链接网站上的广告因网站访问量的减少而利益减少，从而使得被链接者的利益受到损害，绕过首页意味着网站所有者的利益受损。同时，网络链接中，随意使用他人的商标作为链接标志，从而侵犯商标权。

3. 搜索引擎侵权

绝大多数的网络用户都是通过搜索引擎来查找和获得网站，直接通过域名来输入和查找网站的情形非常少了，这就更加彰显了搜索引擎的重要性，同时也使搜索引擎侵权变得普遍。搜索引擎侵权表现在，比如为了排在搜索引擎的搜索页面前列，网页作者就在其网页中故意插入与网站并不相关、与网页内容不相关他人的商标，或者将竞争对手的一些商标制作成自己网站中的元标签，将上网搜寻的潜在客户引导至其网站上。此外，搜索引擎还利用关键词广告或者竞价排名的方式吸引潜在客户，这也是目前搜索引擎商标侵权研究的热点问题。

（三）网络环境下的商标权保护

1. 行政保护

根据《商标法》的有关规定，对侵犯注册商标专用权行为的，商标注册人或者利害关系人可以向人民法院起诉，也可以请求工商行政部门处理。行政处罚体现了国家行政权力对社会经济生活的干预，是具有中国特色的执法模式。行政保护具有积极主动、程序简便、执法效率高，能够迅速恢复权利人的权利状态的特点。2010年由国家工商行政管理总局发布的《网络商品交易及有关服务行为管理暂行办法》（简称《暂行办法》），明确规定了通过网络从事商品交易及有关服务行为的，视情况进行身份登记或进行工商登记注册，对于违反规定的，工商管理部门可以责令限期改正，逾期不改正的，处以行政罚款。

2. 刑事保护

我国《刑法》第三章第七节是关于侵犯知识产权罪的规定，其中：

第二百一十三条规定了假冒注册商标罪：未经注册商标所有人许可，在同一种商品上使用与其注册商标相同的商标，情节严重的，处三年以下有期徒刑或者拘役，并处或者单处罚金；情节特别严重的，处三年以上七年以下有期徒刑，并处罚金。

第二百一十四条规定了销售假冒注册商标的商品罪：销售明知是假冒注册商标的商品，销售金额数额较大的，处三年以下有期徒刑或者拘役，并处或者单处罚金；销售金额数额巨大的，处三年以上七年以下有期徒刑，并处罚金。

第二百一十五条规定了非法制造、销售非法制造的注册商标标识罪：伪造、擅自制造他人注册商标标识或者销售伪造、擅自制造的注册商标标识，情节严重的，处三年以下有期徒刑、拘役或者管制，并处或者单处罚金；情节特别严重的，处三年以上七年以下有期徒刑，并处罚金。

从上述刑法规制看出，我国刑法从注册商标标识的非法制造、销售到商标假冒，再到销售假冒商标产品各个环节均进行了规制。

3. 民事保护

有商标法规定的侵犯商标专用权行为的，商标注册人和利害关系人可以向人民法院起诉，这为受侵权人的民事救济提供了法律依据。在民事救济措施中，首先应该明确，起诉主体必须是被侵权人，并且民事诉讼的不告不理原则决定了商标侵权的诉讼被侵权人需要主动的提起保护诉讼行为并且有明确的被告。被侵权人在知道或者应当侵权行为之日起2年内，可以选择侵权行为地或者被告住所地的中级以上人民法院起诉，其中的侵权行为地包括侵权行为的实施地、商品的储存隐匿地或者制造销售地。根据《民法通则》，被侵权人在诉讼请求中可以单独或者组合提出停止侵害、消除影响、恢复名誉以及赔偿损失的要求。

（1）停止损害

停止侵害是一种重要的民事责任方式。对商标权的合法权益最基本也是最首要的保护方式是要求侵权人立即停止侵权行为，其目的就是为了恢复商标权的圆满状态。鉴于停止侵害对保护商标权人合法权益的重要性，《商标法》第六十五条规定，商标注册人或者利害关系人有证据证明他人正在实施或者即将实施侵犯其注册商标专用权的行为，如不及时制止将会使其合法权益受到难以弥补的损害的，可以依法在起诉前向人民法院申请采取责令停止有关行为和财产保全的措施。停止侵害主要适用于正在进行的侵权行为。对于已经完成的并且不再持续的侵害行为，通常是没有必要适用停止侵害这一责任形式的。但是，为了防止以后再次发生侵权行为，商标权人可以提出进一步的要求，比如要求注销构成侵权的企业名称和域名、断开侵权链接等。

（2）赔偿损失

赔偿损失是商标权人维护合法民事权利的一项重要民事责任方式。适用这种民事责任方式是遵循知识产权有关的损害赔偿制度，即是以全部赔偿权利人损失为原则的，其目标就在于通过损害赔偿，全面而充分地弥补权利人因侵权行为受到的实际损失。这一原则即为"全面赔偿原则"，或称为"填平原则"。

我国《商标法》第六十三条规定，侵犯商标专用权的赔偿数额，按照权利人因被侵权所受到的实际损失确定；实际损失难以确定的，可以按照侵权人因侵权所获得的利益确定；权利人的损失或者侵权人获得的利益难以确定的，参照该商标许可使用费的倍数合理确定。对恶意侵犯商标专用权，情节严重的，可以在按照上述方法确定数额的一倍以上三倍以下确定赔偿数额。赔偿数额应当包括权利人为制止侵权行为所支付的合理开支。人民法院为确定赔偿数额，在权利人已经尽力举证，而与侵权行为相关的账簿、资料主要由侵权人掌握的情况下，可以责令侵权人提供与侵权行为相关的账簿、资料；侵权人不提供或者提供虚假的账簿、资料的，人民法院可以参考权利人的主张和提供的证据判定赔偿数额。权利人因被侵权所受到的实际损失、侵权人因侵权所获得的利益、注册商标许可使用费难以确定的，由人民法院根据侵权行为的情节判决给予三百万元以下的赔偿。根据上述规定，人民法院在审理商标侵权案件确定赔偿数额时，首先会考虑权利人受到的实际损失。但在司法实践中尤其是现在网络侵权的新形势下，权利人很难对因侵权行为所遭受的实际损失进行举证，存在着举证难的现实情况。实际损失难以确定的，便需进一步考虑侵权人因侵权获得的利益。除了上述规定，《最高人民法院关于审理商标民事纠纷案件适用法律若干问题的解释》第十四条还规定："侵权所获得的利益，可以根据侵权商品销售量与该商标单位利润乘积计算；该商品单位利润无法查明的，按照注册商标商品的单位利润计算。"

2016年，北京知识产权法院判决的原告美巢集团股份有限公司诉被告北京秀洁新兴建材有限责任公司、被告王晓亮侵犯注册商标专用权纠纷一案中，北京知识产权法院便根据上述侵权利益的计算方式，判决被告赔偿原告美巢公司经济损失及合理支出共计1000万元，创造了北京知识产权法院建院以来针对商标侵权案件判决的最高的赔偿数额记录。在商标侵权案件赔偿数额确定问题上，当商标侵权人的损失及侵权人的获利难以确定时，应当将涉案商品的市场价值作为确定侵权赔偿数额的重要参考因素并予以充分考虑，侵权赔偿的数额应当与涉案商品的市场价值相对应，当可认定该赔偿数额已经达到法定最高赔偿额的情况下，对商标权利人主张法定最高赔偿的诉讼请求应当予以支持。法院将涉案商品价值纳入赔偿数额确定的因素，使侵权行为人的侵权成本增加，从而达到有效地防止侵权、制止侵权行为，从而保护权利人的合法权益。

附：××公司商标管理与保护办法

第一章　总则

第一条　为了加强公司的商标管理，保护公司注册商标的专用权，保证公司的商品和服务质量，维护公司的商标信誉，促进公司的发展，根据《中华人民共和国商标法》(以下简称《商标法》)、《商标法实施条例》和其他有关规定，特制定本办法。

第二条　本办法管理和保护的商标，是指公司使用和经国家商标局核准注册的商标，包括商品商标、服务商标和其他商标。

第三条　经公司注册的商标受法律保护，商标专用权属公司法人所有，任何单位或个人未经许可，不得使用、仿制或侵占。

公司的商标权包括：商标的使用权、许可权、转让权、收益权和处分权。

第四条　公司对使用商标商品（包括服务，下同）的质量负责，接受消费者、国家法律法规和行政执法、司法机关的监督。

第五条　公司根据企业的发展战略制定商标战略。

第六条　公司商标管理部门负责公司的商标注册和日常管理工作。

第二章　商标的设计与注册

第七条　公司申请注册的商标（包括文字、图形及其组合，下同），应当具有显著性，不得侵犯他人的在先权利。

第八条　公司的广告设计部门负责公司的商标设计工作。新设计的商标，必须符合《商标法》第十、十一条的相关规定。

第九条　公司注册商标的申请计划，由公司商标管理部门根据公司的发展需要提出，并组织实施。

第十条　需申请注册的新商标，由商标设计部门完成设计，并由商标管理部门征询意见后，提交公司司务会议讨论确定。

第三章　商标使用的管理

第十一条　使用注册商标，应在商品、商品包装、说明书或者其他附着物上标明商标注册标记。商标注册标记为："R"外加〇和"注"外加〇。

第十二条　使用注册商标，不得随意改变注册商标的文字（包括字形、字体）、图形及其组合（包括结构）。不得自行改变商标注册人的名义、地址或其他注册事项。商标标识的使用颜色，按公司CI手册执行.

第十三条　使用注册商标的商品或服务，必须符合公司的技术标准和质量规范。

第十四条　使用注册商标的商品或服务，以《商标注册证》核定使用的商品或服务为限。

第十五条　使用未注册商标，必须报经公司商标管理部门审核，未经核准的未注册商标禁止使用。严格禁止使用侵犯他人商标专用权的未注册商标。

第十六条　将商标用于公司的广告宣传、展览以及其他的商业活动，是商标使用的一种行为，必须符合公司商标使用管理的相关规定。

第四章　注册商标的使用许可

第十七条　公司可以通过签订《商标使用许可合同》（以下简称《许可合同》），许可他人使用自己的注册商标。

第十八条　许可他人使用公司注册商标的商品或服务，不得超出商标注册证核定使用的商品或服务的范围。

第十九条　公司必须对许可合同的被许可人（以下简称"被许可人"）的商品质量进行监督，督促被许可人保证使用公司注册商标商品的质量。

第二十条　许可合同必须要求：被许可人在使用公司注册商标的商品上，标明被许可人的名称和商品产地。

许可合同必须就被许可人使用公司注册商标的商品或服务，以许可合同规定的许可项目为限，做出规定。

第二十一条　需要使用公司注册商标的申请人，必须按公司《商标使用许可合同签订办法》的规定办理相关手续。商标使用许可合同签订办法，由公司根据商标法规和本办法另行制定。

第二十二条　许可合同应当报国家商标局备案，未经备案的，不影响该许可合同的效力。

第五章　商标的印制

第二十三条　印制注册商标，必须到具有《印制经营许可证》和经工商行政管理机关核准登记经营"商标标识、包装装潢印刷品印刷"的单位印制。

第二十四条　商标印制单位的验证和公司注册商标相关权证的提供，由公司商标管理部门负责；商标印制的生产组织，由公司生产管理部门负责。

第二十五条　商标印制必须建立相应的管理制度，由专人负责，以保证商标印制的质量和公司生产、经营的需要。

第二十六条　商标使用许可合同被许可人的商标印制，必须在许可合同的条款中做出约定。公司允许被许可人自行印制商标的，必须按国家有关商标印制的规定执行，并办理授权手续。

第二十七条　本办法所称的商标印制，是指印刷、制作带有公司商标的包装物、标签、说明书、合格证等商标标识的行为。商标印制的工艺除印刷外，还包括印染、制版、刻字、织字、晒蚀、印铁、铸模、冲压、烫印和贴花等。

第六章 商标的投资与转让

第二十八条 公司根据企业的经营和商标战略的需要，可以依法进行商标的投资与转让。

第二十九条 以商标权投资的，必须进行商标评估，必须在相关投资文件中明确商标投资的方式、商标作价数额、商标收益分配和企业终止后商标的归属等内容，并依法办理相关手续。

第三十条 商标转让意味着公司商标权的丧失，必须经公司研究决定，并依法办理相关转让手续。

第三十一条 公司禁止无偿转让商标的行为，严禁商标权的非法转移。

第七章 注册商标的管理与保护

第三十二条 公司依法加强对注册商标的管理与保护，设立相应机构，建立相应制度。

第三十三条 公司根据企业的实际，建立注册商标目录和注册商标档案。

第三十四条 公司加强对《商标注册证》的管理，未经许可，《商标注册证》不得复制、外借。

第三十五条 公司商标管理部门必须加强对商标使用与管理工作的检查和监督，对违反商标使用、管理规定和侵犯注册商标专用权的行为进行制止。

第三十六条 注册商标有效期满，应在规定的期限内按商标法的规定，及时办理商标续展，以保证公司注册商标的合法性和有效性。

第三十七条 公司根据商标保护工作的需要，组建打假维权机构。打假维权机构，专门负责公司的打假和商标维权事务的处理，对各种侵犯公司注册商标专用权的行为实施打击。

第三十八条 有下列行为之一的，属侵犯公司注册商标专用权的行为：

1. 未经公司许可，在同一种商标或者类似商品上使用与公司注册商标相同或近似商标的；

2. 未经公司许可，在同一种服务或者类似服务上使用与公司注册商标相同或近似商标的；

3. 销售侵犯公司注册商标专用权的商品的；

4. 伪造、擅自制造公司注册商标标识或者销售伪造、擅自制造的公司注册商标标识的；

5. 未经公司同意，更换公司注册商标并将该更换商标的商品投入市场的；

6. 在同一种或者类似商品上，将与公司注册商标相同或者近似的标志，作为商品名称或者商品装潢使用，误导公众的；

7. 故意为侵犯公司注册商标专用权行为提供仓储、运输、邮寄、隐匿等便利条件的；

8. 给公司注册商标专用权造成其他损害的。

第三十九条　对侵犯公司商标专用权的行为，可以向县级以上工商行政管理机关申请查处，也可以直接向管辖地人民法院起诉。对涉嫌商标侵权行为已经构成犯罪的，依法追究刑事责任。

第四十条　对商标侵权行为的打击，可以依法提出民事赔偿。对侵犯商标专用权的赔偿数额与当事人协商不成的，可以请求工商行政管理部门进行调解，调解不成的，向人民法院起诉。

第四十一条　公司设立注册商标保护基金，对举报侵犯公司注册商标专用权行为的有功人员进行奖励。

第四十二条　公司在对商标确权、注册商标保护过程中，已经构成驰名的商标，依法请求国家商标局、商标评审委员会和人民法院，做出驰名商标的认定。

第四十三条　公司按国家有关驰名商标管理的规定，加强对驰名商标的使用、宣传和保护的管理。

第八章　附则

第四十四条　本办法解释权属××公司。由公司商标管理部门负责解释。

第四十五条　有关商标使用与管理的实施细则，另行制定。

第五章　高新技术企业著作权管理实务

第一节　著作权及软件著作权概述

一、著作权概述

（一）著作权的概念

著作权，在我国又称为版权，是指自然人、法人或其他组织对文学、艺术和科学作品依法享有的财产权利和精神权利的总称。中国公民、法人或者其他组织的作品，不论是否发表，依照著作权法享有著作权。著作权通常有广义和狭义之分：狭义的著作权，仅指作者对其作品依法享有的权利；广义的著作权既包括狭义的著作权内容，还包括著作邻接权，即作品传播者依法享有的权利，如艺术表演者的权利、录音录像制品制作者的权利、广播电视组织的权利等。具体来看：

第一，著作权的主体是著作权人，即依法享有著作权的人。

著作权的主体不仅包括直接进行作品创作的作者，而且还包括依法享有著作权的其他人，如作品改编者、作品翻译者、著作权的被许可使用者、著作权的合法继承人等。此外国家在特殊情况下，也可成为著作权的主体，如作者或其他著作权人把其著作赠与、捐献给国家后，国家即可成为该著作权的主体。

第二，著作权的客体是基于创作活动而产生的作品，即通过人的思维的分析、概括而产生的、以一定形式表现出来的脑力劳动成果。

第三，著作权的内容是兼具财产权和人身权内容的专有权利。

著作权属于民事权利，它既不同于一般的财产权，也不同于一般的人身权，而是兼具财产权和人身权的双重内容，并且这种权利为著作权人所专有。

（二）著作权的特点

著作权作为知识产权中的一种，除了具有知识产权的一般特征外，还具有以下特点：

1. 著作权主体范围具有广泛性

根据我国《著作权法》的规定，自然人、法人、非法人单位以及国家都可以成为著作权的主体。未成年人和外国人也可以成为著作权的主体。

2. 著作权的客体具有多样性和广泛性

作为著作权客体的作品的表现形式多种多样，范围十分广泛，包括文字作品、口头作品、音乐作品、戏曲作品、曲艺作品、舞蹈作品、美术作品、计算机软件、民间文学艺术作品等，比专利权、商标权的客体种类多，范围广。

3. 著作权的内容具有双重性

我国著作权法第十条规定：著作权包括下列人身权和财产权：（一）发表权，即决定作品是否公之于众的权利；（二）署名权，即表明作者身份，在作品上署名的权利；（三）修改权，即修改或者授权他人修改作品的权利；（四）保护作品完整权，即保护作品不受歪曲、篡改的权利；（五）复制权，即以印刷、复印、拓印、录音、录像、翻录、翻拍等方式将作品制作一份或者多份的权利；（六）发行权，即以出售或者赠与方式向公众提供作品的原件或者复制件的权利；（七）出租权，即有偿许可他人临时使用电影作品和以类似摄制电影的方法创作的作品、计算机软件的权利，计算机软件不是出租的主要标的的除外；（八）展览权，即公开陈列美术作品、摄影作品的原件或者复制件的权利；（九）表演权，即公开表演作品，以及用各种手段公开播送作品的表演的权利；（十）放映权，即通过放映机、幻灯机等技术设备公开再现美术、摄影、电影和以类似摄制电影的方法创作的作品等的权利；（十一）广播权，即以无线方式公开广播或者传播作品，以有线传播或者转播的方式向公众传播广播的作品，以及通过扩音器或者其他传送符号、声音、图像的类似工具向公众传播广播的作品的权利；（十二）信息网络传播权，即以有线或者无线方式向公众提供作品，使公众可以在其个人选定的时间和地点获得作品的权利；（十三）摄制权，即以摄制电影或者以类似摄制电影的方法将作品固定在载体上的权利；（十四）改编权，即改变作品，创作出具有独创性的新作品的权利；（十五）翻译权，即将作品从一种语言文字转换成另一种语言文字的权利；（十六）汇编权，即将作品或者作品的片段通过选择或者编排，汇集成新作品的权利；（十七）应当由著作权人享有的其他权利。

其中，署名权、发表权、修改权、保护作品完整权属于人身权；复制权、发行权、出租权、表演权等剩下的权利属于财产权。著作权人可以许可他人行使著作财产权并获得报酬，也可以全部或者部分转让财产权并获得报酬。

4.著作权的产生和保护具有自动性

现代各国著作权法大多对著作权采取"创作保护主义"的原则，即作品一经创作产生，不论是否发表，著作权即自动产生，开始受著作权法保护，与须经国家主管机关审查批准方能得到法律保护的专利权、商标权不同。

(三) 我国著作权法律制度的发展

1910年，我国第一部著作权法《大清著作权律》诞生。1915年，北洋政府以《大清著作权律》为基础制定了我国的第2部《著作权法》。1928年，国民党政府制定中国历史上第3部《著作权法》。1950年9月，全国出版工作会议通过了《关于改进和发展出版工作的决议》，强调出版单位要尊重著作权和出版权，不得有翻译、抄袭、篡改等行为。1953年，国家出版总署公布《关于纠正任意翻印图书现象的规定》，要求"一切机关、个人不得擅自翻印出版的书籍、图片，以尊重版权"。1958年，文化部颁发《关于文学和社会科学书籍稿酬的暂行规定（草案）》。1961年，文化部对上述规定进行了修改。1984年6月15日，文化部颁发《图书、期刊版权保护试行条例》；1985年1月1日又颁发《图书、期刊版权保护试行条例实施细则》等，都是对版权、著作权的保护。1986年4月12日，第六届全国人民代表大会第四次会议通过的《中华人民共和国民法通则》，首次以法律形式规定"公民、法人享有著作权（版权）"，它标志着我国著作权法律制度建设已进入了一个新的历史时期。1990年9月7日，第7届全国人民代表大会常务委员会第15次会议通过了《中华人民共和国著作权法》，并于1991年6月1日实施。这是新中国历史上的第一部著作权法，也是我国历史上的第四部著作权法。2001年10月27日，第9届全国人民代表大会常务委员会第24次会议对《中华人民共和国著作权法》做了修订，使我国的著作权保护水平上了一个新的台阶。2010年2月26日，第十一届全国人民代表大会常务委员会第十三次会议对《中华人民共和国著作权法》再次做了修订。

除了《中华人民共和国著作权法》外，我国著作权法律体系中还有《中华人民共和国著作权法实施条例》《计算机软件保护条例》《计算机软件著作权登记办法》《信息网络传播权保护条例》等。现代著作权保护制度，是科技进步与市场经济相结合的产物。其本质是对人类智力创造成果从精神和产权两个层面提供法律保障，有效地保护文学、艺术和科学作品创作者、传播者的合法权益，最大限度地激发社会的创造活力，为促进经济发展、文化繁荣和科技进步提供制度保障。

二、软件著作权概述

早在 1990 年 9 月颁布的《中华人民共和国著作权法》中，计算机软件就被列为著作权保护的作品。1991 年 6 月 4 日由国务院颁布《计算机软件保护条例》，对计算机软件给予专门的保护。为了适应我国加入世界贸易组织新的形势，全国人大常委会于 2001 年 9 月 27 日对著作权法进行了修订，伴随著作权法的修订，国务院于 2001 年 12 月 20 日也对《计算机软件保护条例》做了修订，并于 2002 年 1 月 1 日施行。2013 年，国务院再次对《计算机软件保护条例》进行修订并于 2013 年 3 月 1 日起施行。

计算机软件条例对软件著作权的保护，在立法宗旨和保护原则上与著作权法对其他文学艺术作品的保护是基本相同的。但是，软件在表现形式、开发和应用等诸多方面与传统作品相比又有着显著的特点。例如，软件中程序本身不可直观，程序作为产品带有明显的功能性和应用性，并且极易被修改、复制和传播等。因此通过单独立法对软件著作权进行专门保护就显得十分必要。

（一）著作权保护的软件

著作权保护的软件包括两部分，即计算机程序和文档。计算机程序是指为了得到某种结果而可以由计算机等具有信息处理能力的装置执行的代码化指令序列或者可以被自动转换成代码化指令序列的符号化指令序列或者符号化语句序列。程序包括使用程序语言编写的源程序和使用机器语言编写的目标程序。同一计算机程序的源程序和目标程序为同一作品。文档是指用来描述程序的内容、组成、设计、功能规格、开发情况、测试结果及使用方法的文字资料和图表等，如程序设计说明书、流程图、用户手册等。

软件必须由开发者独立开发，并固定在某种有形物体上。软件著作权自软件开发完成之日起产生，并且不论是否发表都享有著作权。软件著作权保护不延及开发软件所用的思想、处理过程、操作方法或者数学概念。

（二）软件著作权人的权利

我国《计算机软件保护条例》第八条规定，软件著作权人享有下列权利：

1. 发表权

即决定软件是否公之于众的权利。软件的发表一般意味着软件本身开始脱离著作权人的直接控制，在多数情况下是著作权人行使权利的开始。

2. 署名权

即表明开发者身份，在软件上署名的权利。在没有相反证明的情况下，将在软件上署名的自然人、法人或者其他组织推定为开发者。

3. 修改权

即对软件进行增补、删节，或者改变指令、语句顺序的权利。修改软件实际上是开发的延续。

4. 复制权

即将软件制作一份或者多份的权利。利用某种介质将软件复制，仍然是目前使用软件较为普遍的形式。

5. 发行权

即以出售或者赠与方式向公众提供软件的原件或者复制件的权利。

6. 出租权

即有偿许可他人临时使用软件的权利，但是软件不是出租的主要标的的除外。

7. 信息网络传输权

即以有线或者无线方式向公众提供软件，使公众可以在其个人选定的时间和地点获得软件的权利。如在互联网上传输软件供他人下载使用。

8. 翻译权

即将原软件从一种自然语言文字转换成另一种自然语言文字的权利。

9. 应当由软件著作权人享有的其他权利

10. 许可权

软件著作权人可以许可他人行使其软件著作权，并有权获得报酬。

11. 转让权

软件著作权人可以全部或者部分转让其软件著作权，并有权获得报酬。

（三）软件著作权的归属

在通常情况下，软件著作权一般属于软件开发者享有。软件开发者是指实际组织开发、直接进行开发，并对开发完成的软件承担责任的法人或者其他组织；或者依靠自己具有的条件独立完成软件开发，对软件承担责任的自然人。

除此之外，我国《计算机软件保护条例》还规定了几种特殊情况的著作权归属：

1. 合作开发软件

在实际工作中，由于软件开发需要巨额投资的特点所决定，一项软件往往需要由多个自然人、法人或者其他组织共同协作开发完成，可以说，合作软件是每个开发者创造性智力劳动的结晶。我国《计算机软件保护条例》明确指出，由两个以上自然人、法人或者其他组织合作开发的软件，除另有协议之外，其软件著作权由各合作开发者共同享有。在具体实施中可分为以下几种情况：①如果在合作开发软件的过程中，合作开发者之间签订了关于共同完成的软件著作权归属的书面协议的，应根据书面协议的约定来确定该软件著作权的归属。②如果合作人之间没有签订关于软件著作权归属的书面合同或者合同约定不明确的，则应按照法律的规定来确定著作权的归属，具体规定如下：

如果合作开发的软件是可以分割使用的，开发者可以对各自开发的部分单独的享有著作权。但是值得注意的是，每个开发者在行使自己的著作权时，不得扩展到合作开发的软件整体的著作权。该软件著作权整体的行使，必须得到各合作开发者的同意。如果合作开发的软件是不能分割使用的，其著作权应该由各合作开发者共同享有，通过全部的开发者协商一致来行使；若不能协商一致，又无正当理由的，任何一方不得阻止他方行使除转让权以外的其他权利，但是所得收益应当合理地分配给所有合作开发者。

2. 委托开发软件

自然人、法人或者其他组织接受他人的委托开发的软件属于委托开发的软件。根据《计算机软件保护条例》的规定，受他人委托开发的软件著作权可以根据以下方法确认其归属：①如果委托者和受委托者之间签订了书面的委托开发合同，并对委托开发的软件著作权的归属有明确约定的，那么该委托开发软件著作权应依照双方协议的约定确认权利归属关系；②如果委托人和受托人之间没有签订书面的委托开发合同，或者虽然签订了书面的委托开发合同，但是合同中对该委托开发软件著作权的归属约定不明确的，那么根据法律的规定，该委托开发软件的著作权则属于受托者所有，但是委托人可以享有该软件的使用权。

3. 国家机关下达任务开发软件

由国家机关下达任务开发的软件，著作权的归属与行使由项目任务书或者合同规定；项目任务书或者合同未作明确规定的，软件著作权由接受任务的法人或者其他组织享有。

4. 职务开发软件

自然人在法人或者其他组织中任职期间所开发的软件有下列情形之一的，该软件著作权由该法人或者其他组织享有，该法人或者其他组织可以对开发软件的自然人进行奖励：①针对本职工作中明确指定的开发目标所开发的软件；②开发的软件是从事本职工作活动所预见的结果或者自然的结果；③主要使用了法人或者其他组织的资金、专用设备、未公开的专门信息等物质技术条件所开发并有法人或者其他组织承担责任的软件。此外，通过受让、继承或者承受取得软件著作权的自然人、法人或者其他组织也可以成为软件著作权人。

（四）软件著作权的保护期

1. 自然人软件著作权的保护期

自然人的软件著作权，保护期为自然人终生及其死亡后 50 年，截止于自然人死亡后第 50 年的 12 月 31 日；软件是合作开发的，截止于最后死亡的自然人死亡后的第 50 年的 12 月 31 日。

2. 法人或者其他组织软件著作权的保护期

法人或者其他组织的软件著作权，保护期为 50 年，截止于软件首次发表后第 50 年的 12 月 31 日，但软件自开发完成之日起 50 年内未发表的，不再受保护。

（五）软件著作权的继承和承受

软件著作权在保护期内，可以被继承或者承受。

1. 继承

软件著作权属于自然人的，该自然人死亡后，在软件著作权的保护期内，软件著作权的继承人可以依照《中华人民共和国继承法》的有关部门规定，继承著作权中除署名权以外的其他权利。

2. 承受

软件著作权属于法人或者其他组织的，法人或者其他组织变更、终止后，其著作权在保护期内由承受其权利义务的法人或者其他组织享有；没有承受其权利义务的法人或者其他组织的，由国家享有。

（六）软件著作权的使用许可和转让

1. 软件著作权的使用许可

软件著作权人可以自己使用软件，也可以通过授权许可他人使用软件。著作权人许可使用软件应当与被许可人订立许可使用合同。特别是许可他人专有行使软件著作权时，还应当订立书面合同。使用许可合同应当包括以下主要条款：使用许可软件的方式；许可使用的权利是专有使用权或者非专有使用权；许可使用的范围、期间；付酬的标准和办法；违约责任；双方认为需要约定的其他内容等。许可使用合同中软件著作权人未明确许可的权利，被许可人不得行使。没有订立合同或者合同中未明确约定专有许可的，应视为非专有许可。

在许可使用软件中，软件的著作权人未发生改变，仍为许可人。被许可人只是在一定的期限内取得使用软件的权利，而无权再将软件著作权转让他人。

2. 软件著作权的转让

除了许可使用，软件著作权人也可以将软件著作权转让他人。软件著作权人可以转让全部权利，也可以转让部分权利，但署名权不得转让。软件著作权转让后，受让人成为新的著作权人，可以将著作权再次转让，著作权转让一般是没有期限的，但在实践中，有些软件的转让规定了期限。在转让期满后，软件著作权应当回归原著作权人。转让软件著作权应当订立书面合同。

三、软件著作权与高新技术企业认定

企业在进行高新技术企业认定时，需要证明本企业具有一定的知识产权拥有量。《高新技术企业认定管理办法》中明确要求，高新技术企业要"对其主要产品（服务）的核心技术拥有自主知识产权"，不具备知识产权的企业是不能被认定为高新技术企业的。大多数企业在发展初期缺乏自主创新产品或技术的自我保护，对专利、著作权等没有及时申请注册登记，忽略知识产权保护工作，以至于在申请高新技术企业认定时无法通过审核，从而造成企业不能享受到国家对于高新技术企业的政策扶持。因此，如果企业可以拥有著作权证明，如软件著作权登记证书等，无疑就是证明企业拥有自主知识产权的有力方式。可以说，作为高新技术企业，软件著作权登记证书作为相对容易获得的证明文件，是企业在高新技术企业认定过程中不可或缺的重要筹码。

四、软件著作权登记的意义

软件著作权人可以向国务院著作权行政管理部门认定的软件登记机构办理登记。软件登记机构发放的登记证明文件是登记事项的初步证据。目前，国家版权局已经认定中国版权保护中心为软件著作权登记机构。中国版权保护中心办理软

件著作权、软件著作权专有许可合同、软件著作权转让合同以及软件著作权质押合同的登记。计算机软件著作权不是必须办理登记，但是大多数企业都会办理，除了高新技术企业认定之外，目前软件著作权登记证书已经成为司法、科技、税收、金融、软件产品和软件企业认定等诸多领域广泛适用的证明文件。企业进行软件著作权登记的意义在于：

（一）作为软件得到重点保护的依据

2000年6月24日，国务院发布《鼓励软件产业和集成电路产业发展若干政策》（国发〔2000〕18号），其中第三十二条规定："国务院著作权行政管理部门要规范和加强软件著作权登记制度，鼓励软件著作权登记，并依据国家法律对已经登记的软件予以重点保护。"2011年1月28日，国务院再次发布《进一步鼓励软件产业和集成电路产业发展的若干政策》（国发〔2011〕4号），其中第二十六规定："鼓励软件企业进行著作权登记。支持软件和集成电路企业依法到国外申请知识产权，对符合有关规定的，可申请财政资金支持。加大政策扶持力度，大力发展知识产权服务业。"

（二）作为税收减免的重要依据

财政部、国家税务总局《关于软件产品增值税政策的通知》（财税〔2011〕100号）第一条规定，软件产品增值税政策规定如下：（一）增值税一般纳税人销售其自行开发生产的软件产品，按17%税率征收增值税后，对其增值税实际税负超过3%的部分实行即征即退政策。（二）增值税一般纳税人将进口软件产品进行本地化改造后对外销售，其销售的软件产品可享受本条第一款规定的增值税即征即退政策。本地化改造是指对进口软件产品进行重新设计、改进、转换等，单纯对进口软件产品进行汉字化处理不包括在内。（三）纳税人受托开发软件产品，著作权属于受托方的征收增值税，著作权属于委托方或属于双方共同拥有的不征收增值税；对经过国家版权局注册登记，纳税人在销售时一并转让著作权、所有权的，不征收增值税。

第三条规定，满足下列条件的软件产品，经主管税务机关审核批准，可以享受本通知规定的增值税政策：（一）取得省级软件产业主管部门认可的软件检测机构出具的检测证明材料；（二）取得软件产业主管部门颁发的《软件产品登记证书》或著作权行政管理部门颁发的《计算机软件著作权登记证书》。

《关于软件产品增值税政策的通知》第四条，规定了软件产品增值税即征即退税额的计算方法：

1. 软件产品增值税即征即退税额的计算方法

即征即退税额＝当期软件产品增值税应纳税额－当期软件产品销售额×3%；当期软件产品增值税应纳税额＝当期软件产品销项税额－当期软件产品可抵扣进项税额；当期软件产品销项税额＝当期软件产品销售额×17%。

2. 嵌入式软件产品增值税即征即退税额的计算

（1）嵌入式软件产品增值税即征即退税额的计算方法：即征即退税额＝当期嵌入式软件产品增值税应纳税额－当期嵌入式软件产品销售额×3%；当期嵌入式软件产品增值税应纳税额＝当期嵌入式软件产品销项税额－当期嵌入式软件产品可抵扣进项税额；当期嵌入式软件产品销项税额＝当期嵌入式软件产品销售额×17%。

（2）当期嵌入式软件产品销售额的计算公式

当期嵌入式软件产品销售额＝当期嵌入式软件产品与计算机硬件、机器设备销售额合计－当期计算机硬件、机器设备销售额；计算机硬件、机器设备销售额按照下列顺序确定：①按纳税人最近同期同类货物的平均销售价格计算确定；②按其他纳税人最近同期同类货物的平均销售价格计算确定；③按计算机硬件、机器设备组成计税价格计算确定。计算机硬件、机器设备组成计税价格＝计算机硬件、机器设备成本×（1+10%）。

此外，拥有软件著作权登记证书的企业还可以关注国家其他政策及规定，进行税收减免，如：《关于执行软件企业所得税优惠政策有关问题的公告》（国家税务总局公告 2013 年第 43 号）、《中华人民共和国企业所得税法》及其实施条例、财政部、国家税务总局《关于进一步鼓励软件产业和集成电路产业发展企业所得税政策的通知》（财税〔2012〕27 号）、《国家税务总局关于软件和集成电路企业认定管理有关问题的公告》（国家税务总局公告 2012 年第 19 号），等等。

（三）作为法律重点保护的依据

软件著作权登记证书是在软件著作权发生争议时证明软件权利的最有力的证据。软件著作权受到侵权时，对于软件著作权登记证书司法机关可不必经过审查，直接作为有力证据使用；此外，软件著作权登记证书也是国家著作权管理机关惩处侵犯软件版权行为的执法依据。如果没有进行登记，著作权人的权利很难获得全面的保护。

（四）作为技术出资入股

我国《公司法》规定，股东可以用货币出资，也可以用实物、知识产权、土地使用权等可以用货币估值并可以依法转让的非货币财产作价出资，以非货币财产出资应当评估作价，核实财产，不能高估或者低估作价。其中，以知识产权出资就包括以专利、非专利的高新技术、计算机软件著作权、商标权等进行出资。而且《公司法》取消了对知识产权出资比例的限制，只要具有货币可评估性并办理财产权的转移手续，知识产权就可以作为权利人的出资，进入公司资本序列。

（五）作为申请科技成果的依据

科学技术部关于印发《科技成果登记办法》的通知第八条规定："办理科技成果登记应当提交《科技成果登记表》及下列材料：（一）应用技术成果：相关的评价证明（鉴定证书或者鉴定报告、科技计划项目验收报告、行业准入证明、新产品证书等）和研制报告；或者知识产权证明（专利证书、植物品种权证书、软件登记证书等）和用户证明。"这里的软件登记证书指的是软件著作权的登记证书和软件产品登记证书，其他部委也有类似规定。

（六）企业破产后的有形收益

在法律上著作权视为"无形资产"，企业的无形资产不随企业的破产而消失，在企业破产后，无形资产（著作权）的生命力和价值仍然存在，该无形资产（著作权）可以在转让和拍卖中获得有形资金。

第二节 软件著作权登记流程及手续

一、软件著作权登记办理步骤

（一）办理流程

填写申请表 → 提交申请文件 → 缴纳申请费 → 登记机构受理申请 → 补正申请文件（非必需程序）→ 取得登记证书

（二）填写申请表

在中国版权保护中心的网站上 http://www.ccopyright.com.cn，首先进行用户注册（用户必须按照企业营业执照、企业组织机构代码证书和个人身份证填写真实信息，否则不予开通），然后用户登录，在线按要求填写申请表后，确认、提交并打印。

（三）提交申请文件

申请人或代理人按照要求提交登记申请文件。

（四）缴纳申请费

申请文件符合受理要求时，软件登记机构发出缴费通知，申请人或代理人按照通知要求缴纳费用。

（五）登记机构受理申请

申请文件符合受理要求并缴纳申请费的，登记机构在规定的期限内予以受理，并向申请人或代理人发出受理通知书及缴费票据。

（六）补正程序

根据计算机软件登记办法规定，申请文件存在缺陷的，申请人或代理人应自发出补正通知之日起，30个工作日提交补正材料，逾期未补正的，视为撤回申请；经补正仍不符合《计算机软件著作权登记办法》第二十一条有关规定的，登记机构将不予登记并书面通知申请人或代理人。

（七）获得登记证书

申请受理之日起30个工作日后，申请人或代理人可登录中国版权保护中心网站，查阅软件著作权登记公告。北京地区的申请人或代理人在查阅到所申请软件的登记公告后，可持受理通知书原件在该软件登记公告发布3个工作日后，到中国版权保护中心版权登记大厅领取证书。申请人或代理人的联系地址是外地的，中国版权保护中心将按照申请表中所填写的地址邮寄证书。

二、企业进行计算机软件著作权登记的手续

（一）必须提交的申请文件

1.《计算机软件著作权登记申请表》1份

2. 申请者身份证明：企业提交执照副本复印件（须加盖公章）

3. 源程序 1 份

（1）按源程序前 30 页和源程序最后 30 页提交，第 1 页为起始页，第 60 页为结束页。不足 60 页的需要提交全部源程序。每页不少于 50 行（结束页可少于 50 行）。在每页的右上角标注连续页号 1—30、31—60。不要装订。除第 60 页外，每页不能出现半页。不要页眉页脚。

（2）源程序中作者应是著作权人。

（3）源程序中日期须在开发完成日期之前。

（4）源程序中的名称须与申请表中全称或简称一致。

4. 文档 1 份

（1）设计说明书、用户手册、操作手册、使用说明等（任选一种）。

（2）按文档前 30 页和文档最后 30 页提交。第 1 页为起始页，第 60 页为结束页。不足 60 页的需要提交全部文档。每页不少于 30 行（页中有插图或结束页可少于 30 行）。在每页的右上角标注连续页号 1—30、31—60。不要装订。除第 60 页外，每页不能出现半页。不要页眉页脚。

（3）文档中作者应是著作权人。

（4）文档中的日期须在软件开发完成日期之前。

（5）文档中出现图片，须提供合法使用图片的证明材料。

（6）文档中的名称须与申请表中全称或简称一致。

（二）选择提交的申请文件

申请者如果存在以下情况，要选择提交下面文件：

1. 合作开发软件——提交合同书或协议书复印件（须加盖公章）1 份

2. 委托开发软件——委托开发合同书或协议书复印件（须加盖公章）1 份

3. 下达任务开发软件——下达任务书复印件（须加盖公章）1 份

4. 转让取得软件协议及董事会或股东会决议——提交转让协议及董事会或股东会决议 1 份

5. 承受取得——提交承受取得证明，如工商证明文件 1 份

三、计算机软件著作权申请表填写说明

申请计算机软件著作权登记应网上填写《计算机软件著作权登记申请表》。

（一）软件名称栏

1. 全称

申请著作权登记的软件的全称。按"品牌"+"名称"+"功能或者性质"+"系统"或"软件"或"系统软件"填写；其中的"品牌"可无。例如，新星儿童教育软件。各种文件中的软件名称应填写一致。

2. 简称（没有简称不填此栏）

3. 分类号

按照国家标准 GB/T 13702 和 GB/4754 中的代码确定的分类编号。

4. 版本号

申请著作权登记的软件的版本号，按照"V"+"版本号"填写，例如：V 1.0。

（1）非 V 1.0 版本，如是升级版本，须提交版本升级说明。如是原创性版本，须填写《申请登记软件为原创软件的版本说明》(网上下载)；

（2）没有填写版本号，视为 V 1.0 版本。

名称说明：软件用途和技术特点、源程序和文档以及各种相关文件中的软件名称必须和全称或者简称一致。

（二）开发完成日期栏

指软件开发者将该软件固定在某种有形物体上的日期。

（三）首次发表日期栏

指著作权人首次将该软件公之于众的日期。发表是指以赠送、销售、发布和展示等方式向公众提供软件。

1. 单位必须填写本栏

2. 开发完成日期须在开发完成日同日或者之后

（四）软件开发情况栏（根据实际情况选择一项）

1. 独立开发

即单独开发的软件。

2. 合作开发

指由两个以上的自然人、法人或者其他组织合作开发的软件，其著作权的归属由合作开发者签订书面合同约定。填此项同时应提交合作开发协议。

3. 委托开发

指接受他人委托开发的软件，其著作权的归属由委托人与受托人签订书面合同约定。应提交标明著作权归属的委托开发合同。无委托开发合同的，应提交相关证明。

4. 下达任务开发

指由国家机关下达任务开发的软件，著作权的归属与行使由项目任务书或者合同规定。应提交项目任务书或合同。无项目任务书或合同，应提交相关证明。

（五）原始取得权利栏

原始取得权利指独立开发软件取得的权利。填写的内容应与上栏提供的证明文件证明的事项一致。选择此栏的，不填写继受取得权利栏。

（六）继受取得权利栏

在三种继受的方式中根据实际情况选择一项（原始取得权利的不填写此栏）。

（1）继承是指通过继承取得著作权。应提供合法的继承证明，如经过公证的遗嘱或法院判决书等。

（2）受让是指经过原著作权人转让取得著作权。应提供明确转让事项的转让合同或法院判决书。

（3）承受是指法人或其他组织发生变更和终止，而由其他的法人或其他组织享有软件著作权的情况。申请者应提供合法的承受证明，如工商变更登记证明和法院判决书等。

（七）著作权人

（1）名称：企业名称。

（2）国籍：中国。

（3）住址：营业执照副本上的注册地址或者自然人身份证上住址。

（4）提交营业执照副本复印件（须加盖公章）。

（5）自然人须提交个人有效身份证明复印件（须签字）；自然人委托他人办理的，还须提交委托书、受托人身份证明（须签字）。

（八）权利范围栏：必须选择全部

（九）软件用途和技术特点栏

（1）对软件所用于的行业和技术特点、主要功能做简要说明（各项500字以内）。

（2）该软件的编程语言及其版本号。

（3）该软件运行的软、硬件环境。

（4）源程序量（行数），用阿拉伯数字填写（如：15000行）。

（5）软件报价，只限人民币表述，用阿拉伯数字填写（如：15000元）。

（十）申请者栏

（1）个人申请者：除填写各项内容外，应提交本人身份证的复印件（须本人签字）。

（2）法人申请者：名称栏应填写单位全称。

（3）身份证件号栏应填写企业法人登记号或事业法人证书注册号，同时加注联系人的姓名、电话。应提交企业法人登记证书或事业法人证书的复印件（须加盖公章）。

（4）法人分支机构和法人内部组成部分应由法人开具证明。

（十一）代理者栏

（1）个人代理者：除填写各项内容外，应提交与软件申请者签订委托代理授权书。

（2）法人或其他组织代理者申请者：名称栏应填写单位全称。身份证件号栏应填写企业法人登记号或事业法人证书注册号，在电话栏中加注联系人的姓名。应提交与软件申请者签订的委托代理授权书。

（十二）软件鉴别材料交存方式栏

鉴别材料是指软件程序和文档。只受理"一般交存"，选择一般交存不再填写本栏其他内容。

一般交存：提交源程序和任何一种文档前后各连续30页。整个程序和文档不到60页的，应当提交整个源程序和文档。程序每页不少于50行，文档每页不少于30行（有图片可例外）。页码为前30页（编为1—30页），后30页（编为31—60页）。

（十三）申请人保证声明栏

申请人应认真核对申请表格各项内容、应提交的证明文件和鉴别材料是否真实，符合申请要求；明确因提交不真实的申请文件所带来的法律后果。核实无误后，个人申请者签名或者加盖名章；法人或其他组织申请者，由单位加盖公章。签章应为原件，不得为复印件。

附：计算机软件著作权登记申请表

受理号
分类号
登记号

计算机软件著作权登记申请表

软件名称	全　称			分类号	
	简　称			版本号	
开发完成日期		年　月　日	首次发表日期		
	□独立开发　□合作开发　□委托开发　□下达任务开发				
原始取得权利	著作权人	名称（姓名）	国　籍	地　址	
	□继承　□受让　□承受				
继受取得权利	著作权人	名称（姓名）	国　籍	地　址	
权利范围		□全部　□部分权利（　　　　　　）			

软件用途和技术特点				
申请者	名 称		电 话	
	地 址		邮政编码	
	身份证件号		传 真	
			E-mail：	
代理者	名 称		电 话	
	地 址		邮政编码	
	身份证件号		传 真	
			E-mail：	
软件鉴别材料交存方式	□ 一般交存　　　　□ 例外交存 □ 使用黑色宽斜线覆盖，覆盖页码为： □ 前10页和任选连续的50页 □ 目标程序的连续的前、后各30页 　　和源程序任选连续的20页			□ 封存　　页数_____ □ 样品 封存号： 日期： （此栏由中心填写）
申请费_____元，　已通过　□ 银行　□ 邮局　□ 直接交纳 收据号为：　　　　　　　　　　　　　　　　　（此栏由中心填写）				
申请人保证所提交的申请文件内容属实，并将承担由此产生的法律责任。 申请人签章： 　　　　　　　　　　　年　月　日			登记机构审查意见： 审查员_____ 　　　　　　　年　月　日	

第三节　高新技术企业著作权的保护

在知识经济的时代，以著作权为核心的无形资产在整个企业资产中所占的比重会越来越大。我国一些富有远见的企业已开始结合自身特点思考并制定自己的知识产权战略，但对国内更多企业而言，现在重要的问题是如何不让已有的无形资产悄然流失。本节主要讨论了企业著作权管理方面的重要问题，比如计算机软件侵权诉讼、数据库著作权的保护、网页著作权的保护、企业公众号的著作权保护等。

一、高新技术企业软件著作权侵权及保护

（一）软件著作权侵权认定的原则

计算机软件著作权侵权行为的认定涉及一系列法律和技术问题，国际通行的计算机软件著作权侵权判断准则之一是"实质性相似＋接触"原则。

著作权法保护的是具有独创性表达的作品，既然计算机软件属于作品，那么也应该符合独创性的要求。独创性的标准具有三个条件：一是独立完成，即劳动成果源自于劳动者本人。二是具有一定的创新性，即与现有的作品相比要具有最低的创新性。三是因著作权法保护的是表达，故创新性指的是表达方式具有最低的创新性。著作权法上的创新性与专利法上的创造性不同，它不具有排他性，如果多位作者或者开发者同时完成一件相同或者实质性相似的作品，只要这个作品具有独创性便受到著作权法的保护。并且，现实中也存在不同的主体创作完成基本相同的作品，所以软件相同是认定侵权的必要条件并非充分条件，仅根据计算机软件相同并不能认定构成侵权，原告还应该证明被告有机会接触其软件作品，即在认定计算机软件构成相同或者实质性相似的情况下，还需要认定被告与原告作品有过接触，才可以确定构成侵权。这也是计算机软件侵权认定"实质性相似＋接触"原则产生的基础。

在我国，如果被告的软件与原告的软件相同或者是实质性相同，同时原告又有证据证明被告在此前接触过原告的软件或者有接触的可能，那么就必须由被告来证明其所使用的软件资料有合法来源，否则将承担侵权赔偿责任，即我国采用"实质性相似＋接触＋排除合理解释"原则，来对计算机软件侵权行为进行认定。

（二）侵犯软件著作权的法律责任

1. 民事责任

软件著作权是一种民事权利，侵犯软件著作权应当承担民事责任。

2. 承担民事责任的侵权行为

（1）未经软件著作权人许可，发表或者登记其软件的；

（2）将他人软件作为自己的软件发表或者登记的；

（3）未经合作者许可，将与他人合作开发的软件作为自己单独完成的软件发表或者登记的；

（4）在他人软件上署名或者更改他人软件的署名的；

（5）未经软件著作权人许可，修改、翻译其软件的；

（6）其他侵犯软件著作权的行为。

3. 承担民事的方式

承担民事责任的方式包括停止侵权、消除影响、赔礼道歉、赔偿损失等。

其中赔偿损失是承担民事责任的主要方式。侵权人应当按照权利的实际损失给予赔偿；实际损失难以计算的，可以按照侵权人的违法所得给予赔偿。赔偿数额还应当包括权利人为制止侵权行为所支付的合理开支。

4. 诉讼前的保全措施

追究民事责任，除了软件著作权人和侵权人自行协商解决或者通过第三方调解解决外，主要通过诉讼的方式解决。为了保障软件著作权人有效地追究侵权人的民事责任，有以下几种诉讼前的保全措施：

（1）行为和财产保全。软件著作权人有证据证明他人正在实施或者即将实施侵犯其权利的行为，如不及时制止，将会使其合法权益受到难以弥补的损害，权利人可以在提起诉讼前，向法院申请采取责令停止有关部门行为和财产保全的措施。

（2）证据保全。为了制止侵权行为，在证据可能灭失或者以后难以取得的情况下，软件著作权人可以在诉讼前向法院申请保全证据。根据有关司法解释，著作权纠纷案件一般由各中级人民法院受理。

5. 行政处罚

对于一些损害公共利益的侵权行为，著作权行政管理部门可以给予行政处罚。给予行政处罚的侵权行为包括：

（1）复制或者部分复制著作权人的软件；

（2）向公众发行、出租、通过信息网络传播著作权人的软件；

（3）故意避开或者破坏著作权人为保护其软件著作权而采取的技术措施；

（4）故意删除或者改变软件权利管理电子信息；

（5）转让或许可他人行使著作权人的软件著作权。

6.行政处罚的方式

行政处罚的方式主要包括责令停止侵权行为，没收非法所得，没收、销毁侵权复制品，罚款，没收用于制作侵权复制品的材料、工具、设备等。对于已给予行政处罚的侵权行为，权利人还可以追究侵权人的民事责任。目前，除国家版权局外，各省、自治区和直辖市都设立了版权局，部分地市也设立了版权局。国家版权局负责处理重大侵权案件，各地方版权局负责处理其他侵权案件。

二、高新技术企业数据库的著作权问题

随着互联网的普及，数据成指数倍增长，相同类型的企业也如雨后春笋般越来越多，在这个快速发展的大数据时代，越来越多的高新技术企业建立自己的数据库。提高企业的生存和竞争力，数据库无疑是一把利剑，通过数据分析，不仅可以让你知己知彼，更可以让自己的企业决胜千里之外，使企业在与同行竞争中，更具竞争力的一大利器，用得好，甚至能碾压竞争对手。因此数据库著作权的保护也越来越被企业重视。数据库给其制作者以丰厚的利润回报，由此产生的纠纷也日益增多，而我国法律在对数据库提供保护措施方面却呈滞后状态，因此，对数据库的著作权法保护进行探讨，确有必要。随着网络上信息流通的需求及查询资料的方便及迅速，电子数据库的建置在网络上的地位越显重要。但是发展、累积以及维持数据库内容的更新及充实却需要大量的人力及金钱的投入。尤其许多数据库的设计不仅只是将资料搜集或编排，而是投入劳力费用，设计独特的机制来方便使用者搜寻特定资料。拥有数据库的公司几乎无一例外地声称，对那些他们所采集和编辑的信息数据库享有著作权。

对数据库进行著作权法保护，不同于传统的汇编作品的著作权法保护，其将传统的汇编作品的内涵予以扩展，并将电子数据库的特性加入进来，《世界知识产权组织版权条约》规定："数据或其他资料汇编，不论用任何形式，只要由于其内容的选择或编排构成智力创作，其本身即受保护。"也就是说，凡受著作权法保护的数据库，只要在组成材料的选择或编排上具有独创性，就可受到著作权法的保护。这样数据库受到保护的条件不受组成数据库的材料必须具有著作权的限制，而是只要数据库在组成材料的选择或编排上具有独创性，就可受到著作权法的保护。

组成数据库的材料的范围非常广泛，其可以是具有著作权的，也可以是没有著作权的。对于由具有著作权的信息材料组成的数据库而言，其实质就是编辑作品，在我国可依据著作权法第十四条的规定受到保护："汇编若干作品、作品的片段或者不构成作品的数据或者其他材料，对其内容的选择或者编排体现独创性的作品，为汇编作品，其著作权由汇编人享有，但行使著作权时，不得侵犯原作品的著作权。"由于数据库是按照特定的顺序或方法排列，并具有相互联系的数据信息的集合体，离开组成数据库的信息材料，就无法形成数据库，因此数据库的权利人的制作数据库时要经信息材料的著作权人的同意。

不过在数据库保护中我国著作权法也限定了哪些数据库内容可以保护和不被保护：

（1）数据库著作权保护不延及数据库的内容。

（2）数据库著作权保护不延及操作数据库的计算机程序。对数据库中信息的具体安排、检索都由数据库应用程序进行，提供创造性的安排、检索功能的程序本身具有独立的著作权。

（3）数据库的著作权保护范围已扩大到包括以非著作权材料为内容的所有的数据库。我国著作权法第十四条明确将数据库的著作权保护范围扩大到包括以"不构成作品的数据或者其他材料"为内容的所有的数据库。

三、新形势下企业著作权的保护

（一）企业网页著作权的保护

近年来飞速发展的电子商务业务，在给人们带来便捷的同时，也带来了一系列新的法律问题。因网络环境下未经许可传播作品而引发的纠纷占著作权纠纷的很大一部分，这其中就包括很多关于企业的网页侵权以及企业网页是否具有著作权等新问题。

企业网页并不能仅仅因刊载数字化作品而取得所谓网页著作权，但制作精美、引人注目的网页，可能为企业带来巨大的经济利益。在网络上，确实常常出现抄袭、仿冒他人网页的情况，因此，企业的网页是否需要保护以及如何保护企业的网页作品就成为新形势下企业著作权保护的一个新问题。目前在司法实践中，对于网页作品的性质认定及保护主要有两种情况：

第一种情况是将企业网页归类为汇编作品，因此应当予以保护。抄袭网页基本布局风格也算侵权。重庆新天泽股权投资基金管理有限公司诉重庆贝多拉股权投资基金管理有限公司著作权侵权纠纷案就明确指明了这一点。新天泽公司发现贝多拉公司网站与其网站，除预留的联系电话和地址不同外，页面内容、结构、排列位置甚至宣传公司新闻内容均相同，遂起诉至法院。法院审理认为，贝多拉公司使用的网站页面剽窃了新天泽公司享有著作权的网站页面，贝多拉应当承担停止侵权、赔偿损失等民事责任。"本案的争议焦点是将网站网页归入汇编作品，还是将网页版式设计单独作为著作权保护的客体。"重庆市高院民三庭庭长解释说，从网页的构成要素来看，网页主要由文字、图片等作品或作品的片段以及不属于作品的线条、色彩等综合编排而成，对这些内容的选取、编排顺序、组合技巧体现了创作者的独创性，因此应将网页归入汇编作品进行保护。[1]

第二种情况是认为具有独创性的企业网页应受著作权法保护。根据最高人民法院《关于审理涉及计算机网络著作权纠纷案件适用法律若干问题的解释》第二条之规定，"受著作权法保护的作品，包括著作权法第三条规定的各类作品的数字化形式。在网络环境下无法归于著作权法第三条列举的作品范围，但在文学、艺术和科学领域内具有独创性并能以某种有形形式复制的其他智力创作成果，人民法院应当予以保护。"因此，企业网页如果符合作品的构成要件，具有独创性，就应受著作权法保护。在北京市海淀区人民法院审理的第一起网页著作权纠纷案件中，原告指控被告东方信息公司的主页在整体版式、色彩、图案、栏目设置、栏目标题、文案、下拉菜单的运用等方面都几乎照搬原告主页，极易误导客户。法官认为瑞得公司的主页虽然所使用的颜色、文字及部分图标等已处于公有领域，但将该主页上的颜色、文字、图标以数字化的方式加以特定的组合，仍然给人以美感，应是一种独特构思的体现，具有独创性，该主页符合作品的构成要件，应视为受著作权法保护的作品。[2]

（二）企业微信公众号及服务号的著作权保护

在新媒体时代的今天，微信已经成为一个综合性的移动互联网应用平台，其影响力日益扩大。许多企业纷纷在微信平台上开设公众号及服务号，以扩大自身的传播力及影响力。现在的微信，已经不单单只是一个充满创新功能的手机应

---

[1] 李娜.抄袭网页基本布局风格算侵权[N].法制日报,2015,4(24).
[2] 李东涛.侵犯"瑞得在线主页"著作权纠纷案[A].王振清.北京知识产权审判案例研究[M].北京:法律出版社,2000.

用，它已成为中国电子革命的代表，覆盖了 90% 以上的智能手机，并成为人们生活中不可或缺的日常使用工具。截至 2016 年底，微信每月活跃用户已达到七亿，用户覆盖 200 多个国家、超过 20 种语言。此外，各企业及品牌的微信公众账号总数已经超过 800 万个，移动应用对接数量超过 85000 个，微信支付用户则达到了 4 亿左右。微信也已经成为中小企业信息化的重要渠道和重要的创业孵化平台。

公众号作为微信的主要服务之一，具有很强的关注度，数据显示，近 80% 用户关注微信公众号，其中，企业和媒体的公众账号是用户主要关注的对象，比例高达 73.4%。根据尼尔森网联 2014 年发布的《企业移动营销现状调研报告》，信息产业、餐饮行业和传媒文化是开通公众号最多的 3 个行业，占比分别为 16%、10.8% 以及 8.2%。大多数企业对微信公众号进行了基本定位，展示、宣传和服务是定位中最常被提及的词语。70.7% 的企业将公众号作为企业信息的展示平台，55.9% 的企业希望借此提升品牌知名度。

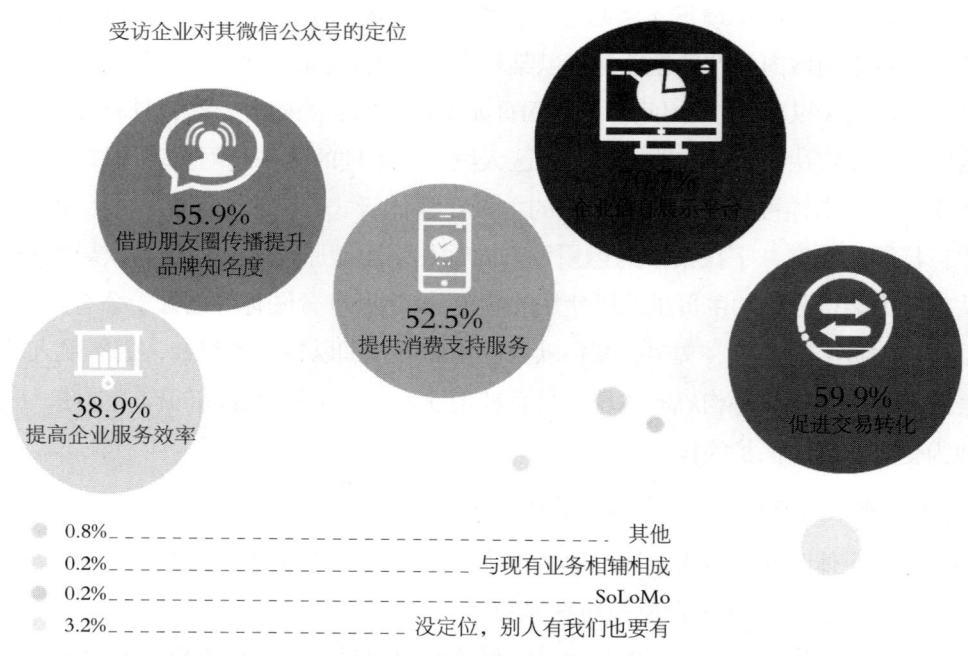

受访企业对其微信公众号的定位

55.9% 借助朋友圈传播提升品牌知名度
52.5% 提供消费支持服务
70.7% 企业信息展示平台
38.9% 提高企业服务效率
59.9% 促进交易转化

0.8% ———— 其他
0.2% ———— 与现有业务相辅相成
0.2% ———— SoLoMo
3.2% ———— 没定位，别人有我们也要有

资料来源：《尼尔森网联 2014 企业移动营销现状调研报告》，有效样本数量 501 份

鉴于微信庞大的影响力，企业在利用微信平台宣传自己的产品及服务时的过程中，应当有意识的关注由此引发的相关著作权问题。在现实生活中，已经出现

了很多企业微信公众号侵权和被侵权的案例。2014年9月,广东省中山市第一人民法院对广东首例微信侵权纠纷案做出一审宣判,法院认定被告中山暴风科技公司微信公众号的擅自转载行为侵犯了原告中山商房网科技公司的著作权,判令被告赔礼道歉,并赔偿经济损失。法院认为,原、被告微信公众号所推送信息的领域、受众具有高度相似性,被告在未经许可擅自将原告在微信上发表并载明不允许其他微信公众号转载的文章改头换面在微信上推送,该行为已侵犯了原告享有的署名权、修改权、信息网络传播权及获得报酬等著作人身权及财产权,应当承担赔礼道歉、赔偿损失等侵权责任。

综上,按照我国现行法律规范,对于微信公众号未经授权转载的文章,清楚标明了作者及出处的,虽然没有侵犯其署名权,但仍然侵犯其信息网络传播权。如果不仅没有标注作者出处,甚至改头换面冒称原创的,那么既侵犯了相关信息网络传播权的著作权财产权利,也侵犯了相关的署名权等精神权利。这是企业公众号在发布或者转载文章时需要尤其注意的。

如果企业利用微信平台开发了一些应用或者服务,涉及软件著作权的,企业还应当积极申请企业软件著作权登记证书,从而对企业的相关著作权进行系统保护。

第六章 高新技术企业专利管理实务

第一节 高新技术企业专利管理概述

一、企业专利管理概述

（一）专利概念及特点

专利是指为了保护发明创造，经申请人提出申请，由国家知识产权局审批而授予申请人的一种权利，也称专利权。我国专利法保护三种专利：发明、实用新型和外观设计专利。专利是无形财产权的一种，与有形财产相比，具有以下主要特征。

1. 具有独占性

所谓独占性亦称垄断性或专有性。专利权是由政府主管部门根据发明人或申请人的申请，认为其发明成果符合专利法规定的条件，而授予申请人或其合法受让人的一种专有权。它专属于权利人所有，专利权人对其权利的客体（即发明创造）享有占有、使用、收益和处分的权利。

2. 具有时间性

所谓专利权的时间性，即指专利权具有一定的时间限制，也就是法律规定的保护期限。各国的专利法对于专利权的有效保护期均有各自的规定，而且计算保护期限的起始时间也各不相同。

3. 具有地域性

所谓地域性，就是对专利权的空间限制。它是指一个国家或一个地区所授予和保护的专利权仅在该国或地区的范围内有效，对其他国家和地区不发生法律效力，其专利权是不被确认与保护的。如果专利权人希望在其他国家享有专利权，那么，必须依照其他国家的法律另行提出专利申请。除非加入国际条约及双边协定另有规定之外，任何国家都不承认其他国家或者国际性知识产权机构所授予的专利权。

(二)发明、实用新型和外观设计专利

1. 发明

我国专利法所称发明,是指对产品、方法或者其改进所提出的新的技术方案。其特点是:首先,发明是一项新的技术方案。是利用自然规律解决生产、科研、实验中各种问题的技术解决方案,一般由若干技术特征组成。其次,发明分为产品发明和方法发明两大类型。产品发明包括所有由人创造出来的物品,方法发明包括所有利用自然规律通过发明创造产生的方法。方法发明又可以分成制造方法和操作使用方法两种类型。例如对加工方法、制造方法、测试方法或产品使用方法等所做出的发明。另外,专利法保护的发明也可以是对现有产品或方法的改进。例如对某些技术特征进行新的组合,对某些技术特征进行新的选择等,只要这些组合或选择产生了新的技术效果,就是可以获得专利保护的发明。

技术方案一般由若干技术特征组成。例如产品技术方案的技术特征可以是零件、部件、材料、器具、设备、装置的形状、结构、成分、尺寸等;方法技术方案的技术特征可以是工艺、步骤、过程、所涉及的时间、温度、压力以及所采用的设备和工具等。

授予专利权的发明,应当具备新颖性、创造性和实用性。新颖性是指在申请日以前没有同样的发明或者实用新型在国内外出版物上公开发表过、在国内公开使用过或者以其他方式为公众所知,也没有同样的发明或者实用新型由他人向国务院专利行政部门提出过申请并且记载在申请日以后公布的专利申请文件中。创造性是指同申请日以前已有的技术相比,该发明具有突出的实质性特点和显著的进步,该实用新型具有实质性特点和进步。实用性是指该发明能够制造或者使用,并且能够产生积极效果。

2. 实用新型

我国专利法所称实用新型,是指对产品的形状、构造或者其结合所提出的适于实用的新的技术方案。实用新型专利由于技术含量相对较低,俗称小专利。实用新型专利只保护产品,该产品应当是经过工业方法制造的、占据一定空间的实体。一切有关方法、无确定形状的产品,如气态、液态、粉末状、颗粒状的物质或材料,不能申请实用新型专利。

产品的形状是指产品所具有的、可以从外部观察到的确定的空间形状。对产品形状所提出的技术方案可以是对产品的三维形态的空间外形所提出的技术方案，例如对凸轮形状、刀具形状做出改进；也可以是对产品的二维形态所提出的技术方案，例如对型材的断面形状的改进。

产品的构造是指产品的各个组成部分的安排、组织和相互关系。产品的构造可以是机械构造，也可以是线路构造。机械构造是指构成产品的零部件的相对位置关系、连接关系和必要的机械配合关系等，线路构造是指构成产品的元器件之间的确定的连接关系。复合层可以认为是产品的构造，产品的渗碳层、氧化层等属于复合层结构。

实用新型与发明的相同之处在于，实用新型也必须是一种技术方案，而不能是抽象的概念或者理论表述。实用新型与发明的不同之处在于：第一，实用新型只限于具有一定形状的产品，不能是一种方法，例如生产方法、试验方法、处理方法和应用方法等，也不能是没有固定形状的产品，如药品、化学物质、水泥等；第二，对实用新型的创造性要求不太高，而实用性较强。

3. 外观设计

我国专利法所称外观设计，是指对产品的形状、图案或者其结合以及色彩与形状、图案的结合所做出的富有美感并适于工业应用的新设计。外观设计强调的是保护工业品而不是保护艺术品，也往往被称为"工业品外观设计"。外观设计与实用新型都涉及产品的形状。二者的区别在于，实用新型是一种技术方案，它所涉及的形状是从产品的技术效果和功能角度考虑的；而外观设计是一种设计方案，它所涉及的形状是从产品美感的角度考虑的。

4. 三者的主要区别

（1）保护范围不同：发明专利可以保护各种产品和方法的创新，而实用新型专利的保护范围比发明专利要窄得多，只限于产品发明，而且只适用于产品的形状、构造或者其结合方面的创新，不保护方法以及没有固定形状的物质；至于外观设计专利的保护范围主要侧重于产品外表的设计，不涉及产品本身的技术性能。

（2）授权要求不同：在专利授权的要求，尤其是创造性的要求上，发明专利的要求最高，实用新型专利的要求低一些，外观设计专利主要注重美感效果，对于创新的要求更低。

（3）审批程序不同：申请发明专利，首先要经过专利局初步审查，再经过公开和实质审查才能获得专利授权。而申请实用新型专利和外观设计专利，审批程序相对比较简单，只需要经过专利局初步审查，认为符合专利法要求的，即可获得专利授权，不需要经过实质审查。

（4）保护期限不同：在我国，发明专利的保护期限为自申请日起20年，而实用新型专利和外观设计专利的保护期限为自申请日起10年。

（5）保护费用不同：相对于实用新型专利和外观设计专利，发明专利的保护费用较高。

（三）我国专利申请现状

我国专利申请量逐年攀升，国家统计局官方数据显示，我国专利局受理的发明专利、实用新型专利和外观设计专利申请的总量从2011年的163万件，逐年攀升至2015年的279万件（见下图）。据报道，2015年，我国专利申请量占全球总量近40%，超过了美日韩申请量的总和。英国《金融时报》指出，中国已成为首个在一年里受理专利申请超过100万件的国家。世界知识产权组织WIPO总干事Francis Gurry在公布《世界知识产权指标》报告的新闻简报会上说："中国的数字非常惊人""他们（中国）正在把创新作为经济战略的核心"。目前我国经济健康、持续、快速发展和我国科技创新活动日益活跃，发明创造活动能力和水平大幅度的提升有明显的正相关。我国经济的稳步发展，广阔的市场对于外商投资也具有极大的吸引力，国外的申请量也大幅度增加。从2011年至2015年，三类专利申请量年均增长率超过20%，发明专利年均增长率超过35%。我国已经进入知识产权大国行列。

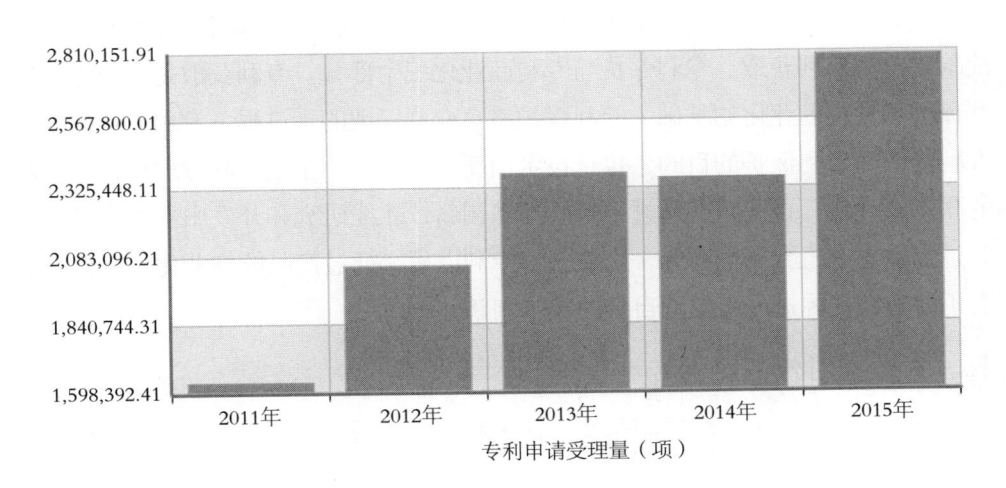

专利申请受理量（项）

二、企业专利管理与技术创新

企业专利是企业知识产权的重要组成部分，企业专利管理，是指为了充分发挥专利在企业中的重要作用，为了企业可以持续创造经济效益、谋求最大利益和增强企业市场竞争能力，采用科学的管理方法，对企业中的专利进行系统化规范化管理，从而充分发挥专利的重要价值，使企业专利得到有效利用的管理行为。

企业专利管理涉及法律、经济、技术、信息、专利及管理等各个方面，除了具备知识产权管理的一般特征，还具备了技术性、风险性、保密性等自身特性。

首先，专利作为知识产权的重要组成部分，是科学技术被法律保护的体现。企业专利的管理主要是对技术的管理，由于技术的复杂性，企业在实施专利管理的过程中必须具有针对性，需要运用统计分析、资料分类、数据整理等方面的知识。管理过程中还需要具有技术背景的专利人才。因此，技术性是企业专利管理的一大特点。

其次，企业专利管理具有风险性。企业要运作一项专利，受经济和市场影响很大。市场的需求在不断变动，而专利的研发和投入运营又需要较长的时间，这就使得企业专利管理在期冀高收益的同时也具有失败后的高风险性。

再次，企业的专利管理具有一定的保密性，尤其对于高新技术企业，往往是企业花费了大量人力物力研发出来作为下一步进军市场的成果。这类资料如果被竞争对手掌握，就等于将企业的成果白白送人，甚至会夺走企业的市场份额。此外，专利信息管理中常会涉及市场情报、科研动向等资料，这些资料都是企业立足市场的基础。所以企业在专利管理的过程中就需要将这些资料设为高度机密。

企业的专利管理是一项动态和复杂的系统过程，我们可以将企业的专利管理简单划分为专利获取、专利保护与专利商业化三个部分。专利获取是企业进行专利保护和专利商业化的基础，专利保护贯穿专利管理的全过程，专利商业化则是专利获取和专利保护的目的，也是技术创新的驱动力。企业专利管理与技术创新的联系表现在，企业只有通过不断的技术创新，才能研究和开发出新的产品，在此过程中才有机会取得专利，企业获得专利以后，通过产品的商业化，又使企业有了财力与资源进一步推动自身的技术创新。

三、大数据时代的企业专利管理

1980年，著名未来学家阿尔文·托夫勒便在《第三次浪潮》一书中，将大数据热情地赞颂为"第三次浪潮的华彩乐章"。大约从 2009 年开始,"大数据"成为互联网信息技术行业的流行词汇。大数据,又称海量数据,是由数量巨大、结构复杂、类型众多的数据构成的数据集合。大数据时代最需要的能力,就是从各种各样类型的数据中,快速获得有价值信息的能力。大数据时代对人类的数据驾驭能力提出了新的挑战,在商业、经济及其他领域中,决策将日益基于数据和分析而做出,而并非基于经验和直觉。大数据时代的到来,对企业的专利管理提供了好的技术手段和资源信息,企业在专利管理的过程中,通过对研发创新、专利保护、产品开发、市场竞争情报、相关资讯、法律和案例等专利相关数据的搜集、分析和运用,实现对专利的动态化和精确化管理。在大数据时代下,企业之间的竞争将是数据的竞争,企业应当转变思维,将大数据与专利管理相结合,通过构建、实施和优化企业生态管理系统,实现专利价值管理和数据驱动管理,为企业创新和发展提供支持与保障,同时,随着大数据搜集、分析以及应用与专利管理之间联系的深入,企业的专利管理水平也将进入一个全新的高度。

四、高新技术企业专利管理意义重大

为了提升专利创造、运用、保护和管理能力,为加快转变经济发展方式和促进经济社会发展提供强有力支撑,国家知识产权局于 2010 年制定并实施《全国专利事业发展战略(2010—2020 年)》,在该十年战略中,提出了到 2020 年的战略目标:"把我国建设成为专利创造、运用、保护和管理水平较高的国家。专利制度有效运行,专利政策在国家经济和科技工作中的导向作用凸显,专利法治环境进一步完善。每百万人发明专利拥有量和对外专利申请量翻两番,在新兴产业发展的重点领域和传统产业重点技术领域形成一大批核心专利。市场主体专利创造、运用、保护和管理的能力显著增强,规模以上工业企业专利申请的比率达到 10%,专利权的拥有量显著提高。专利服务业快速发展,专利公共服务和社会服务能力基本满足经济社会发展需求。专利人才队伍能够满足经济社会发展和专利事业发展需要。专利意识深入人心。专利制度对创新型国家建设和经济社会发展的促进作用充分显现。"高新技术企业作为企业中拥有专利相对较多的企业类型,在专利管理方面拥有着天然的前沿技术优势和极强的专业性,在此基础上,高新技术企业通过规范化的专利管理,小到企业自身,大到国家战略层面,其意义都极为重大。

首先,加强高新技术企业的专利管理,有利于激励专利技术的开发创造和科技资源的合理配置。高新技术企业一旦取得专利，就可以获得市场的垄断优势，积极实施具有市场前景的先进技术，快速占领市场先机。企业的竞争力提升后，反过来又会推动企业进一步创新、保护和实施专利，形成良性循环。在我国大力推进战略性新兴产业科学化、高端化发展，加快实现由中国制造向"中国创造"转变中，专利已经成为经济转型和产业升级进程中极具升值力的核心资产和战略性资源。企业通过规范化的系统性专利管理，通过转化运用等途径将技术创新成果转变为现实生产力，释放出巨大的经济价值，是新时期转变经济发展方式的必然要求。高新技术企业的专利技术创新，必将带动我国企业的整体创新能力和创造力。

其次，加强高新技术企业的专利管理，有利于保护创新成果。发明创造需要利用法律手段才能获得切实保护，才能保障企业的科技成果顺利实施和产业化，维护企业的合法权益。创新是社会发展的动力，要保证创新成果能够被充分合理的使用，离不开企业对专利的保护。根据专利制度的规定，如果没有得到法律保护的创新成果，很难清楚其归属权，没有明确的创新成果归属权，创新者后续的成果转移转化、创新价值实现就会受到直接制约，从而影响其转化为本该属于创新者的合法报酬。如果得不到相应的经济回报，企业的创新投入也许会付诸东流，创新者的积极性就会大打折扣甚至从此不再创新。专利制度从法律上确定了创新成果的财产归属关系，从而激励企业继续加大创新投入，实现创新驱动发展，创新者的创造积极性也得到了有效保护，创新者的价值都能得到充分体现，如此势必激发企业和创新者的创新活力。有了强有力的专利保护，企业创新投入才能得以顺利回收，才能有序扩大创新再投入的规模和力度，形成对市场份额的占有权、支配权及话语权。在专利制度保护下，创新活动能迸发出巨大的能量，企业的创新，成为推动经济发展和社会进步的第一力量，这样的技术创新更加具有战略意义。

再次，加强高新技术企业的专利管理，有利于提高企业的专利运用能力，带来巨大的经济效益。专利技术只有通过商业运用，才有其存在的价值，高新技术企业通过建立系统的专利管理制度，能保证专利的有效转化，使企业在市场竞争中获得并保持竞争优势。专利作为科学技术在知识产权上的反映，无疑是企业经营管理的核心和重要的盈利手段。高新技术企业通过对企业专利进行系统性、针对性的管理，可以发挥专利制度的巨大作用，为企业持续创造利润。根据专利性质，可以把企业专利的管理分为进攻性专利的管理和防御性专利的管理。对于进攻性专利，企业重点放在专利的维护和利用上，可以自己实施，也可以通过许可的方式占领市场，为企业创造利润。对于防御性专利，管理重点是如何遏制竞争对手在该专利相关领域的技术，表现为宣告其专利的无效，或者诉讼获得经济补偿等。通过专利的管理，使企业在制定专利方案、实施专利战略时进退自如、攻守有度，是企业赢得市场，获取经济利益的最佳手段。

第二节　高新技术企业专利的申请

一、我国专利的申请受理机构

国家知识产权局专利局是从事专利管理工作的国家机关，国务院国家知识产权局专利局对在中国的专利申请进行受理、审查和授权工作。申请人以书面形式申请专利的，可以将申请文件及其他文件当面交到专利局的受理窗口或寄交至"国家知识产权局专利局受理处"，也可以当面交到设在地方的专利局代办处的受理窗口或寄交至"国家知识产权局专利局×××代办处"。目前专利局在北京、沈阳、济南、长沙、成都、南京、上海、广州、西安、武汉、郑州、天津、石家庄、哈尔滨、长春、昆明、贵阳、杭州、重庆、深圳、福州、南宁、乌鲁木齐、南昌、银川、合肥、苏州、海口、兰州、太原等城市设立代办处。

二、专利的申请流程

（一）申请发明专利的程序

1. 申请

由专利申请人向国家知识产权局所属的专利局提出申请。

2. 初步审查

国务院专利行政部门收到发明专利申请后，经初步审查认为符合专利法要求的，自申请日起满十八个月，即行公布。国务院专利行政部门可以根据申请人的请求早日公布其申请。

3. 实质审查

发明专利申请自申请日起三年内，国务院专利行政部门可以根据申请人随时提出的请求，对其申请进行实质审查。国务院专利行政部门认为必要的时候，可以自行对发明专利申请进行实质审查。发明专利的申请人请求实质审查的时候，应当提交在申请日前与其发明有关的参考资料。

4. 登记

发明专利申请经实质审查没有发现驳回理由的，由国务院专利行政部门做出授予发明专利权的决定，发给发明专利证书，同时予以登记和公告。发明专利权自公告之日起生效。

5. 驳回申请

国务院专利行政部门对发明专利申请进行实质审查后，认为不符合专利法规定的，会通知申请人，要求其在指定的期限内陈述意见，经申请人陈述意见或者进行修改后，国务院专利行政部门仍然认为不符合本法规定的，应当予以驳回。

6. 复审

专利申请人对国务院专利行政部门驳回申请的决定不服的，可以自收到通知之日起三个月内，向专利复审委员会请求复审。

7. 无效申请

自国务院专利行政部门公告授予专利权之日起，任何单位或者个人认为该专利权的授予不符合专利法有关规定的，可以请求专利复审委员会宣告该专利权无效。

8. 行政诉讼

专利申请人对专利复审委员会驳回申请的复审决定不服的，或者当事人对专利复审委员会宣告专利权无效或者维持专利权的决定不服的，可以自收到通知之日起六个月内向人民法院起诉。

（二）实用新型和外观设计申请专利的程序

与发明专利的申请程序相比较，实用新型和外观设计申请专利的程序基本相同，只是没有实质审查这一环节。即：实用新型和外观设计专利申请经初步审查没有发现驳回理由的，由国务院专利行政部门做出授予实用新型专利权或者外观设计专利权的决定，发给相应的专利证书，同时予以登记和公告。实用新型专利权和外观设计专利权自公告之日起生效。

发明、实用新型和外观设计专利的申请、审查流程图如下：

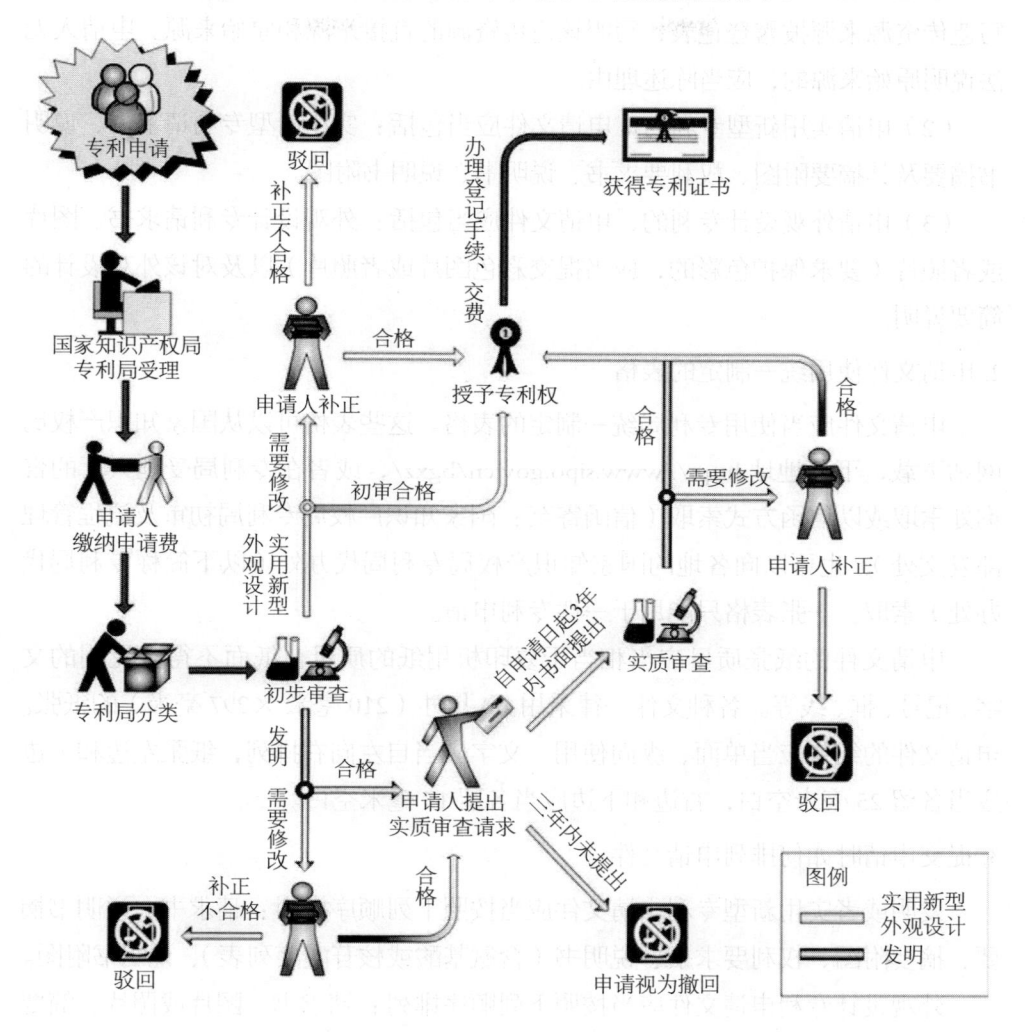

三、专利申请需要提交的材料及相关说明

1. 需要的申请文件

（1）申请发明专利的，申请文件应当包括：发明专利请求书、说明书摘要（必要时应当提交摘要附图）、权利要求书、说明书（必要时应当提交说明书附图）。涉及氨基酸或者核苷酸序列的发明专利申请，说明书中应当包括该序列表，把该序列表作为说明书的一个单独部分提交，并单独编写页码，同时还应提交符合国家知识产权局专利局规定的记载有该序列表的光盘或软盘。依赖遗传资源完成的

发明创造申请专利的，申请人应当在请求书中对遗传资源的来源予以说明，并填写遗传资源来源披露登记表，写明该遗传资源的直接来源和原始来源。申请人无法说明原始来源的，应当陈述理由。

（2）申请实用新型专利的，申请文件应当包括：实用新型专利请求书、说明书摘要及其摘要附图、权利要求书、说明书、说明书附图。

（3）申请外观设计专利的，申请文件应当包括：外观设计专利请求书、图片或者照片（要求保护色彩的，应当提交彩色图片或者照片）以及对该外观设计的简要说明。

2. 申请文件使用统一制定的表格

申请文件应当使用专利局统一制定的表格。这些表格可以从国家知识产权局网站下载，下载地址 http://www.sipo.gov.cn/bgxz/，或者在专利局受理大厅的咨询处索取或以信函方式索取（信函寄至：国家知识产权局专利局初审及流程管理部发文处），也可以向各地的国家知识产权局专利局代办处（以下简称专利局代办处）索取。一张表格只能用于一件专利申请。

申请文件的纸张质量应当相当于复印机用纸的质量。纸面不得有无用的文字、记号、框、线等。各种文件一律采用 A4 尺寸（210 毫米 ×297 毫米）的纸张。申请文件的纸张应当单面、纵向使用。文字应当自左向右排列，纸张左边和上边应当各留 25 毫米空白，右边和下边应当各留 15 毫米空白。

3. 提交申请时如何排列申请文件

发明或者实用新型专利申请文件应当按照下列顺序排列：请求书、说明书摘要、摘要附图、权利要求书、说明书（含氨基酸或核苷酸序列表）、说明书附图。

外观设计专利申请文件应当按照下列顺序排列：请求书、图片或照片、简要说明。申请文件各部分都应当分别用阿拉伯数字顺序编写页码。

4. 申请文件的文字和书写要求

申请文件各部分一律使用中文。外国人名、地名和科技术语如没有统一中文译文，应当在中文译文后的括号内注明原文。申请文件都应当用宋体、仿宋体或楷体打字或印刷，字迹呈黑色，字高应当在 3.5 至 4.5 毫米之间，行距应当在 2.5 至 3.5 毫米之间。申请文件中有附图的，线条应当均匀清晰，不得涂改。不得使用工程蓝图作为附图。

5. 证明文件

办理专利申请相关手续要附具证明文件的，各种证明文件应当由有关主管部门出具或者由当事人签署。各种证明文件应当是原件；证明文件是复印件的，应当经公证或者由出具证明文件的主管部门加盖公章予以确认（原件在专利局备案确认的除外）。申请人提供的证明文件是外文的，应当附有中文题录译文。

6. 签字或者盖章

向专利局提交的专利申请文件或者其他文件，应当按照规定签字或者盖章。其中未委托专利代理机构的申请，应当由申请人（或专利权人）、其他利害关系人或者其代表人签字或者盖章，办理直接涉及共有权利的手续，应当由全体权利人签字或者盖章；委托了专利代理机构的，应当由专利代理机构盖章，必要时还应当由申请人（或专利权人）、其他利害关系人或者其代表人签字或者盖章。

7. 同日申请说明

同一申请人同日对同样的发明创造既申请实用新型专利又申请发明专利的，应当在申请时分别说明。

8. 专利申请内容的单一性要求

一件发明或者实用新型专利申请应当限于一项发明或者实用新型。属于一个总的发明构思的两项以上的发明或者实用新型，可以作为一件申请提出。一件外观设计专利申请应当限于一项外观设计。同一产品两项以上的相似外观设计，或者用于同一类别并且成套出售或者使用的产品的两项以上的外观设计，可以作为一件申请提出。

9. 委托专利代理机构

中国内地的单位或者个人可以委托依法设立的专利代理机构办理专利申请手续，也可以自行办理相关手续。依法设立的专利代理机构是依照专利代理条例的规定经国家知识产权局批准成立的，具体名录及专利代理机构的相关信息可从网上查阅（www.sipo.gov.cn/zldlgl）。

10. 专利申请的受理

专利局受理处或专利局代办处收到专利申请后，对符合受理条件的申请，将确定申请日，给予申请号，发出受理通知书。不符合受理条件的，将发出文件不受理通知书。申请人收到受理通知书和缴费通知书后，应当认真核对通知书上的信息，对通知书信息有异议的，应当及时向专利局提出。向专利局受理处寄交申请文件的，一般在一个月左右可以收到专利局的受理通知书，超过一个月尚未收到专利局通知的，申请人应当及时向专利局受理处查询。申请人或专利权人的地址有变动的，应当及时向专利局提出著录项目变更；如果申请人与专利代理机构解除代理关系，应当向专利局办理变更手续。

四、专利费用的缴纳

（一）专利费用的缴纳时间

1. 申请费

申请费的缴纳期限是自申请日起算两个月内或在收到受理通知书之日起 15 日内。与申请费同时缴纳的费用还包括公布印刷费、申请附加费，要求优先权的，应同时缴纳优先权要求费。

2. 发明专利申请实质审查费

实质审查费的缴纳期限是自申请日（有优先权要求的，自最早的优先权日）起三年内。

3. 复审费

复审费的缴纳期限是自申请人收到专利局做出驳回申请决定之日起三个月内。

4. 著录事项变更费等

著录事项变更费、专利权评价报告请求费、无效宣告请求费的缴纳期限是自提出相应请求之日起一个月内。

5. 恢复权利请求费

该项费用的缴纳期限是自当事人收到专利局发出的确认权利丧失通知之日起二个月内。

6. 延长期限请求费

申请人对专利局指定的期限请求延长的，应在原期限届满日之前提交延长期限请求书，并缴纳费用。

7. 专利登记费、授权当年的年费、公告印刷费、印花税

上述费用的缴纳期限是自申请人收到专利局做出的授予专利权通知书之日起

两个月内。

8. 年费

授予专利权当年的年费，应当在专利局发出的办理登记手续通知书中指定的期限内缴纳，以后的年费应当在上一年度期满前缴纳。缴费期限届满日是申请日在该年的相应日。

（二）申请专利收费标准

	全额	减缴比例85%	减缴比例70%
（一）申请费			
1.发明专利	900	135	270
印刷费	50	不予减缴	不予减缴
2.实用新型专利	500	75	150
3.外观设计专利	500	75	150
（二）发明专利申请审查费	2500	375	750
（三）复审费			
1.发明专利	1000	150	300
2.实用新型专利	300	45	90
3.外观设计专利	300	45	90
（四）著录事项变更手续费			
1.发明人、申请人、专利权人的变更	200	不予减缴	不予减缴
2.专利代理机构、代理人委托关系的变更	50	不予减缴	不予减缴
（五）优先权要求费每项	80	不予减缴	不予减缴
（六）恢复权利请求费	1000	不予减缴	不予减缴
（七）无效宣告请求费			
1.发明专利权	3000	不予减缴	不予减缴
2.实用新型专利权	1500	不予减缴	不予减缴
3.外观设计专利权	1500	不予减缴	不予减缴
（八）强制许可请求费			
1.发明专利	300	不予减缴	不予减缴
2.实用新型专利	200	不予减缴	不予减缴
（九）强制许可使用裁决请求费	300	不予减缴	不予减缴
（十）专利登记、印刷费、印花税			
1.发明专利	255	不予减缴	不予减缴

2. 实用新型专利	205	不予减缴	不予减缴
3. 外观设计专利	205	不予减缴	不予减缴
（十一）附加费			
1. 第一次延长期限请求费每月	300	不予减缴	不予减缴
再次延长期限请求费每月	2000	不予减缴	不予减缴
2. 权利要求附加费从第11项起每页增收	150	不予减缴	不予减缴
3. 说明书附加费从第31页起每页增收	50	不予减缴	不予减缴
从第301页起每页增收	100	不予减缴	不予减缴
（十二）中止费	600	不予减缴	不予减缴
（十三）实用新型专利检索报告费	2400	不予减缴	不予减缴
（十四）年费	全额		
1. 发明专利			
1—3 年	900	135	270
4—6 年	1200	180	360
7—9 年	2000	300	600
10—12 年	4000	600	1200
13—15 年	6000	900	1800
16—20 年	8000	1200	2400
2. 实用新型			
1—3 年	600	90	180
4—5 年	900	135	270
6—8 年	1200	180	360
9—10 年	2000	300	600
3. 外观设计			
1—3 年	600	90	180
4—5 年	900	135	270
6—8 年	1200	180	360
9—10 年	2000	300	600

注：授权后六年的年费可以享受减缴

（十五）年费滞纳金

按照每超过规定的缴费时间1个月，加收当年全额年费的5%计算。

（三）缴费日期的确定

向专利局或专利局代办处当面交专利费用的，缴费当日即为缴费日。以邮局汇付方式缴纳费用的，以邮局汇出的邮戳日为缴费日。以银行汇付方式缴纳费用的，以银行实际汇出日为缴费日。

（四）专利费用的减缴

上年度企业应纳税所得额低于 30 万元的企业，可以向国家知识产权局请求减缴部分专利收费。专利申请人或者专利权人可以请求减缴下列专利收费：申请费（不包括公布印刷费、申请附加费），发明专利申请实质审查费，自授予专利权当年起六年的年费，复审费。

四、专利的电子申请

电子申请是指以互联网为传输媒介将专利申请文件以符合规定的电子文件形式向国家知识产权局提出的专利申请。申请人可通过电子申请系统向国家知识产权局提交发明、实用新型、外观设计专利申请和中间文件。我国专利电子申请网入口：http://www.cponline.gov.cn/。国家知识产权局新的电子申请系统于 2010 年 2 月 10 日上线运行。电子申请系统接收发明、实用新型、外观设计专利申请，以及进入国家阶段的国际申请，不接收保密专利申请文件。

1. 电子申请相关概念

（1）电子申请用户：指已经与国家知识产权局签订电子专利申请系统用户注册协议，办理了有关注册手续，获得用户代码和密码的申请人和专利代理机构。

（2）数字证书：是国家知识产权局注册部门为注册用户免费提供的用于用户身份验证的一种权威性电子文档，国家知识产权局可以通过电子申请文件中的数字证书验证和识别用户的身份。

（3）电子签名：是指通过国家知识产权局电子专利申请系统提交或发出的电子文件中所附的用于识别签名人身份并表明签名人认可其中内容的数据。专利法实施细则第一百一十九条第一款所述的签字或者盖章，在电子申请文件中是指电子签名，电子申请文件采用的电子签名与纸质文件的签字或者盖章具有相同的法律效力。

2. 电子申请的流程

（1）首先办理用户注册手续，获得用户代码和密码；注册材料包括用户注册请求书（一份）、用户注册协议（一式两份）、用户注册证明文件。

用户注册可以采用下面三种方式：

当面注册：目前可在法定工作日时间带注册材料到国家知识产权局受理窗口或专利代办处办理注册手续。

网上注册：登录电子申请网站（http://www.cponline.gov.cn/），在网站上注册为临时用户。并于15日内邮寄注册材料到专利局，办理正式的注册手续。

邮寄注册：直接邮寄注册材料到专利局，办理注册手续。邮寄地址：北京市海淀区蓟门桥西土城路6号国家知识产权局专利局受理处。

（2）登录电子申请网站，下载并安装数字证书和客户端软件。

（3）进行客户端和升级程序的网络配置。

（4）制作和编辑电子申请文件；电子申请系统支持 XML、WORD、PDF 三种文件格式的提交，提交文件的格式应符合电子申请文件格式要求说明。

（5）使用数字证书签名电子申请文件。

（6）提交电子申请文件；用户提交电子申请文件，直接使用电子申请客户端通过互联网提交。对于成功提交的文件，电子申请用户会收到电子申请回执。用户使用电子申请客户端提交电子申请文件后，文件自动转移到发件箱的"已发送"或"服务器拒收"目录下。对于国家知识产权局拒收的电子申请文件，电子申请系统会给出拒收原因。

（7）接收电子回执。

（8）提交申请后，可随时登录电子申请网站查询电子申请相关信息。

（9）通过电子申请系统接收通知书，针对所提交的电子申请提交中间文件。

3. 电子申请递交日和申请日的确定

（1）递交日的确定：以国家知识产权局专利电子申请系统收到电子文件之日为递交日。

（2）申请日的确定：以国家知识产权局完整收到符合专利法及其实施细则规定的专利申请文件之日为申请日。

4. 纸件申请转电子申请

申请人或专利代理机构可以请求将纸件申请转换为电子申请，涉及国家安全或者重大利益需要保密的专利申请除外。提出转换请求的申请人或专利代理机构应当是电子申请用户，并且应当通过电子形式提出请求。纸件申请转电子申请合格的，该申请成为电子申请。自手续合格通知书或纸件申请批量转电子申请审批通知书发文日起，除应当符合专利法及其实施细则和专利审查指南的规定外，还需符合《关于专利电子申请的规定》中的相关规定。

五、专利申请文件撰写的基本要求

1. 请求书

请求书是确定发明、实用新型或外观设计三种类型专利申请的依据，建议使用专利局统一表格。请求书应当包括发明、实用新型的名称或使用该外观设计产品名称；发明人或设计人的姓名、申请人姓名或者名称、地址以及其他事项。

其他事项是指：①申请人的国籍，申请人是企业或其他组织的，其总部所在地的国家。②申请人委托专利代理机构的应当注明的有关事项。申请人为两人以上或单位申请，而未委托代理机构的，应当指定一名自然人为代表人，并注明联系人姓名、地址、邮政编码及联系电话。③分案专利申请（已驳回、撤回或视为撤回的申请，不能提出分案申请）类型应与原案申请一致，并注明原案申请号、申请日，否则，不按分案申请处理。要求本国优先权的发明或实用新型，在请求书中注明在先申请的申请国别、申请日、申请号，并应于在先申请日起一年内提交。④申请文件清单。⑤附加文件清单。⑥当事人签字或者盖章。⑦确有特殊要求的其他事项。

2. 说明书

说明书应当对发明或实用新型做出清楚、完整的说明，以所属技术领域的技术人员能够实现为准。

3. 权利要求书

权利要求书应当以说明书为依据说明发明或实用新型的技术特征，清楚、简要地表述请求专利保护的范围。

4. 说明书附图

说明书附图是实用新型专利申请的必要文件。发明专利申请如有必要也应当提交附图。附图应当使用绘图工具和黑色墨水绘制，不得涂改或易被涂擦。

5. 说明书摘要及摘要附图

发明、实用新型应当提交申请所公开内容概要的说明书摘要（限300字），有附图的还应提交说明书摘要附图。

6. 外观设计的图片或者照片

外观设计专利申请应当提交该外观设计的图片或照片，必要时应有简要说明。

第三节 高新技术企业专利获取与布局

一、高新技术企业专利的获取途径

高新技术企业评审实行打分制，企业在进行高新技术企业认定时，知识产权作为举足轻重的评分项，是企业最终能否被认定为高新技术企业的关键。从《高新技术企业认定技术专家评价表》（见附表）我们可以直观看出，核心自主知识产权是审查的首要指标，所占分值高达 30 分。如果企业可以拥有一个发明专利或其他六个或更多的知识产权（比如六项实用新型专利等）就可以获得 24—30 分，而企业只有总分 70 分以上（不含 70 分）才算达标。可见，企业核心自主知识产权的数量对于企业申请高新技术企业具有举足轻重的影响，否则即使企业具备一定的创新能力和较高的产品档次，甚至在同行业中处于领先水平，但由于缺乏自主知识产权，也没有机会进入高新技术企业行列。从实践中看，发明专利从申请到取得证书至少需要三年，实用新型、外观设计一般申报时间需要 6—12 个月的时间，因此企业应当提前进行充分准备，才有可能在高新认定的时候不至于手忙脚乱。

附：

高新技术企业认定技术专家评价表

企业名称	
企业提交的资料是否符合要求	□是　　□否
企业是否注册成立一年以上	□是　　□否
企业是否获得符合条件的知识产权	□是　　□否
核心技术是否属于《技术领域》规定的范围	□是　　□否 （若"是"，请填写 3 级技术领域标题或编号）

科技人员占比是否符合要求		□是　　□否		
近三年研发费用	研发活动核定数		核定研发活动编号	
	核定总额（万元）		其中：境内核定总额（万元）	
近一年高新技术产品（服务）收入	产品（服务）核定数		核定产品（服务）编号	
	收入核定总额（万元）			
1. 知识产权（≤30分）	得分：
技术的先进程度（≤8分） 　　□A. 高（7-8分）　　□B. 较高（5-6分） 　　□C. 一般（3-4分）　□D. 较低（1-2分） 　　□E. 无（0分）	得分：
对主要产品（服务）在技术上发挥核心支持作用（≤8分） 　　□A. 强（7-8分）　　□B. 较强（5-6分） 　　□C. 一般（3-4分）　□D. 较弱（1-2分） 　　□E. 无（0分）	得分：
知识产权数量（≤8分） 　　□A.1项及以上（Ⅰ类）（7-8分） 　　□B.5项及以上（Ⅱ类）（5-6分） 　　□C.3-4项（Ⅱ类）（3-4分） 　　□D.1-2项（Ⅱ类）（1-2分） 　　□E.0项（0分）	得分：
知识产权获得方式（≤6分） 　　□A. 有自主研发　　　　（1-6分） 　　□B. 仅有受让、受赠和并购等（1-3分）	得分：
（加分项，≤2分）企业是否参与编制国家标准、行业标准、检测方法、技术规范的情况 　　□A. 是（1-2分）　　□B. 否（0分）	得分：
2. 科技成果转化能力（≤30分）	得分：
□A. 转化能力强，≥5项（25-30分）　　□B. 转化能力较强，≥4项（19-24分） 　　□C. 转化能力一般，≥3项（13-18分）　□D. 转化能力较弱，≥2项（7-12分） 　　□E. 转化能力弱，≥1项（1-6分）□F. 转化能力无，0项（0分）	得分：
3. 研究开发组织管理水平（≤20分）	得分：
制定了企业研究开发的组织管理制度，建立了研发投入核算体系，编制了研发费用辅助账（≤6分）	得分：
设立了内部科学技术研究开发机构并具备相应的科研条件，与国内外研究开发机构开展多种形式的产学研合作（≤6分）	得分：

建立了科技成果转化的组织实施与激励奖励制度，建立开放式的创新创业平台（≤4分）		得分：	
建立了科技人员的培养进修、职工技能培训、优秀人才引进，以及人才绩效评价奖励制度（≤4分）		得分：	
对企业技术创新能力的综合评价			
合计得分		专家签名： 年 月 日	

企业一般通过内部获取和外部获取的方式取得专利。

（一）内部获取

内部获取即企业自主研发，指企业通过自身的科研部门与科技人员，针对企业产品或服务所需的技术要求进行研究，在研究完成后对取得的技术创新进行专利申请从而获得专利。自主创新过程中需要企业高素质科技人才、实验设备、资金的长时间投入，对于企业的实力有着较高要求。现阶段，企业自主创新行为主要集中在大型企业，中小型高新技术企业虽然在企业实力方面远不如大型企业，但其在技术人员与技术资金投入方面的先天特点，以及企业经营中的灵活性，也使其具备一定的自主创新能力。先进技术是高新技术企业的立足之本，因而在自主研发获取专利方面相比其他企业优势明显，自主研发也自然成为其专利获取的重要路径。

企业进行自主研发时，必须明确自己的专利研发目标，建立自己的专利研发团队，洞悉市场的发展规律，掌握专利技术的发展规律，建立起适合企业和市场的专利研发策略和流程，形成自己企业独有的专利研发特点。

企业自主研发申请专利时，要注意专利申请时间的选择。一般来说，产品的研发流程大概包括以下四个阶段：项目提出确立、产品设计开发、产品试制试用、批量生产销售。那么申请专利的最佳时机是在哪个阶段呢？根据在先申请原则，谁先申请专利权授予谁，一般企业会选择在产品的初步设计完成时或者产品设计开发完成后立刻申请专利，最迟也应该在产品销售前提交专利申请。特别是对于那些容易通过逆向工程分析得出的产品，一旦上市销售，就会成为现有技术，很可能会使后续申请的专利失去专利性。

（二）外部获取

从外部获取专利技术也是高新技术企业重要的专利获取路径，也就是我们常说的技术引进。技术引进通常包括下面四种途径：

1. 从高校与科研单位进行专利技术的引进

高校和科研单位作为创新主体，在技术创新方面优势明显；高校与科研单位是政府财政支持科研项目最主要的承担者，其在技术研发过程中可以得到有力的财政支持以保证研发的正常进行；高校与科研单位均拥有高素质科研人员，以追求先进技术作为研发的最终目标；高校与科研单位均拥有先进而完整的实验室与实验设备；高校与科研单位的专利成果产出多，但其自身产业化能力不足，因而从高校或科研单位引进专利技术是高新技术企业的选择之一。

2. 从个人手中获取专利

由于相当比重的授权专利由个人持有，但是个人的能力有限，大多无力将专利产业化，因此个人拥有的专利同样对于企业具有吸引力。同时，专利权属于个人，在专利权转让时相较于从属于单位的专利操作更简单，灵活。高新技术企业可通过专利购买的方式从个人手中获取专利。

3. 通过企业合作获得

企业在市场竞争中会不断寻找合作企业，包括产品方面和技术方面的合作企业。企业在专利获取方面可以根据需要通过签订协议，从合作企业获得专利的所有权，或与合作企业进行合作开发。

一般的高新技术企业很难通过自身的资源实现所有的创新目标，而通过企业之间的合作开发，就可以使合作各方发挥自己的优势，共同完成技术创新。合作开发的形式既包括资金、人才、成果的合作，也可以以资金入股形式合作，等等。企业在合作开发过程中应当注意以下几点：首先要保证企业在合作中的主导地位，其次要制定明确的合作目标，再次，企业之间应当约定好责任分担、成本分担等机制，设置合作的最低门槛。此外，对于合作方的选择也应当慎重，最好通过律师等对合作公司进行尽职调查，对其的信誉、业绩、持有的知识产权成果、技术研发能力等进行提前了解与把握。在合作成果归属方面，可以协商由一方购买合作开发成果。尽量避免共同共有。

4. 从国外引进专利来获得在国内市场中技术方面的优势

从国外引进专利包括直接引进与间接引进，间接引进比如依托引进跨国公司直接投资等方式，大规模引进技术，同时利用跨国公司的辐射能力，逐渐开展技术的消化吸收再创新等。直接引进比如直接购买国外先进技术，获得发达国家的技术产权，然后将先进技术引入国内。

企业在外部引进专利时一定要慎重，对专利要进行相关检索，审查清楚专利的真实状况，才能对自己的利益有所保障，否则投入了资金，引进的专利却没有价值，将是对企业资源的极大浪费。而技术价值不高、与企业核心产品关联度不大的专利在高新技术企业评审中也会被视为滥竽充数。

二、专利转让及专利许可

（一）专利转让

符合高新技术企业认定标准的专利获得方式包括专利的受让、受赠和并购等方式。其中，专利的转让是最常见的方式。

1. 专利转让

专利转让是指专利权人作为转让方，将专利的所有权或者持有权移转给受让方，受让方支付约定价款后，取得专利的所有权或者持有权的行为。通过专利权转让合同取得专利权的当事人，即成为新的合法专利权人，同样也可以与他人订立专利转让合同。

2. 专利转让的具体流程

（1）第一步：寻找专利转让的途径。这是专利转让流程中最基本的一个环节，而且也非常容易实现。专利转让的方法其实有很多，例如可以在专利网站上进行转让，也可以委托专利中介机构，甚至还可以自己寻找相关的企业等方式。

（2）第二步：专利转让人和专利受让人签署专利权转让合同。这是专利转让流程关键一步。只有专利转让人和受让人双方取得一致的意见之后才能有效地开展之后的转让相关工作。专利转让合同的条款一般包括：

①项目名称：项目名称应载明某项发明、实用新型或外观设计专利权转让合同。

②发明创造的名称和内容，应当用简洁明了的专业术语，准确、概括地表达发明创造的名称，所属的专业技术领域，现有技术的状况和本发明创造的实质性特征。

③专利申请日、专利号、申请号和专利权的有效期限。

④专利实施和实施许可情况，有些专利权转让合同是在转让方或与第三方订立了专利实施许可合同之后订立的，这种情况应载明转让方是否继续实施或已订

立的专利，实施许可合同的权利义务如何转移等。

⑤技术情报资料清单，至少应包括发明说明书、附图以及技术领域一般专业技术人员能够实施发明创造所必须其他技术资料。

⑥价款及支付方式。

⑦违约金或损失赔偿额的计算方法。

⑧争议的解决的办法。

（3）第三步：双方准备好专利转让需要的相关文件，这些文件应该严格地按照规定的形式进行填写，这样就可以缩短国家知识产权局审核文件的时间，加快审核的速度。

（4）第四步：将相关的文件递交给专利局。这是专利转让流程中重要的一个部分。因为只有专利局审核通过后才能让专利转让具有法律依据。

（5）第五步：专利转让流程的最终环节就是等待专利转让结果。当专利局审查后，会对审查结果做出通知。如果审核通过的话，专利局一般会在2到6个月内发专利转让合格通知书。并且可以在国家知识产权局专利库中查询到相关的变更结果。

3. 专利转让中应注意的几个问题

第一，注意权利人的问题，主要看转让人是否是专利的合法持有人，是否有共有人，是否存在职务发明的性质，对国有企业的专利还应注意是否需要相关的审批。

第二，专利权的转让按法律规定必须经过专利局登记和公告后生效。

第三，在专利转让合同中必须明确专利的名称、性质、内容以及权属状况，并应该特别注意专利权的保护年限。

第四，在专利转让合同中必须明确专利在转让前的实施情况以及可能产生的后果。对于专利转让后转让方是否仍然可以继续实施专利项下的技术也应该有明确的约定。

第五，注意应当约定后续改进技术成果的权属。

第六，由于专利权可能被宣告无效的特殊性，注意在合同中应当明确约定无效后的法律后果及可能产生的违约责任。

（二）专利许可

专利许可是指专利权人将其所拥有的专利技术许可他人实施的行为。在专利许可中，专利权人成为许可方，允许实施的人成为被许可方，许可方与被许可方要签订专利实施许可合同。通过专利许可的方式，被许可方可以实施许可方的发明创造专利技术，但并不享有许可方的专利所有权。专利许可的种类有以下几种：

1. 普通许可

普通许可，这最常见的专利许可方式，又称一般许可或非独占许可，是指许可方允许被许可方在规定的期限和地区内使用其专利技术，同时还可以继续允许第三方使用其专利，并且许可方仍保留着自己使用该专利技术的权利。这种许可有以下特点：

（1）被许可人可以根据合同规定的条件和范围使用被许可的专利技术，但同时应以约定的形式和数额向专利权人支付一定金额的费用。一般而言，普通许可的费用并不高。

（2）专利权人仍有自己使用该发明、实用新型或外观设计专利的权利，并且有权将此发明创造专利再次许可他人使用，收取相应的报酬。

（3）专利权人可以将某项专利的使用权同时转移给许多受让人使用。

2. 独占许可

独占许可，是指被许可方在规定的期限和地区内对许可方的专利享有独占的使用权，即被许可方是该专利的唯一许可使用者，许可方和任何第三方均不得在该地域和期限内使用该专利。独占许可的特点是：

（1）在一定地域和期限内，被许可人完全享有该发明创造专利的使用权，取得该项专利利益的独占权。同时，被许可方应以约定的方式和数额向专利权人支付较高的报酬。

（2）专利权人不但不能将该发明创造的专利使用权转移给第三人，就是专利权本人也不能使用该专利。

（3）这种许可不利于新技术的推广使用，且转让费较高，因而实际生活中，很少使用此许可。

2016年以前高新技术企业认定时允许企业通过独占许可的方式拥有专利技术，但是最新的高新技术企业认定办法取消了这一方式。

3. 独家许可

独家许可，又称排他许可，是指许可方除允许被许可方在规定的期限和地区使用其专利技术外，不再与第三方签订该项专利技术的许可合同，但许可方仍有权使用该专利技术。这种许可的特点是：

（1）被许可人可以在合同规定的条件和范围内享有该项发明创造专利的使用权，并取得利益的独占权。被许可人应为此向专利权人支付一定数额的报酬。这种许可只能许可被许可人在一定地区内独家使用的权利，而不能许可其他人实施该专利。

（2）专利权人仍自己保留利用该专利的权利，实际上，此种许可排除了除被许可人和专利权人以外的任何人，都不能在合同规定的范围内使用该专利。

4. 分许可

分许可，是指被许可人除在一定期间和一定地域范围内使用专利技术外，还可以允许第三方全部的或部分的使用该专利。相对于原许可而言，它称作分许可。

除非在原许可合同中有明确规定，被许可方无权行使分许可权利。在进行分许可时，原许可方有权分得被许可方就分许可所得的利益。

5. 交叉许可

交叉许可，是指前后两项专利在技术上有所依赖，权利人通过合同的方式确认相互使用权。因此这种许可多见于原专利的专利权人和从属专利的专利权人之间。

交叉许可通常适用于三种情况：

（1）一项取得专利权的发明或者实用新型比前已经取得专利权的发明或者实用新型在技术上先进，而其实施有赖于前项专利的，两个专利权人在这种情况下互相给予对方以实施权。

（2）原许可合同的许可方与被许可方在合同中或事后约定，双方各自对合同技术做出后续改进并取得专利权的，相互给予对方以实施权。

（3）利益密切相关的企业为始终处于技术上的优势地位，对自己取得的专利权相互许可对方实施其专利。

实践中，企业与专利权人之间具体采用哪一种许可，主要取决于市场的容量、技术的价值及双方当事人追求的目标。许可方和被许可方可以根据具体情况相应地选择某种许可。

三、高新技术企业专利的布局

（一）专利的技术布局

专利的作用是保护自己、制约别人。正如同带兵打仗，单个士兵再勇猛，也抵不了有战法和布阵的军团。专利也一样，单件专利再怎么具有创新性，作用和力量也是有限的，因此需要像作战的布阵一样对专利进行布局，时间、地点、空间都要考虑。哪怕是具有开拓性意义的基础性发明，也需要围绕基础发明进行延展和思考，对其形成层层保护圈，不给竞争对手留有机会。专利的技术布局，简单来说，是指企业为实现经营目的，通过对专利的合理设计和规划，通过采用专利组合等方式，为竞争对手设置障碍，来降低外部专利拥有者的冲击，占领该技术领域，让自身获得尽可能多的市场机会和利益。某种程度上说，专利布局是一个具有目的性的专利组合过程，企业通过对专利的布局，可以让专利与专利之间相互连接，互相作用，产生1+1大于2的效果。对于企业而言，专利价值体现在能够最终支持或实现其经营目标。因此，专利布局一开始就应充分考虑企业的经营目标，充分分析需要什么样的专利来支撑这一目标，有的放矢，开展专利布局工作。只有将专利布局工作与企业经营目标有机结合，形成的专利才能够为企业经营所用，体现价值。

企业一般常用的专利布局主要有以下几种方式：

1. 包围式专利布局

包围式专利布局是指在企业掌握该行业的基础专利或核心专利的情况下，针对该专利技术申请大量的外围专利将基础专利紧紧包围，严密保护起来，防止竞争对手进入。如果基础专利由竞争对手掌握，但对方还未实施包围式专利布局，企业也可以采取"地方包围中央，乡村包围城市"的战略方针，利用大量外围专利包围竞争对手的基础专利，有效抑制竞争对手的基础专利向外拓展，削弱竞争对手的基础专利价值，并通过与竞争对手的基础专利进行交叉许可的方式保证企业在市场上的竞争力。这些外围专利既可以是针对基础专利或核心专利的技术改进，也可以是对基础专利或核心专利的市场化应用。这种专利布局比较适合没有足够的技术和资金实力的企业，该企业只能采用跟随型研发策略。实施包围式专利布局需要企业对行业的基础专利或核心专利具有很强的敏感度，能快速出击。[1]

2. 垄断式专利布局

垄断式专利布局是指企业将可以实现某一技术目标的多种不同的类似功能或效果的技术解决方案全部申请专利，不给竞争者任何寻找替代方案或进行回避设计的机会。回避设计是指专利工程师采用不同于已知的专利保护的技术方案，设

---

[1] 梁宏. 浅谈企业如何挖掘专利和进行专利布局 [J]. 中国发明与专利, 2015(1):39-40.

计新的规格、性能和手段等避开他人项目的专利权保护范围。实施垄断式专利布局方式需要企业的研究人员对某一技术主题有着全面深刻的认识和理解，能够详细完整地收集和整理出能实现这一技术目标的全部解决方案，不能有任何的遗漏，否则专利保护网会出现缝隙，给竞争对手进行规避设计的机会，导致企业自身的专利失去价值。企业采用该种专利布局方式具有阻碍性高，垄断性强的竞争优势，但同时对企业的研究人员和专利人员的要求极高，需要他们在某特定产品或技术的领域中有很高的造诣。

3. 布雷式专利布局

布雷式专利布局是指企业将实现某一技术目标的所有技术解决方案，通过充分地深层次地专利挖掘获得大量的可专利性技术方案，将他们全部申请专利，形成类似于布雷区的专利布局。这种专利布局方式可以通过采用将专利中的权利要求同时布局到产品和方法中，从小组件布局到大系统，从核心组件布局到应用产品的战略，有系统地在每一步中用专利形成地雷区，有效保护企业技术，防止竞争对手进入。对于强行侵入技术领域的竞争对手，可以通过专利诉讼等方式将其驱除出保护区。采用布雷式专利布局需要企业在该技术领域内有较强的研发能力，能够有大量的资金和研发人力配合，各种研发方向都有研发成果产生，同时需要企业有系统的专利策略，避免为专利而导致专利泛滥，无法发挥预期保护效果的情况。该种专利布局方式比较适用于研究过程中专利产出较多，而专利重要性尚未明朗化的新兴技术企业。

4. 特定阻绝式专利布局

特定阻绝式专利布局是指企业将实现某一技术目标中必需的一种或几种特定用途的技术解决方案申请专利，为竞争对手的进入留下障碍。特定阻绝式专利布局是企业为降低专利申请和维护成本，单纯地从必需技术的角度考虑，忽略次要专利，维护专利整体品质的策略。该种布局方式的缺点在于如果专利的技术解决方案不是实现某一技术目标所必需的，将留给竞争者一定的缝隙空间。竞争对手会在对方专利的启发下，通过较低的研发成本和回避设计突破障碍。因此，只有当确保技术解决方案是实现某一技术目标所必需的技术，而竞争者几乎不可能避开它，或者回避设计也不一定能突破障碍时，才适合用特定阻绝式专利布局。采用这种专利布局方式的企业一般是对该技术领域的创新状况和竞争对手的创新能力有着全面、深入了解的技术领先型企业。

此外，企业还可以通过合理利用专利申请类型，有效地进行专利布局。我国专利法规定，发明专利和实用新型专利均可对技术方案进行专利保护，但二者的创造性水平要求不同，保护的客体也存在差异。企业在具体专利申请实践中，在符合实用新型和发明专利保护客体的前提下，将创造性水平低的"小发明"申请实用新型专利，将创造性水平高的"重要发明"申请发明专利，采用"一案两报"方式提交实用新型和发明专利申请，也不失为一种策略。

总之，高新技术企业在进行专利布局时，应当通过上述几方面的结合形成彼此联系、相互配套的专利集合，构筑一张立体的专利保护网络，对产品进行全方位的保护。使得专利布局成为一种有效的市场策略，从而抵御竞争对手的攻击，并使企业获得最大的经济效益。

（二）专利的地域布局

由于专利具有地域性，在哪个国家或地区申请，才能在哪个国家或地区获得专利权，由此才可以获得该国家或地区的法律保护。专利的地域布局，是指企业根据参与市场竞争的需要，在全球范围内确定需要进行专利保护的区域，制订区域专利申请部署规划，积极申请国外专利，从而确保企业在相关地域中处于有利的竞争地位。如果一个企业的专利具有良好的国际市场价值，就应当将该专利推向具有良好市场价值的国家。

目前中国的申请人向国外申请专利有两种途径：巴黎公约途径和PCT途径。

巴黎公约途径：我国是《保护工业产权巴黎公约》(即《巴黎公约》)成员国，对巴黎公约的"优先权原则"，我国《专利法》明确规定，申请人自发明或实用新型在中国第一次提出专利申请之日起十二个月内，或者自外观设计在中国第一次提出专利申请之日起六个月内，可根据《巴黎公约》规定，就相同主题在《巴黎公约》成员国提出专利的申请，并享有优先权。

PCT途径：是指依据《专利合作条约》提出的申请。PCT是专利合作条约（Patent Cooperation Treaty）的简称，是在专利领域进行合作的国际性条约。其目的是为解决就同一发明创造向多个国家申请专利时，减少申请人和各个专利局的重复劳动。在此背景下，《专利合作条约》于1970年6月在华盛顿签订，1978年1月生效，同年6月实施。我国于1994年1月1日加入PCT，同时中国国家知识产权局作为受理局、国际检索单位、国际初步审查单位，接受中国公民、居民、单位提出的PCT国际申请。截止到2015年8月30日，已有148个国家加入了该条约。PCT 是在巴黎公约下只对巴黎公约成员国开放的一个特殊协议，是对巴黎公约的补充。

1. 巴黎公约和 PCT 的主要区别

不同之处	PCT 国际申请	巴黎公约
专利保护内容	发明、实用新型专利	发明、实用新型、外观设计专利
专利保护方式	专利合作多国缔约	专利申请优先权
申请效力范围	宽，所有 PCT 成员国	单一或者少数几个国家
申请办理国家阶段提交期限	长，首次提交专利申请之后的 30 个月内办理即可	短，首次提交专利申请之日后，外观设计为 6 个月内、发明或实用新型为 12 个月内；
申请方式	一表多国	一表一国，分别申请
缴费方式	只需向受理局缴纳国际阶段费用，国家阶段再分别缴纳	向所有要求获得专利保护国家的专利局缴纳专利申请费用
申请风险	小，评估时间长，可以对人、物和财力进行合适配置	较大，评估时间短，一旦判断失误或未得到授权，成本损失较大
申请文件要求	申请材料可用母语	申请材料需用指定语言
授权所需时间	时间长，可控性强	时间相对短
授权难易程度	国际阶段通过后、国家阶段较易	严格，国家正常程序
费用及优惠	额外付费，有政府补助；某些国家对 PCT 国家阶段申请的费用比普通申请要低	正常费用

简单来说，当申请人希望以一项发明创造得到多个国家（一般在 5 个国家以上）保护时，利用 PCT 途径是适宜的。因为通过 PCT 途径仅需向中国专利局提出一份国际申请，而免除了分别向每一个国家提出国家申请的麻烦。当申请人仅需向一个国家或者少数几个国家申请专利时，利用巴黎公约途径是适宜的。

2. 利用 PCT 申请途径的好处

（1）简化提出申请的手续。申请人可使用自己熟悉的语言（中文或英文）撰写申请文件，并直接递交到中国国家知识产权局。

（2）推迟决策时间，准确投入资金。在国际阶段，申请人会收到一份国际检索报告和一份书面意见。根据报告或书面意见，申请人可以初步判断发明是否具有专利性，然后根据需要，自优先权日起三十个月内主动办理进入某个或某几个国家的手续，即提交国际申请的译文和缴纳相应的费用。

（3）完善申请文件。申请人可根据国际检索报告和专利性国际初步报告，修改申请文件。

3.PCT 国际申请的两个阶段

PCT 国际申请的两个阶段分为国际阶段和国家阶段。

PCT 国际申请先要进行国际阶段程序的审查，然后再进入国家阶段程序的审查。申请的提出、国际检索和国际公布在国际阶段完成。如果申请人要求，国际阶段还包括初步审查程序。是否授予专利权的工作在国家阶段由被指定/选定的各个国家局完成。

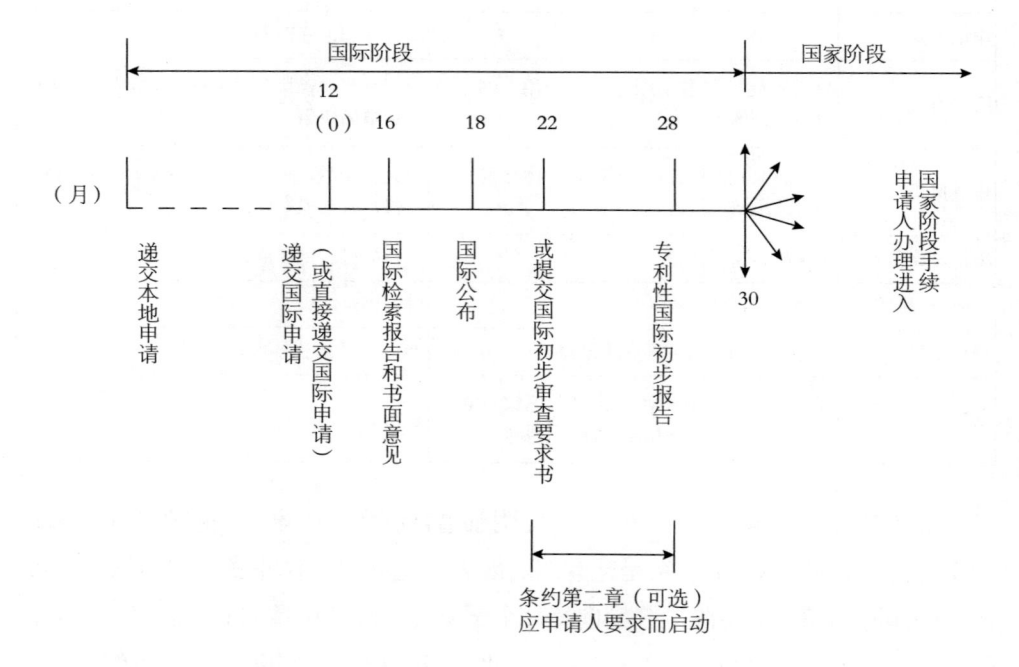

```
|←————————————— 国际阶段 —————————————|————— 国家阶段 —————|
                    12
                   (0)    16     18     22          28
  (月) |—————|——————|——————|——————|——————|——————|
        递                递      国      国      或          专            30       国
        交                交      际      际      提          利                     家
        本                国      检      公      交          性                     阶
        地                际      索      布      国          国                     段
        申               （申      报            际          际                     手
        请                或      告            初          初                     续
                          直      和            步          步                     申
                          接      书            审          报                     请
                          递      面            查          告                     人
                          交      意            要                                  办
                          国      见            求                                  理
                         ）际                    书                                  进
                                                                                   入
                                  |——————————————|
                                  条约第二章（可选）
                                  应申请人要求而启动
```

4.办理 PCT 国际申请所需文件及要求

（1）PCT 国际申请获得国际申请日的最低要求，必须同时满足以下条件：

1）申请人有资格向中国国家知识产权局提出 PCT 国际申请，若有多个申请人，则至少有一个申请人有资格。

2）使用规定的语言撰写申请文件。中国国家知识产权局接受两种语言：中文或英文。

3）提交的请求书中必须写明以下内容：①请求书中必须写明是作为 PCT 国际申请提出的。申请人应使用国际局统一制定的请求书，统一制定的请求书中包含"下列签字人请求按照专利合作条约的规定处理本国际申请"，即该项要求得到满足。②必须写明申请人的姓名或名称。

4）提交说明书。

5）提交权利要求书。

（2）应提交的其他文件

以下文件虽然不是确定申请日的必要条件，申请人仍应及时提交：

1）附图（如有必要，应提交附图）。注意：后补交的附图会使国际申请日改变并可能导致优先权逾期。

2）摘要。

3）委托书。

（3）所有国际阶段的文件只需提交一式一份。

第四节 高新技术企业专利的保护

一、专利权的保护

（一）专利权保护制度

以《专利法》为核心的专利制度是企业专利管理的根本依据，要做好企业的专利管理工作，除深刻认识专利的本性外，更重要的是要对当前实行的专利制度有一个全面深入的认识和把握，只有以此为指导，并结合企业的实际，才能对企业实施有效的专利管理。我国自 1984 年第一次通过《中华人民共和国专利法》后，根据时代发展出现的新情况新问题，先后历经 1992 年、2000 年和 2008 年的 3 次修改。2012 年 8 月，国家知识产权局发布《中华人民共和国专利法修改草案（征求意见稿）》（以下简称《专利法修改草案》），揭开了专利法第 4 次修改的序幕。我国还参加了巴黎公约、建立世界知识产权组织公约、专利合作条约、世界贸易组织等包括专利在内的知识产权方面的主要国际公约。目前，专从法律规定上看，我国在专利的法律保护上已经达到了国际水平。

（二）专利权保护期限与保护范围

1. 保护期限

我国专利法规定，发明专利权的期限为二十年，实用新型专利权和外观设计专利权的期限为十年，均自申请日起计算。根据这个规定，专利权具有时间性，意味着专利期限届满，尽管发明创造的本身还存在，但专利权不存在了，作为专利权人的企业独占使用权消失了。此时，任何企业或个人可以无偿使用其技术或外观设计。另外，作为专利权人的企业还可以在法定的专利保护期内，根据本专业技术发展的周期及专利技术的实施情况，提前结束对专利的保护。

2. 专利权的保护范围

专利权保护范围是指发明、实用新型和外观设计专利权的法律效力所及的范围，是对专利自身的界定。根据专利法，发明或者实用新型专利权的保护范围以其权利要求的内容为准，说明书及附图可以用于解释权利要求。外观设计专利权的保护范围以表示在图片或者照片中的该外观设计专利产品为准，简要说明可以用于解释图片或者照片所表示的该产品的外观设计。就是说，对于发明或者实用新型，专利申请文件中的权利要求书所记载的技术内容是确定某项专利权保护范围的基本依据，判断是否侵权、是否属于相同专利等问题时，只能依据权利要求书所记载的技术内容，而说明书及附图不能单独作为发明或者实用新型保护范围的依据，只具有从属的地位。

二、专利侵权与纠纷处理

专利侵权行为既侵犯了国家专利管理制度，又扰乱了正常的经济秩序。其手段具有公开性和普遍性。我国《专利法》第十一条规定："发明和实用新型专利权被授予后，除本法另有规定的以外，任何单位或者个人未经专利权人许可，都不得实施其专利，即不得为生产经营目的制造、使用、许诺销售、销售、进口其专利产品，或者使用其专利方法以及使用、许诺销售、销售、进口依照该专利方法直接获得的产品。外观设计专利权被授予后，任何单位或者个人未经专利权人许可，都不得实施其专利，即不得为生产经营目的制造、许诺销售、销售、进口其外观设计专利产品。"根据专利法第六十条的规定"未经专利权人许可，实施其专利，即侵犯其专利权，引起纠纷的，由当事人协商解决，不愿协商或者协商不成的，专利权人或者利害关系人可以向人民法院起诉，也可以请求管理专利工作的部门处理。管理专利工作的部门处理时，认定侵权行为成立的，可以责令侵权人立即停止侵权行为，当事人不服的，可以自收到处理通知之日起十五日内依照《中华人民共和国行政诉讼法》向人民法院起诉侵权人。期满不起诉又不停止侵权行为的，管理专利工作的部门可以申请人民法院强制执行。进行处理的管理专利工作的部门应当事人的请求，可以就侵犯专利权的赔偿数额进行调解，调解不成的，当事人可以依照《中华人民共和国民事诉讼法》向人民法院起诉。"可见，根据法律规定，对于处在专利侵权纠纷中的企业，可以采取以下四种方式来处理：

1. 协商解决

即双方当事人直接进行磋商，以达成解决争议的协议。这是最直接和经济的解决纠纷的方式，也是法律所鼓励的一种解决方式。企业在提出专利侵权诉讼前，通常首先应该向侵权人提出侵权警告，要求其停止侵权赔偿损失，通过协商或调解解决纠纷。因为专利纠纷涉及法律和科技等诸多方面，进行诉讼必然涉及一部分科技成果、技术人员、资金等企业资源卷入其中，影响企业正常的科研和生产经营工作，而且专利侵权诉讼审理周期长，花费大，诉讼过程中要花费大量的精力，也间接会使专利技术的实施和科技成果的转化受到影响。

2. 向人民法院起诉

被侵权企业认为其他单位或个人侵犯其专利权，可以以侵权人为被告，提起民事诉讼。针对侵犯其专利权的企业或个人，向司法机关提起控告，迫使侵权人停止侵权、支付赔偿金，从而维护合法权益和确保市场竞争优势。"打官司就是打证据"，因此企业在日常的专利管理工作中，要及时收集侵权人的侵权证据。

3. 行政处理

专利侵权纠纷的当事人如果不愿直接向人民法院起诉，可以请求省、自治区、直辖市人民政府管理专利工作的部门，一般是知识产权局进行处理。该部门做出的处理属于行政处理，具有强制执行力。但当事人对行政处理决定不服的，可以在法定的时间内向人民法院提起行政诉讼。

4. 行政调解

行政调解属于民事调解，调解不成或者达成调解协议后又反悔的，有关当事人还可根据民事诉讼法以对方当事人为被告，向人民法院提起民事诉讼。

三、专利诉讼策略

虽然协商解决专利争议是专利侵权的首选方式，但是，企业在进行专利权保护时，通过诉讼手段在所难免。提起专利侵权诉讼是专利权人利用法律保障自己的权利不被侵犯的有效手段。随着我国知识产权战略的逐步推进实施，企业知识产权意识的不断加强，国内企业间的知识产权诉讼案件明显增长。同时，我国企业在"走出去"的过程中，越来越多地遭遇到国外企业提起的专利侵权诉讼，如思科诉华为、爱立信诉中兴、索尼诉比亚迪等。虽然企业专利诉讼逐渐呈现出花费高昂、巨额赔偿、多家企业混战的态势，但即便如此，专利诉讼案件不仅没有减少，反而有增加的趋势，我国企业面临着严峻的专利诉讼形势。专利诉讼包括专利权人主动提起的诉讼，也包括被动参与到他人提起的诉讼。

（一）企业在主动起诉时，应该注意以下几方面的策略选择

1. 诉讼对象的选择

日常生活中很多案件的共同特点就是侵权是群发性的，专利诉讼涉及的侵权对象可能包括多个，企业不可能把所有的侵权者都告上法庭，这样在时间、金钱、精力上都无法承担。只能选择其中的一两个进行诉讼。一般来讲，企业在选择诉讼对象的时候应当考虑两个方面的问题：一是诉讼成功性；二是诉讼效果性。诉讼成功是企业进行专利诉讼的首要目的，企业在选择专利诉讼对象的时候应当充分分析对象的特点，找出容易被击败的企业进行诉讼。如果选择不当，很可能遭到对手的猛烈反抗，甚至引发反诉讼。因此，我们建议一般以中型的、民营的企业作为诉讼对象，尽量避免选择大型的国有企业作为诉讼对象。

2. 诉讼证据的选择

企业在主动起诉时，最重要的是要收集侵权的证据，企业应当选择确定的、容易取证的、稳定性强的案子去诉讼。企业作为原告时，一般应当提交下列证据：

（1）证明其专利权真实有效的文件，包括专利证书、权利要求书、说明书和最新专利年费交纳凭证。提起侵犯实用新型专利权诉讼的原告，应当提交由国务院专利行政部门出具的检索报告。上述证据可以证明自己享有专利权或者专利许可使用权。企业利害关系人起诉的，应当提交专利实施许可合同在国务院专利行政部门备案的证明材料；未经备案的，应当提交专利权人的证明，或者证明其享

有权利的其他证据。企业作为独占实施许可合同的被许可人也可以单独向人民法院起诉，企业作为排他实施许可合同的被许可人可以和专利权人共同起诉，也可以在专利权人不起诉的情况下，自行提起诉讼，但应当提交专利权人已知有侵权行为发生而明示放弃起诉或不起诉的证明材料。

（2）应当提交被控侵权产品及其销售发票、专利与被控侵权产品技术特征对比材料等证据，以证明被告已经实施或者即将实施侵犯专利权的行为。

（3）最好应当提交证明企业所提出的赔偿数额有事实依据的证据，如因被侵权所受到的损失的证据或者侵权人因侵权所获得的利益的证据。我国《专利法》规定，侵犯专利权的赔偿数额按照权利人因被侵权所受到的实际损失确定；实际损失难以确定的，可以按照侵权人因侵权所获得的利益确定。权利人的损失或者侵权人获得的利益难以确定的，参照该专利许可使用费的倍数合理确定。赔偿数额还应当包括权利人为制止侵权行为所支付的合理开支。一般来说，权利人因侵权所受到实际损失＝专利权人的专利产品减少的销售总量×每件专利产品的合理利润所得之积；销售量减少的总数难以确定的，按照市场上的侵权产品总数×每件专利产品的合理利润所得之积计算；侵权人因侵权的违法所得＝市场上的侵权产品总数×每件侵权产品的合理利润所得之积。

此外，企业在平时也要注意对与本企业专利有关的各种可能的专利信息，如他人的上市新产品说明书、产品广告、产品宣传材料、展品目录、技术资料，以及会议资料、有关技术信息情报等，对于其中可能形成诉讼证据的，及时加以固定、保存；必要时可以采取公证取证，或者通过工商行政管理部门或技术监督部门行使其他职责时，顺便获取侵权证据。

3. 诉讼时间的选择

选择什么样的时机起诉，起诉前是否要发警告信，以及先谈判后诉讼，还是先诉讼后谈判等问题，也是诉讼开始前要考虑的。时机的选择，在不同的案件中是不一样的。如对方不考虑许可，在适当的时机起诉就可以。如对方是考虑许可的，应采取的方法则是先接触后起诉。侵权者往往态度各不相同：有在收到警告信就停止侵权的；也有的在收到警告信后仍然侵权，但在起诉后和解的；还有诉讼到底的。诉讼过程中"谈"和"打"是交织在一起的。何时诉讼，要根据具体情况合理选择。此外，如果情况紧急，企业也可以向法院申请诉前禁令，诉前禁令是减少侵权损失的有效手段。申请诉前禁令，必须具备两个条件：首先，侵权的证据必须是确凿的，清楚的；关于侵权的判定也必须是明显和有说服力的。另外还要有证据证明，如果不采取诉前禁令，将会对企业产生无法弥补的损失。

4. 诉讼地点的选择

专利侵权诉讼的管辖与其他民事诉讼的管辖一样，也包含级别管辖和地域管辖两个方面。根据现行法律法规及司法解释的规定，在级别管辖方面，专利纠纷第一审案件，由各省、自治区、直辖市人民政府所在地的中级人民法院和最高人民法院指定的中级人民法院管辖；在地域管辖方面，因侵犯专利权行为提起的诉讼，由侵权行为地或者被告住所地人民法院管辖。因此，专利侵权的起诉应当向侵权行为地（包括侵权结果地）或被告住所地的有管辖权的中级人民法院提起。如果是实用新型专利侵权，则侵权行为地应为被控侵犯实用新型专利权的产品的制造、使用、许诺销售、销售、进口等行为的实施地及以上侵权行为的侵权结果发生地。上述行为地点不一致的，可以依法根据实际情形选择最有利的管辖法院。

由于对同一专利的侵权行为往往不在同一地点发生，一般采取的诉讼原则是在侵权行为地或者被告所在地进行诉讼，但这些地方难免存在地方保护行为。所以，企业在选择诉讼地时首先应当选择自己获得专利授权的地方。同时，为了避免地方保护主义，可以选择企业自己所在地首先发起诉讼。诉讼地的选择还受到不同地方的法律制度和裁判风格的影响。如果侵权地不止一处，企业可以选择那些比较稳妥的地方先进行专利诉讼。

（二）其他诉讼抗辩策略

除了主动起诉，大多数时候，企业也有可能被其他企业起诉侵权或因为各种原因牵入诉讼案件内，但即使作为被告，也一定要先搞清楚状况之后再做定夺，切不可还没搞清楚情况，就被他人的一纸诉状所吓倒，盲目地与原告协商和解。企业在被诉时应当注意并采取以下诉讼抗辩策略：

1. 以原告是否拥有专利和所拥有的专利是否有效作为抗辩

专利侵权诉讼必须以专利权人拥有合法有效之专利权为前提，如其未拥有专利权，也就谈不上侵权问题。作为被告一方，首先要从此入手。对方的专利是否有效要注意以下几方面：原告是否提供了其拥有或获得许可使用该专利权的相关证据；原告的专利权是否在有效期限内；原告的专利权是否有保护期限提前终止的情形；原告提起诉讼请求，是否已经超出诉讼时效；原告的专利权是否稳固，即是否可以通过无效宣告其专利权无效，等等。利用宣告对方专利无效进行抗辩是在诉讼中被告经常使用的策略，对于专利侵权纠纷涉及实用新型专利或者外观设计专利的，由于其在专利权批准过程中不经过实质审查，故人民法院通常会要求专利权人或者利害关系人出具由国务院专利行政部门对相关实用新型或者外观设计进行检索、分析和评价后做出的专利权评价报告，作为审理、处理专利侵权纠纷的证据。对于发明专利的，则比较复杂，一般采用无效宣告的方式。无效宣告是专利侵权抗辩的核心内容，也是最专业性和最复杂的部分。一项专利，如果经无效宣告程序被宣告无效，被告当然也就谈不上所谓的侵权。由于在我国是向专利局专利复审委员会提出专利权无效宣告，被告在用专利无效进行侵权抗辩时，法院是否对专利侵权诉讼中止审理往往事关重大。无效程序启动后，往往时间很长，如果是发明专利，还可能经过行政诉讼程序，这就给企业留出足够的时间进行案件的准备和做其他考虑。

2. 以是否属于侵犯权利人的专利权作为抗辩

我国专利法第十一条对侵犯专利权的具体行为方式做了规定，对于发明和实用新型专利权侵权而言，专利侵权的行为方式有：制造，使用，许诺销售、销售，进口其专利产品，使用其专利方法，使用、许诺销售、销售、进口依照该专利方法直接获得的产品；对于外观设计专利权侵权而言，专利侵权的行为方式有：制造，许诺销售，销售，进口其外观设计专利产品。根据《专利法实施条例》第八十四条还规定了四种假冒他人专利的行为，包括：①未经许可，在其制造或者销售的产品、产品的包装上标注他人的专利号；②未经许可，在广告或者其他宣传材料中使用他人的专利号，使人将所涉及的技术误认为是他人的专利技术；③未经许可，在合同中使用他人的专利号，使人将合同涉及的技术误认为是他人的专利技术；④伪造或者变造他人的专利证书、专利文件或者专利申请文件。企业可以对照上述法律法规和司法解释，结合自己的行为以及是否以生产经营为目的进行抗辩。专利侵权的本质是以生产经营为前提，即侵权行为人具有获取非法利益为最终目的。如果企业仅仅是在内部使用，不以制造销售使用专利产品或利用专利方法制造产品为目的，就不构成侵权。

3. 以自己的产品是否在权利人的技术范围之内进行抗辩

专利侵权的技术范围判定是各国普遍面临的司法难题。我国最高人民法院也出台过有关的司法解释，对专利侵权范围的判定给出了指导性意见，同时，各地方高级法院也在其自身司法实践的基础上提出了一些地方性指导意见。专利权的保护范围应当以权利要求书明确记载的必要技术特征所确定的范围为准,不仅包括特征部分的技术特征,还包括前序部分或引用部分的技术特征。要判断侵权主张是否成立就要判断技术方案是否相同或等同,也就是判断两项对比技术方案中的技术特征是否对应相同或等同。

4. 以合同进行抗辩

在实务中这种案例并不少见,专利权人与他人签订独占实施许可合同,但合同签订后不久,专利权人又与另一企业再次签订许可实施合同。被蒙在鼓里的独占实施被许可人随后发现了普通许可的被许可人的产品流入市场,遂对普通许可的被许可人提起侵权诉讼,此时普通许可的被许可人拿出普通许可实施合同抗辩,原告无奈只好撤诉,退而向专利权人提起违约之诉。此案例就是典型的合同抗辩成功的例子。还有一种情况是,被告实施的与原告专利相同或等同的技术方案是从他人处获得许可的,面对这种情况,被告应向法庭提供许可合同,此证据虽然不能免除被告的侵权责任,但被告可申请追加转让人作为被告,以共同承担赔偿责任,从而避免直接承担全部侵权责任。

5. 以现有技术进行抗辩

《专利法》第六十二条规定,在专利侵权纠纷中,被控侵权人有证据证明其实施的技术或者设计属于现有技术或者现有设计的,不构成侵犯专利权。适用现有技术进行抗辩,侵权人要负有举证责任。侵权人常用的举证材料主要有各国专利数据库的检索材料,公开出版物。这些材料都有明确的日期。由于现行《专利法》取消了对现有技术的地域性限定,侵权人可以用国外虽然没有公开出版过,但已经非常常见的技术作为现有技术进行抗辩。

此外,企业还可以以无主观故意进行抗辩,《专利法》第七十条规定为生产经营目的使用、许诺销售或者销售不知道是未经专利权人许可而制造并售出的专利侵权产品,能证明该产品合法来源的,不承担赔偿责任。该条款规定了如果行为人在主观上没有过错,虽然认为其侵犯他人专利权,但是只要行为人可以提供产品的合法来源,依法可以免责。总之,有相当一部分的专利侵权的指控是不能成立的,对于事实上不存在的专利侵权,或者是否侵权无法确定时,企业作为被告应认真分析和研究,主动采取行动,运用法律赋予的抗辩权进行专利侵权抗辩,依法保护自己的合法权益。当然,在一般专利侵权诉讼中,如果被告确有侵权行为,就应当立即停止侵权,并主动承担责任,通过与专利权人协商等方式来争取对专利的实施许可,或通过调解解决争议。

附:××公司专利管理办法

第一章 总则

第一条 为规范××有限公司(以下简称公司)的专利管理工作,鼓励员工积极进行发明创造,根据《中华人民共和国专利法》《中华人民共和国专利法实施细则》和《企业知识产权管理规范》,结合公司的具体情况,特制定本办法。

第二条 本办法的专利包括在中华人民共和国境内的专利申请和授权专利;在我国的香港、澳门、台湾地区的专利申请和授权专利;PCT专利申请;在国外的专利申请和授权专利;获得境内外优先权日、可申请专利的技术方案。

第三条 知识产权办公室负责公司的专利管理工作,其职责包括但不限于:

(一)负责制订年度专利工作计划,督促工作计划的实施,对计划的执行情况进行年度总结。

(二)负责专利的申请、维护、放弃;职务与非职务发明的审查;专利权的运用,包括实施、转让、许可、质押和以专利权出资等。

(三)建立专利管理台账,对专利申请状况、专利年费交纳和专利事务所办理情况等进行监控。

(四)负责涉及公司的专利纠纷或诉讼的处理,必要时可委托专利代理机构或律师事务所办理。

(五)负责为每件专利建立档案,包括专利申请文件、审查及答复文件、授权证书、相关合同和纠纷(或诉讼)处理文件,交档案室保管。

(六)向各部门提供有关专利的业务咨询,组织员工进行知识产权相关培训。

(七)制定和完善各项专利管理规章制度。

第二章 专利权属规定

第四条 执行公司的任务或者主要是利用公司的物质技术条件(包括技术信息)所完成的发明创造(含商业秘密、计算机软件等,以下同)为职务发明创造。职务发明创造申请专利的权利属于公司,申请被批准后,公司为专利权人。

上述执行公司的任务所完成的发明创造是指：在本职工作中做出的发明创造；履行公司交付的本职工作之外的任务所做出的发明创造；退休、调离公司后或者劳动、人事关系终止后一年内做出的，与其在公司承担的本职工作或者公司分配的任务有关的发明创造。

非职务发明创造，申请专利的权利属于发明人或者设计人，申请被批准后，该发明人或者设计人为专利权人。

第五条　公司与其他单位签订有关研发的合同，或者签订其他在履行中可能产生发明创造的合同时，合同中应明确发明创造的专利申请权和专利权的归属。

对于跨单位实习、学习、工作和其他合作形式的人员及公司临时聘用人员，公司应当事先就该人员在此期间做出的发明创造的专利申请权及专利权归属与接受或派出单位签订合同。

第六条　公司的调离或退休人员、外来实习或学习人员、临时聘用的工作人员以及其他任何形式或原因在公司工作或学习的人员，在离开公司前，应将其掌握、持有、保管的包括公司技术资料在内的所有记录有公司商业秘密信息的文件、资料、报告、信件、传真、磁带、光盘、U盘、移动硬盘、笔记本电脑、仪器以及其他形式的载体交回公司，不得备份，并承担相应的保密义务；其他非保密的文档、文献、记录、笔记、提纲、音像、图样、数据等资料的原件和备份件也应完好交还公司。未经公司许可，不得擅自发表涉及保密内容的论文或文章，不得以个人名义将属于公司的发明创造申请专利。

第三章　专利申请

第七条　凡符合专利申请条件的职务发明创造（特别是在新产品、新技术、新工艺的研发，技术改造，引进技术的消化、吸收等方面做出的发明创造），经公司批准后应及时申请专利。取得专利申请日（或优先权日）后，该发明创造方可进行科技评价、评估和评奖，与此有关的产品方可展览或销售等。禁止一切在申请专利前导致技术方案公开而丧失新颖性的行为。

第八条　专利申请的审批程序：

（一）发明人撰写《专利申请表》，对申请专利的发明创造的技术特点包括新颖性、创造性、实用性、有益效果做出完整明确的说明；

（二）发明人所在部门应就该专利申请的创造性和保密性给出审查意见；

（三）知识产权办公室对专利申请进行新颖性、创造性和实用性的初步审查，必要时可以组织相关人员进行评审；

（四）知识产权办公室根据审查结果可以直接向国家知识产权局提出申请，也可以委托专利事务所办理申请。

第九条　专利申请公布或者公告前，相关人员对其内容负有保密的责任。

第十条　员工在职期间的非职务发明创造申请专利，应经知识产权办公室审查确认后，出具非职务发明证明。

第四章　专利检索

第十一条　专利检索的主要目的：

（一）检索专利法律状态，包括专利权是否有效、专利权是否在实施时间或地域范围内有效、专利权许可转让情况等；

（二）检索分析该专利技术方案在国内外所处水平及实施的可能性，合理评估技术的价值；

（三）检索国内外有无相同技术在之前获得专利权。

第十二条　在研发或技改立项之前，要进行相关产品或技术的检索与分析，避免重复或侵权，同时运用专利制度的规则，提出能获得最大市场利益的有关技术路线和技术解决方案的建议。在研究开发过程中以及完成后，要进行必要的跟踪检索。公司研究开发项目进行鉴定验收时应出具专利检索报告。

第十三条　对涉及专利的新产品销售、新的技术应用和技术引进，必须先进行专利文献检索，全面了解有关技术或产品的专利状况，避免无效和侵权等问题。

第十四条　在被指控专利侵权纠纷时，通过检索相关的专利文献，找出提出专利权无效诉讼的证据；在技术或市场监控中，通过检索相关产品、技术和竞争对手的专利文献，找出存在侵权风险的专利。

第十五条　知识产权办公室负责组织专利检索工作，可以自行检索，也可以委托专门机构进行检索。委托专门机构进行专利检索应经公司同意。

第五章　专利运用、管理和保护

第十六条　公司通过实施、转让、许可、质押、以专利权出资等方式运用专利权时，应先行评估和报请公司总经理办公会审批，订立书面合同并依法到国家有关部门办理相关手续。

第十七条　引进技术、购买设备等涉及第三方专利或专有技术时，应明确双方在涉及第三方专利或专有技术时的权利、义务和责任。

第十八条　与专利权运用有关的合同或协议以及其他任何涉及专利内容的合同或协议的谈判、起草、签订应有专利管理人员参加（如对外技术交流、技术合作、技术贸易等有关合同或协议等），并对合同中涉及专利的条款进行审查。

第十九条　对拟在法定期限届满前放弃或终止的专利和专利申请，知识产权办公室必须组织相关人员予以论证确认并报请总经理办公会批准。

第二十条　公司联营、兼并及对外合资、合作，开展重大技术贸易时，涉及专利的，应依照国家有关规定进行专利资产评估。

第二十一条　专利管理人员负责监控与公司产品相关的专利，同时关注是否存在侵犯公司专利权的行为，并定期向知识产权办公室汇报。

第六章　奖惩

第二十二条　对专利申请获得受理或授权的职务发明创造的发明人或设计人，依据《××公司技术创新奖励办法》给予奖励。公司获得授权的专利由公司实施后或者公司许可其他单位或者个人实施取得经济效益的，依据《××公司技术创新奖励办法》，给予职务发明创造的发明人或设计人报酬。

第二十三条　公司员工违反本办法的规定，将职务发明创造擅自以个人名义申请专利，或未及时申请专利，或者在专利管理工作中玩忽职守、履行职责不当，造成公司经济损失的，承担民事责任，赔偿公司因此遭受的损失；情节恶劣、后果严重，构成犯罪的，依法移交司法部门追究其刑事责任。

第七章　附则

第二十四条　本办法在执行过程中如有与国家法律、法规相抵触的，以国家法律、法规为准。

第二十五条　本办法自发布之日起执行。

第七章　高新技术企业商业秘密管理实务

第一节　高新技术企业商业秘密管理概述

随着市场经济的持续推进和发展，企业之间的商业竞争日益激烈，企业对商业秘密的保护意识也逐渐加强。与之相反的，对商业秘密缺乏管理和保护意识的企业因未对商业秘密的保护引起足够的重视，则将逐渐失去市场竞争优势，这一点在高新技术企业的竞争中尤为突出。因此，高新技术企业如何保护商业秘密就成了企业不可回避的重大问题。

一、高新技术企业保护商业秘密的意义

商业秘密凝结着高新技术企业所付出的巨大智力投资，是企业智力成果的集中体现形式之一。沿着时间线索纵观商业秘密保护的立法和司法实践，自20世纪初至今，世界各国的商业秘密的管理经历了从不保护到保护、从粗放式保护到周密化保护、从小范围保护到宽泛保护、从区域法保护到双边乃至多边保护的历程。各国对商业秘密保护的力度逐步提高，尤其注重从立法到司法整体提高的原因主要基于以下几个方面：

（一）推进技术创新需要保护高新技术企业商业秘密

高新技术企业在形成商业秘密的过程中必然会投入大量人力、物力和财力，并最终凝结成具有核心竞争力和巨大商业价值的秘密信息，这些信息中的一部分构成了高新技术企业的研发成果，而研发成果则是企业"造血能力"的重要体现。商业秘密在经济生活中越来越占据较为重要的地位，作为上层建筑的法律制度设计自然应当适应这种巨大的经济环境变革，因此法律对通过保护商业秘密的方式间接保护了投资者、开发者的劳动成果，也将适应高新技术企业的发展环境，进而推动企业的技术开发和创新。在市场竞争环境中，如果非法窃取和利用其他不正当手段侵害商业秘密的行为普遍存在，侵权人均可通过商业间谍等手段获得企业研究成果或通过"猎头"方式间接从企业雇员身上获知商业秘密，则长此以往

不仅将使被侵权企业个体的合法经营受到损失，还将污染和破坏整体经济环境，高新技术企业的革新和创造积极性也将受到极大伤害。侵害商业秘密的风气一旦形成，则根据企业"趋利避害"的客观规律，再无企业投入成本进行研究创造、开发新产品，这将阻碍社会的进步。因此，只有完善商业秘密保护相关制度才能鼓励高新技术企业进行技术革新，从而最大限度地推动科技进步。

（二）保障健康的竞争秩序需要保护高新技术企业商业秘密

健康的经济竞争是保障整个经济社会活力的必需因素，但经济竞争应当秉承公平合理和诚实信用的原则，否则经济秩序必然遭到破坏。在保护诚信合理竞争秩序的制度体系中，高新技术企业商业秘密的保护制度可谓十分重要。根据《中国青年报》的报道，某些企业为侵占高新技术企业的商业秘密，多采用"人才流动"的幌子挖取高新技术企业的核心员工，甚至不惜重金雇佣大量专业"猎头"实行"人海战术"，这些"猎头"不厌其烦地深入各大高新技术企业中游说核心员工离职，造成了大面积混乱的人才流动情况，给某些企业带来不可估量的损失。日本、德国等国家多在立法时增加保护商业秘密的规定，其他国家亦在侵权行为法或合同法中设置保护商业秘密的条款，或设立专门的商业秘密保护法，上述立法范例的目的均为了通过保护高新技术企业商业秘密进而保护诚信合理的竞争秩序。

（三）培养和维护健康的商业道德需要保护高新技术企业商业秘密

有序的经济活动不可缺少商业道德的支撑，保护高新技术企业商业秘密有利于维护商业道德。商业道德要求人人均应当按照自己投入的资本或者劳动获取正当经济利益，严禁不劳而获行为。同时，良好的商业道德的养成也有利于培养经济生活中人与人之间的相互帮助和信任，有利于培养诚实信用的风气。其实在古罗马时期，就已经出现了对商业秘密保护的萌芽。例如，古罗马规定奴隶的所有权人可以对以恶意引诱或强迫其奴隶泄露商业秘密的不当行为提起"奴隶诱惑之诉"。由此可见，保护商业秘密的意识从过去到现在均意味着对商业道德的保护。在现代社会，高新技术企业中具有商业价值的信息越来越多，同样商业间谍技术手段也日益进步，这就导致商业信息泄露的风险也成倍地增加。因此强调善意和诚实信用的商业道德就显得尤为重要。

二、高新技术企业商业秘密保护存在的主要问题

高新技术企业商业秘密保护的问题较为多样化，可大致分为以下几点：

1. 高新技术企业对商业秘密的保护范围缺乏深度和广度层面的认识

诚然，近几年来随着法制的逐步健全和企业法律风险控制意识的逐步提高，各大高新技术企业对商业秘密的保护方式已经越来越多样化，但其对商业秘密的保护却长期局限于技术信息类别上。由于高新技术企业的特点，本应受到更多关注的经营信息类商业秘密并没有得到大多数企业的保护。保护意识和手段的欠缺，导致企业对经营信息类商业秘密疏于管理，经常表现出的管理模式为对技术开发人员有严格的保密协议进行约束，但对能接触到商业秘密的非技术人员却极少甚至无任何保密要求。

2. 高新技术企业缺乏对商业秘密载体和区域的系统性保护

（1）除了技术秘密之外，企业对其他经营类信息及其信息载体极少采取有效的保密措施。

（2）企业未明确对接触并且可能侵害商业秘密的人员做出界定和细分，继而未能存在区分类别的有效的规范措施。

（3）对保护商业秘密的相对具体的区域范围方面，企业极少采取保护和规制措施。

3. 高新技术企业对商业秘密保护的文化宣传力度不足

目前大多数企业商业秘密保护培训和教育均将重点放在保护技术秘密和国家秘密层面，对商业秘密尤其是经营类信息商业秘密缺乏培训，因此对大多数高新技术企业员工而言，经营类信息商业秘密属于其认知的"真空地带"，以至于缺少自觉保护商业秘密的意识。

4. 高新技术企业对内部计算机和网络系统的管理力度仍待加强

5. 高新技术企业对员工侵犯商业秘密缺乏有效的约束和制裁措施

"信息含量大，技术含量高"是高新技术企业的一般特征，如今网络经济的特点是信息可以无限复制传输，企业在网络经济环境下如何保证商业秘密信息不被公开甚至于被竞争对手所掌握，是高新技术企业存亡的关键性因素。

企业在经营过程中会形成各种信息，有的信息，如发明创造产品可进行专利保护；有的信息，如软件源代码或集成电路布图设计可进行著作权保护；有的信

息，如企业的商标设计可进行商标法保护。但还存在更多数的信息并无法得到专利法、著作权法或商标法的保护，例如技术信息范畴的开发软件的构思、生物制药的处理过程或操作方法、商务理念和概念、特殊工艺流程，又例如经营类信息范畴的人员人事信息、企业管理流程和信息、销售渠道和管控方法信息等。上述信息的法律保护问题就显得尤为突出。例如，北京市某高新技术企业是目前国内唯一拥有集装箱码头大型塔吊自动定位技术的公司。2002年初，掌握企业核心软件设计技术的人员及相关测试人员等一并离职，在上海和另一家公司达成合伙协议，上述人员利用其掌握的技术开展与北京市某高新技术企业相同的业务，致使该企业当年经营利润下滑了几百万元。

有时高新技术企业在相关人员或企业侵犯商业秘密后的有效维权方面存在较大的法律障碍。例如，2008年，天津某公司掌握了第三方支付领域的若干技术秘密、渠道资源和客户名单，2012年该公司的副总经理带领所有的技术人员一并离职并自立门户成立第三方支付技术公司。经过详细调查，该副总经理早在入职开始就已经采用隐名股权代持的方式与他人合作成立第三方支付技术公司，其潜心经营多年最终带领所有核心人员成功"越狱"。天津某公司在起诉时遇到的最大问题在于，副总经理在离职时带走了全部的客户合同原件，带走或销毁了所有存放于公司硬盘的技术资料，这也就意味着该天津公司在证明商业秘密所有权方面的举证责任负担很重并且举证相当困难，最终该企业迫于无奈放弃了对副总经理等人员的法律追责，企业也只能进入破产清算程序。

第二节 商业秘密保护的立法现状

一、商业秘密的概念

目前，我国并没有专门的《保护商业秘密法》，对商业秘密的定义散见于众多法律制度中，其中大致包括以下内容：

（一）国家立法中的商业秘密概念

1993年12月1日施行的《中华人民共和国反不正当竞争法》第十条规定，"本条所称的商业秘密，是指不为公众所知悉，能为权利人带来经济利益，具有实用性并经权利人采取保密措施的技术信息和经营信息"。

（二）司法解释中的商业秘密概念

1992年7月14日最高人民法院发布的《关于适用〈中华人民共和国民事诉讼法〉若干问题的意见》第一百五十四条规定，"民事诉讼法第六十六条，第一百二十条所指的商业秘密，主要是指技术秘密、商业情报及信息等，如生产工艺、配方、贸易联系、购销渠道等当事人不愿公开的工商业秘密"。

（三）其他规范性文件中商业秘密的概念

1995年11月23日国家工商行政管理局发布的《关于禁止侵犯商业秘密行为的若干规定》第二条对商业秘密做了较为详尽的界定。

（1）"不为公众所知悉，是指该信息不是能从公开渠道直接获知的。"

这里的"不为公众所知悉"和"不能从公开渠道直接获知"所要求的是企业信息的秘密性。这里的秘密性是相对而言，并非苛求除了信息享有企业之外任何人和企业均不知悉。具体可见下列情形：

情形一：除了信息享有企业之外，任何人和其他企业均不知悉，该信息并不丧失其秘密性。有的信息虽然外行人知悉但并不知道其信息中蕴含的信息价值，则仍可视为不为公众所知悉。这里的公众侧重于指某一行业或准备涉足某一行业的可能从该信息利用中取得经济利益的人。例如，某生产工业模具的企业允许普通消费者或国家机关人员参观或审查其生产工艺，但不允许同行业人员参观或审查。此情形下虽然该企业的模具生产工艺对外行人员公开但仍对同行业人员保密，则仍视为有秘密性，具备不为公众所知悉的性质。

情形二：少数同行业人员知悉但仍不丧失秘密性。高新技术企业在利用技术和经营信息时，不可避免地要对其内部相关人员进行信息公开。上述内部人员作为同行业人员，其知悉信息并不等同于信息已公开。再例如在特定情况下，某些手机或电脑生产企业会将其生产工艺披露给一级经销商，从而使该一级经销商更好地向广大消费者进行营销说明，进而有效地扩大销售范围和群体。而高新技术企业的一级经销商经常是同行业人员，具备一定的相关技术基础知识，而这部分同行业人员知悉企业的信息，也不等同于信息丧失秘密性和为公众所知悉。

情形三：商业秘密信息区别于企业一般信息，构成商业秘密的信息必须具有一定创造性。这里的创造性界定可参照专利法中的新颖性，但商业秘密的创造性标准，从深度的层面略低于专利法中的新颖性。商业秘密的创造性仅需与同行业普通信息保持最低限度的不同性，而专利法中的新颖性则要求具有突出和显著的创造性和进步性。例如，某软件企业首次将宁波市所有高新技术企业的基本情况数据进行整合，并根据消费者的不同要求汇编成册，继而对消费者进行推荐。因为在此之前，未有任何企业对宁波市所有高新技术企业的基本情况数据进行整合，因此该企业的汇编成果具有新颖性。如果另有软件企业将该汇编成果直接拿来为自己所用，则其行为应当被定性为侵权行为。但如果另外的软件企业同样对宁波市所有高新技术企业的基本情况数据自行进行统计和整合，最终也形成相应的汇编成果，则将不能被评价为侵权行为。

（2）"能为权利人带来经济利益、具有实用性，是指该信息具有确定的可应用性，能为权利人带来现实的或者潜在的经济利益或者竞争优势。"

"能为权利人带来经济利益、具有实用性"是指商业秘密的价值，即该信息的使用将给信息所有者带来现实或者潜在的竞争优势或经济利益，也就是说，无任何价值的信息将不能被界定为商业秘密。值得注意的是，信息所有者对信息暂时搁置不予使用并不视为对信息所有权的放弃，由于信息使用权是信息所有权中最为重要的权能，对信息享有所有权即有权决定在任何时间或空间范围内使用该信息，因此信息暂时不使用不影响信息价值的确定。商业秘密的价值信息必须是能够应用的，不具有应用性的信息仅能存在于抽象的概念范畴中，因其不能使用，将不能上升为商业秘密层面进行保护。然而，虽未使用但随时可以付诸实施的信息仍可视为该信息具有实用性。例如，某公司开发了一种网络检索司法裁判信息的构思，由于具体方案和技术框架还未初步成型，因此该构思在此阶段仅仅是一种设想，不能上升为商业秘密。但若该公司的研发人员已经进行前期调研和基础开发工作，则上述信息就具备了实用性。

（3）"权利人采取保密措施，包括订立保密协议，建立保密制度及采取其他合理的保密措施。"

这里的"权利人采取保密措施"是信息得以上升为商业秘密的必需要件，因此某类信息将成为商业秘密，除了满足上述客观要件之外，还取决于信息所有人的主观保护意图和保护行为，即权利人必须对信息采取一定程度的保密措施。在如今网络经济的大环境下，如果企业对某类信息不进行严格而有效的保密管理，从司法举证的角度上说，被侵权人将很难证明自己是信息所有权人。这里的保密措施一定要具有客观性，即实际进行了保密措施行为，如果企业虽有保护信息秘密的意图但未有任何制度设计和保密手段,则将不视为已采取了保密措施。例如,某企业掌握了某种中草药核心成分的提炼技术,但在其企业中,关于该技术的任何计算机、网络均无任何管制,则该技术将可能丧失司法保护的可能性。需要进一步说明的是,法律要求企业采取保密措施是有限度要求的,即企业仅"合理"保护信息秘密即可。例如,某公司为保证其饮料配方的秘密性,对配方保存地及材料合成车间均建造了围墙并日夜有专人看守。但外人仍可以通过一定的方式翻越围墙,围墙不高、看守人员的素质低和人数不足是否意味着该公司未采取保密措施呢,显然不是。保护商业秘密纳入法律保护的初衷在于保护企业的正常经营,而非在于加重权利人的负担。但如果该公司围墙破烂不堪,看守人员长期不在岗位而公司对之习以为常并置之不理,则此情形下,该公司的保密措施显然是不合理的,其将可能丧失饮料配方的商业秘密保护。

此外,《关于禁止侵犯商业秘密行为的若干规定》第二条还规定,商业秘密所指的技术信息和经营信息包括设计、程序、产品配方、制作工艺、制作方法、管理诀窍、客户名单、货源情报、产销策略、招投标中的标的及标书内容等信息。商业秘密的权利人,是指依法对商业秘密享有所有权或者使用权的公民、法人或者其他组织。

二、商业秘密的立法现状

(一)商业秘密属于知识产权

(1)在国家立法的层面,我国在《反不正当竞争法》中对商业秘密做出规定,即商业秘密权归属于反不正当竞争权利体系,其中《反不正当竞争法》第十条中规定,"经营者不得侵犯商业秘密"。

(2)1973年颁布的《建立世界知识产权组织公约》中规定了知识产权的范围包括"制止不正当竞争的权利"。

(3)1979年修订的《保护工业产权巴黎公约》中明确将制止不正当竞争行为列为"工业产权"保护的对象之一。

(4)1994年颁布的WTO文件之一的《与贸易有关的知识产权协议》中规定,知识产权的保护包括"未披露过的信息的保护"。

(5)另外,我国在《中华人民共和国刑法》中亦将侵犯商业秘密罪归属于"侵犯知识产权罪"一类。

（二）侵犯商业秘密行为的确认

（1）因为商业秘密属于知识产权，因此也是一种无形资产，只有权利人才能对其占有、使用、收益、处分。

（2）根据《反不正当竞争法》第十条的规定，侵犯商业秘密的具体行为表现形式包括：①以盗窃、利诱、胁迫或者其他不正当手段获取权利人的商业秘密；②披露、使用或者允许他人使用以前项手段获取的权利人的商业秘密；③违反约定或者违反权利人有关保守商业秘密的要求，披露、使用或者允许他人使用其所掌握的商业秘密。第三人明知或者应知前款所列违法行为，获取、使用或者披露他人的商业秘密，视为侵犯商业秘密。

（3）在理解上述规定时需要注意以下几个问题：

1）掌握企业商业秘密的雇员离职后将秘密对外披露或者使用的，应当视为侵犯企业商业秘密行为。

2）第三人通过自行劳动创造出同样商业秘密信息的，不构成侵犯商业秘密行为，即商业秘密的保护不存在保护"在先取得"情形。第三人通过对企业公开出售的商品进行解码、解包，反向研究并推论出相应商业秘密信息的，不构成侵犯商业秘密行为，即商业秘密的保护不延及第三方"合法的反向破译成果"。

3）商业秘密权利人存在过失，第三人因为其过失而善意获得商业秘密的，不构成侵犯商业秘密行为。例如，某人在饭店大厅无意中听到企业高管谈论了某一保密的进货渠道，不视为窃取商业秘密行为。

（三）侵犯商业秘密行为的后果

1. 侵犯商业秘密应当承担的民事责任

根据《反不正当竞争法》第二十条的规定，"经营者违反本法规定，给被侵害的经营者造成损害的，应当承担损害赔偿责任，被侵害的经营者的损失难以计算的，赔偿额为侵权人在侵权期间因侵权所获得的利润；并应当承担被侵害的经营者因调查该经营者侵害其合法权益的不正当竞争行为所支付的合理费用"。此外，《民法通则》第一百三十四条有关停止侵害、消除危险和赔偿损失等承担民事责任形式的规定也可适用于侵犯商业秘密行为承担责任的形式中。例如，某企业恶意利用从企业中挖取的核心技术人员及其掌握的商业秘密牟利的，企业可适用"停止侵害"的规定，要求某企业和该技术员工停止生产经营行为。

2. 侵犯商业秘密应当承担的行政责任

根据《反不正当竞争法》第二十五条的规定,"违反本法第十条规定侵犯商业秘密的,监督检查部门应当责令停止违法行为,可以根据情节处以一万元以上二十万元以下的罚款"。上述规定中的"监督检查部门"一般是指县级以上人民政府的工商行政管理部门,即县(区)以上级别的工商局。

将侵犯商业秘密行为纳入行政执法的范畴是我国保护商业秘密制度的亮点。由于具体行政行为具有司法行为所不具有的主动性及高效性,加之侵犯商业秘密行为的显著特点之一是如果不采取紧急措施则证据和损失极易进一步扩大,因此行政执法不失为保护商业秘密的"利剑"。国家工商行政管理局颁布的《关于禁止侵犯商业秘密行为的若干规定》中第七条规定了工商行政管理机关依法责令停止违法行为,除了可以根据情节对侵权人处以罚款之外,还可以对侵权物品进行处理。上述处理行为具体包括工商行政管理机关可以责令并监督侵权人将载有商业秘密的图纸、软件或者其他有关资料返还权利人,还可以监督侵权人对使用商业秘密生产的、流入市场将造成商业秘密披露公开的产品进行销毁。

3. 侵犯商业秘密应当承担的刑事责任

根据《中华人民共和国刑法》第二百一十九条的规定,"有下列侵犯商业秘密行为之一,给商业秘密的权利人造成重大损失的,处三年以下有期徒刑或者拘役,并处或者单处罚金;造成特别严重后果的,处三年以上七年以下有期徒刑,并处罚金:(一)以盗窃、利诱、胁迫或者其他不正当手段获取权利人的商业秘密的;(二)披露、使用或者允许他人使用以前项手段获取的权利人的商业秘密的;(三)违反约定或者违反权利人有关保守商业秘密的要求,披露、使用或者允许他人使用其所掌握的商业秘密的。明知或者应知前款所列行为,获取、使用或者披露他人的商业秘密的,以侵犯商业秘密论"。根据上述规定,法人侵犯商业秘密的,除了判处罚金之外,还应当对主管负责人和直接责任人进行处罚。

侵犯商业秘密罪与假冒注册商标罪,销售假冒注册商标的商品罪,非法制造、销售非法制造的注册商标标识罪,假冒专利罪,侵犯著作权罪,销售侵权复制品罪的刑罚量刑幅度类似,即均处以三年以下有期徒刑,情节特别严重的,处三年以上,七年以下有期徒刑。

关于侵犯商业秘密行为所承担民事责任和刑事责任的界限,司法实践中普遍认为主要在于"重大损失"的认定。但究竟多大损失应归为"重大损失",目前尚无定论。我们认为，该问题可从以下两个角度进行探讨。第一个角度，认定时不对权利人财产状况情节进行考量，即使权利人财产过亿，只要损失达到一定数额（如 10 万元），则认定为"重大损失"；第二个角度，认定时考量权利人财产状况，如果权利人财产仅有数万，则损失虽然达到的数额有限（如 10 万元），但该损失占权利人财产总额的比例达到一定程度，则应认定为"重大损失"。

第三节　高新技术企业保护商业秘密的法律风险

高新技术产业与传统产业不同，高新技术企业中的无形资产蕴含着极大的经济利益，也是企业核心竞争力的集中体现。由于我国没有对保护商业秘密进行立法，因此存在诸多法律风险。

一、高新技术企业在技术研发阶段的商业秘密极易泄露

高新技术企业的研发过程较长、研发阶段多等复杂因素，导致商业秘密在任何一个环节和领域泄露的可能性极大，一旦泄密则可能对项目存续甚至企业兴亡产生重大影响。各阶段的成果载体不同导致受保护的要求不同，尤其在技术开发过程中，商业秘密保护的重要性更为明显。如今，高新技术企业对技术信息的保护多采取专利保护的方法，但一项专利技术从选题开始，至少要有 8 到 10 年的时间才能得到保护。在一项技术纳入专利法保护之前，企业所进行的一切配方研究、工艺分析、数据对比过程和结论文件、实验过程和成果载体等将无法获得专利法保护，因此高新技术企业的商业秘密保护在技术开发过程中存在很大法律风险。

二、高新技术企业的商业秘密在专利申请过程中极易泄露

根据专利法的规定，申请专利必须公开技术诀窍，权利人在一项技术被授予专利权后将会获得一段时间的垄断性保护，而作为这种垄断性保护的代价，权利人必须在申请阶段就将技术秘密进行公开。我国专利申请审查制度可以总结为"早期公开，延迟审查"，即权利人提出专利申请后，专利行政机关将公开技术信息，公开的标准为"说明书应当对发明或实用新型做出清楚、完整的说明，以所属技术领域的技术人员能够实现为准"。因此技术公开之时，权利人是否获得

专利权尚未确定,一旦专利申请未通过审查,则此项技术将因已经公开而无法获得商业秘密保护;一旦专利申请通过审查,则虽然权利人获得一段时间的垄断性保护,但竞争对手也将通过公开文件获知企业技术底细,将可能通过技术改进等方式研发更先进的技术,这不仅节约了竞争对手的竞争成本,也加大了权利人商业秘密保护的风险。

三、高新技术企业的商业秘密在合作伙伴参观和考察过程中极易泄露

企业在经营过程中不可避免地要与供应商、一级经销商甚至全部代理商、合作伙伴进行接触。由于技术领域的商事合作不同于传统行业,高新技术企业需要在合作过程中适当披露一些商业秘密,这也是商业秘密泄露的重要渠道。实践中经常遇到的情况是:合作方在经过一段时间后,经常会成为高新技术企业的竞争对手。出现上述现象的原因在于,业务伙伴合作过程中逐渐摸清企业技术底细,待时机成熟甚至私下与企业核心技术人员接触后,业务伙伴会迅速转型自立门户以降低经营成本从而追求利润最大化。

四、高新技术企业的商业秘密在缔结重要合同过程中极易泄露

高新技术企业的技术价值需要一级代理商或经销商的支持,在与下游经销商缔结重要合同的过程中,高新技术企业有可能在缔约阶段为表达诚意向其披露一定的技术秘密。但在缔约阶段合同并没有最终签订,下游经销商仍有选择空间。如果最终双方未能签署合同,则企业的相关商业秘密已然泄露。实践中还有一些恶意缔约经销商,他们假借订立合同的名义套取各相关高新技术企业的商业秘密之后再自行整合完成技术开发,这将使高新技术企业丧失竞争优势。即使双方成功完成了缔约,但任何商事合作都具有期限,若企业未对合作终结后的保密行为进行规范,则经销商在合作期限结束后极易自行使用甚至恶意将商业秘密进行转卖牟利。

五、高新技术企业的商业秘密在内部员工流动环节极易被泄露

比较典型的案例是21世纪初的"沪科案"。2002年8月,华为公司发现黑龙江佳木斯某公司生产的某设备与其首创的设备核心技术极为类似。公安部门在接到华为公司报案后随即展开调查,调查中发现王志骏等三人在华为公司曾参与该技术的研发工作,上述人员利用职务之便在窃取该技术后分别以出国等借口离

职后汇聚到上海另行成立公司并顺利带走华为公司二十多名技术人员,上述人员继而开始自行使用该技术,华为公司为此遭受了极大的损失。[①] 该案显示出,高新技术企业经营成败的关键往往在于关键员工身上,而对于高新技术企业来说,这种创新力的集中固然可以减少研发过程中的人力资源成本,但从另一方面也极易对核心人员失去控制从而威胁企业商业秘密安全。一旦核心人员加入到竞争对手阵营中,则高新技术企业的商业秘密也将随之失去,一并流失的将是企业的竞争优势。由此可见,高新技术企业员工的流动对商业秘密保护存在风险。

六、高新技术企业的商业秘密因内部制度不健全而极易被泄露

高新技术企业应当建立符合企业发展规律和自身条件的商业秘密保护制度,这些制度将会在商业秘密的前期保护及被侵害之后的保护过程中发挥极为重要的作用。高新技术企业常因下列制度不健全而使商业秘密的保护长期处于不稳定状态:

(1)企业缺乏对员工保守商业秘密的培训制度,如果内部员工保密意识不强,尤其是对商业秘密的具体界定认识不足,将可能因疏忽大意而泄露企业商业秘密。

(2)企业缺乏对员工保守商业秘密的惩罚性制度,内部员工则可能在内心评估违法成本极低的情况下主动将企业商业秘密泄露给竞争对手。

(3)企业缺乏对商业秘密载体的物理性保护,未经过物化而空谈保护商业秘密,从内部员工和其他相关人员的认知层面无法形成可视化压力,进而无法内化为主动保守企业商业秘密的动力。例如企业缺乏对存放商业秘密载体场所的监控、防盗和登记制度,将可能使上述人员放松对保护企业商业秘密的警惕,使商业秘密的泄露存在极大隐患。

因此高新技术企业内部保密制度不健全也将使企业商业秘密的泄露存在风险。

综上,目前我国高新技术企业的商业秘密在经营过程中存在诸多风险,商业秘密对高新技术企业发展甚至存亡非常重要,企业在对上述风险充分认识后,应当投入一定的成本对企业自身技术信息和经营信息进行分析评估,进而制定出切实可行的,符合企业自身发展规律的商业秘密保护制度。

---

① 王娜.“沪科案”的标杆性异议 [J]. 法人杂志,2005(6).

第四节　高新技术企业商业秘密管理实务操作

作为高新技术企业，技术和经营性商业秘密是企业的生命，也是区别于一般类型企业的显著特点。在实践中，各地政府机关对高新技术企业的认定标准基本相同，其中条件之一为必须从事国家规定的高新技术范围内的某种或几种技术及其产品研究、开发和经营等。高新技术企业应当从以下几个方面依法对商业秘密进行管理。

一、对商业秘密采取切实有效的保密措施

高新技术企业运用内部制度对商业秘密进行保护是首选的有效方法，不同的高新技术企业可根据自身人员构成、组织架构和核心技术特点等情形选择不同的保密措施。在保密制度中尤其应包括企业工作区域或涉密区域内设立门禁或门卫，或者由专人带领才可进入；设立专门人员保管涉密电子档案密码和载体，其中密码可由多人各持有一部分，打开涉密电子档案需由所有人员共同监督操作；对通过企业计算机向外传输数据，未经批准不得含有保密内容，如含有则应在相应的数据载体（如电子邮件）中注明"保密"标识等。值得注意的是，企业制定内部保密制度的程序必须符合《劳动合同法》等相关规定，内容不得限缩劳动者的法定权利。保密制度应当形成书面文件送达员工或发送至员工确认的本人电子邮箱中，必要时企业也可组织关键员工进行系统讨论和学习。

二、与员工签署《保密协议》

根据《中华人民共和国劳动合同法》第二十三条的规定，"用人单位与劳动者可以在劳动合同中约定保守用人单位的商业秘密和与知识产权相关的保密事项"。因此企业有权与员工单独就保护商业秘密事宜另行签署《保密协议》。一般情况下，高新技术企业可以通用的保密措施是在每一名员工（尤其是掌握核心商业秘密的员工）进入企业之前，首先与其签订《保密协议》，再签署《劳动合同》。同时将企业内部程序无瑕疵的保密制度性文件作为《保密协议》或者《劳动合同》的附件一并交由员工进行签收。

关于《保密协议》的内容，有三大部分值得注意。第一，企业内部的保密制

度应当具体体现到《保密协议》条款中或附在协议之后；第二，关于《反不正当竞争法》中不得侵犯商业秘密的规定应当在《保密协议》中有所体现；第三，应当包含竞业限制条款。《保密协议》的具体内容设置范本可以参考本章附件一。

竞业限制条款的内容主要包括：员工在职期间不得在与企业具有竞争业务的企业中任职或兼职，不得自行设立或参与与法人企业具有竞争业务的企业。员工在离职后一定期间内不得在与原工作企业具有竞争业务的企业中任职或自行设立或参与设立具有竞争业务的企业。例如，北京某软件公司员工在职期间向另一软件公司透露了核心客户信息，法院依法判令员工退还了全部薪金并赔偿公司的全部损失。

之所以在《保密协议》中约定员工在离职后一段时间内不得在竞争业务企业任职或自行设立或参与设立具有竞争业务的企业，主要是从维权的举证负担上考虑的。员工在离职后客观上即完全脱离了原企业的控制，此时如果员工擅自使用商业秘密牟利，则权利人很难举证证明员工是否使用商业秘密。本来从一定程度上说，权利人证明某信息属于商业秘密的举证负担已经很重，而证明已经脱离企业的员工利用了秘密信息更是困难重重，尤其在技术性岗位中，一般技术性技巧和商业秘密技术很难区分。"竞业限制"条款即是在上述背景下应运而生，成为高新技术企业维护商业秘密不可或缺的一个途径。

与此同时，高新技术企业还应当注意，在运用"竞业限制"条款的同时也应当依法保护员工的职业自由权利。例如，某手机编程技术员工离职后，如果该员工进入另一手机制造厂家进行手机编程工作，则极有可能无意中使用原企业商业秘密；但如果长时间无条件地禁止员工从事手机编程工作，则极大地损害了员工的就业权利。

实践中各单位对于"竞业限制"的规定较多，例如国家建材局科技司曾经向其下属单位下发了《关于国家重点科技攻关项目成果知识产权保护的通知》，其中第五条规定："承担项目的主要研究员，在攻关研究中不得调动到其他单位。离退休、停薪留职、辞职或调离的人员在离开原工作单位一年内，不得从事与研究内容相关的技术工作"。《关于加强科技人员流动中技术秘密管理的若干意见》中第七条也曾规定，"单位可以在劳动合同、知识产权归属合同或保密协议中，与对本单位技术和经济权益有重要影响的相关行政人员、科技人员及其他人员进行协商，并可约定竞业限制条款，约定相关人员在离开单位后一定期限内不得在生产同类产品或经营同类业务并且具有竞争关系或者其他利害关系的其他单位任职，或者自己生产、经营与原单位有竞争关系的同类产品或业务。凡有上述约定的，单位应向有关人员支付补偿金，竞业限制期限最长不得超过三年"。关于竞业限制条款的具体设置，可以参考本章附件二。

三、在对外商务往来中约定保密条款

企业在商务往来中应当注意对技术信息尤其是经营信息进行保密，一部分高新技术企业在寻求投资人的过程中会提交《商业计划书》，为了吸引资本，《商业计划书》中不可避免地含有大量商业秘密。因此《商业计划书》应当在内容中注明下列条款或类似条款："本《商业计划书》含有本企业的商业秘密，仅供投资人翻阅，请勿复制、使用或披露上述内容"。

同样的，高新技术企业在寻求技术合作伙伴的同时，为了证明自身技术水平，也会必然向潜在的合作伙伴披露大量技术信息甚至经营信息。此时企业应当注意在披露和商谈前与潜在的合作伙伴签署《保密协议》，约定合作对象不得使用或披露在商谈中获知的商业秘密信息。不可否认，上述行为可能会使一些企业或人员无法接受，但商业秘密是高新技术企业的生命，企业的任何成长均不能以牺牲生命为代价。

在中国加入世界贸易组织（WTO）的一系列谈判中，承诺保护商业秘密构成了谈判的重要环节之一。在《中国加入工作组报告书》中表述，"中国将对为申请使用新化学成分的药品或农业化学品的销售许可而按要求提交中国主管机关的未披露实验数据或其他数据提供有效保护，以防止不正当商业利用，但披露这些数据是保护公共利益所必需的或已采取保护措施防止该数据受到不正当商业利用的情况除外"。

实际上，商务往来中的合同作为自由合意的重要载体，只要企业认为有需要进行保密的内容，均可以在合同中有所体现。相反，如果企业不在合同中做出约定，则即使对方泄露了相应信息，企业也将因对方"不知情"或者"未采取保密措施"而丧失对商业秘密的保护。

四、及时寻求多元化法律保护

虽然法律已经从民事、行政和刑事层面多维度地对商业秘密进行了保护，但无论是自行提起不正当竞争之诉，还是要求工商行政管理部门对侵权人进行行政处罚，都要求企业负有较重的举证责任。企业不仅要证明某一信息具备商业秘密的要件，还应当证明侵权行为的事实、遭受损害结果的事实以及侵权行为与损害结果具备因果关系的事实。当然，在侵权行为达到一定程度的情况下，企业也可直接向公安机关进行举报要求立案侦查，但基于目前刑事公诉案件立案的情况，加之部分公安机关对"结案率"的追求和对"错案率"的规避，通过刑事途径维护商业秘密的难度较大。

鉴于上述的现实情况，有条件的高新技术企业也可以聘请专业的律师作为常年法律顾问，从前期和源头上进行一定的商业秘密风险防控，或者在发现自身商业秘密可能被侵害之后及时聘请专业律师介入，尽量从诉讼的角度进行材料的收集和取证工作。维护商业秘密属于法律实务中难度较大的业务领域，如果前期准备措施不当，则不仅不能挽回损失，还有可能在将来造成更大的损失。

附件一：《保密协议》样本

保密协议

甲方：
地址：
电话：
邮编：

乙方：
身份证号码：
联系地址：
电话：
电子邮箱：

甲乙双方就乙方在工作期间及离职以后保守甲方商业秘密的有关事项，协商达成一致，并共同遵守。

第一条　告知

入职前，乙方应以书面形式，如实告知甲方有关其在原工作单位所承担的保密义务和竞业限制义务，因未主动告知而致使甲方遭受索赔的，甲方有权向乙方追偿，乙方应承担由此产生的一切法律责任。

第二条 商业秘密范围

本协议提及的甲方之商业秘密包括技术秘密和经营秘密。

（一）技术秘密

技术秘密是指甲方自行研制开发或者以其他合法方式掌握的并未公开的，且采取了适当保密措施的技术信息，包括但不限于：

1. 源代码类：软件源程序和目标程序等；

2. 产品需求设计类：客户调研报告、项目建议书、项目立项书、项目管理计划和进度表、概要需求列表、估算单、需求规格说明书、设计文档（含概要设计说明书、单元说明书或维护类设计说明书或改错类设计说明书）等；

3. 产品开发过程管理类：项目会议记录、项目评审记录、缺陷记录跟踪表、同行评审记录表、配置项登记表、配置管理资料、组间协调记录表、需求跟踪与进度控制表、测试计划、测试用例、测试报告、项目关闭报告、产品发版报告、加密策略等；

4. 技术文档类：专有技术资料、技术培训资料、技术总结等；

5. 质量管理类：产品评审报告、产品质量指标等；

6. 产品应用实施类：产品实施方案、产品应用状况、客户使用情况等。

（二）经营秘密

经营秘密是指甲方未公开的，并已采取适当保密措施的管理制度与流程、经营管理信息，包括但不限于：

1. 经营管理信息：战略规划、经营决策、组织架构、计划与总结、董事会或管理层会议的决议和记录、重大业务专项会议资料等。

2. 财务信息：财务报表、商业分析报告、税务资料、原材料进货渠道、审计报告、投融资交易、投资分析报告等。

3. 人事信息：员工档案、组织人事资料、薪酬福利状况、培训计划、绩效考核资料等。

4. 营销信息：合同、产品报价、重大交易记录、客户档案、代理商资料、供应商资料、合作伙伴资料、市场调研报告、市场营销方案、重大市场活动等。

5. 法律事务信息：未决诉讼、重大商业交易、重大争议或纠纷事项或有赔偿等。

第三条 商业秘密的使用、保密及期限

（一）使用

1. 本协议项下商业秘密只限用于工作目的或者甲方书面授权的其他用途，除此之外，乙方均无权使用或保留。

2. 未经甲方书面同意，乙方离职后不得使用其所掌握或接触的甲方之商业秘密。因其擅自使用所产生的发明创造、产品、计算机软件、作品等智力成果之知识产权及其他权利归甲方所有，同时乙方应承担本协议规定的违约责任及赔偿责任。

（二）保密

1. 乙方应遵守甲方制定的各项保密制度，履行保密职责。

2. 乙方应采取任何必要、合理的措施，保护其于任职期间或者持有的任何属于甲方或者虽属于第三方但甲方承诺有保密义务的商业秘密，以保持其秘密性。

3. 除以工作用途，并经甲方特别许可外，乙方不得携带笔记本电脑进入研发区域，并不得下载本协议项下之核心源程序和或相关技术文档等重要商业秘密。

4. 乙方因工作需要所持有或保管的一切记录着甲方秘密信息的文件、资料、图表、笔记、报告、信件、传真、磁盘以及其他任何形式的载体，均归甲方所有。乙方应于离职时，或者于甲方提出要求时，将前述载体及其复制件全部返还给甲方。

5. 非因工作目的，乙方不得使用闪存盘、移动硬盘等存储设备存储本协议项下之商业秘密。乙方必须定期将其电脑中的工作文档上传到公司指定的服务器备份。

6. 乙方承诺，未经甲方同意，不得以泄露、告知、公布、发表、出版、传授、转让或者其他任何方式使任何第三方知悉属于甲方或者虽属于他人但甲方承诺有保密义务的技术秘密或其他商业秘密信息，也不得非因工作目的而使用这些秘密信息或允许他人使用。

7. 乙方不得利用所掌握的商业秘密牟取私利，不得将工作中知悉、获取的商业秘密据为己有，不得私自留存。

8. 无论何时或何种原因，乙方均不得怂恿、诱导、唆使甲方员工到竞争对手单位工作，也不得指使、怂恿、诱导、唆使任何其他人从事前述行为。

（三）期限

1. 乙方离职之后仍应对其在甲方任职期间所接触、知悉的属于甲方或者虽属于第三方但甲方承诺有保密义务的技术秘密和其他商业秘密信息，承担如同任职期间一样的保密义务，而无论其因何种原因离职。

2. 乙方离职后承担保密义务的期限至甲方宣布解密或者秘密信息实际上已经公开。

第四条　知识产权归属

1. 双方确认、乙方在甲方工作期间，因履行职务或者主要是利用甲方的物质技术条件、业务信息等产生的发明创造、产品、计算机软件、作品、技术秘密和其他商业秘密，其知识产权均属于甲方所有。

2. 甲方有权使用或转让上述发明创造、产品、计算机软件、作品、技术秘密和其他商业秘密，乙方应提供一切必要的信息和采取一切必要的措施，包括专利申请、商标注册、版权登记等，协助甲方取得并行使有关的知识产权。

3. 作为发明人、制作人或设计人，乙方可享有上述发明创造、产品、计算机软件、作品、技术秘密和其他商业秘密的署名权，但依据法律规定应由甲方署名的除外。乙方还可按甲方有关规定获得相应的物质奖励和精神奖励。

第五条　禁止工作期间从事竞争性业务

（一）在工作期间，非经甲方事先书面同意，乙方不得自营或者直接/间接地为他人经营与甲方同类的业务，或从事其他损害甲方利益的活动。

（二）在工作期间，非经甲方事先书面同意，乙方不得在与甲方存在商业竞争关系的任何其他公司、企业或组织担任任何职务，包括董事、监事、经理、职员、代理人、顾问等，以及不得在任何与甲方业务相同或类似的公司、企业或组织中担任合伙人。乙方从事前述经营或者活动的，视为对甲方有严重影响，所得收入归甲方所有。

第六条　违约责任

乙方若违反协议任何条款的规定，应一次性向甲方支付违约金计人民币十万元整；给甲方造成损失的，还应赔偿甲方的损失（包括诉讼费用、律师费用、调查费用、取证费用等甲方为实现权利所发生的所有费用），违约金不能替代赔偿金。乙方同意甲方可从其薪资中扣除上述违约金和赔偿金。

第七条　争议解决方式

双方同意，因本协议产生的或与本协议有关的一切争议，由双方协商解决。

协商解决不成的，应提交甲方所在地人民法院审理。

第八条　其他

1. 协议自双方签字、盖章之日起成立并生效。本合同项下的乙方联系方式用于接收甲方文件及相关文书。若发生变动，乙方应书面告知甲方，因未及时告知而导致的后果由乙方承担。

2. 双方确认，在签署本协议前已完全了解各条款的含义。

特别约定：

1. 若乙方从事特殊岗位的，可详细列示乙方掌握的或可能掌握的在特殊岗位或特殊事项而须承担特别保密义务的商业秘密以及特别保密要求，并经乙方签字确认。

2. 凡特别约定与本协议的普通约定有冲突的，以特别约定为准。没有冲突的，仍适用普通约定。

甲方（盖章）：

乙方（签字）：

签约日期：

附件二：竞业限制协议（样本）

竞业限制协议书

甲方（单位）：

乙方（员工）：

性别：　　　　　　　　身份证号：

文化程度：　　　　　　家庭地址：

邮编：　　　　　　　　电话：

鉴于乙方知悉甲方的商业秘密，为保护甲方合法权益不受侵犯，甲乙双方根据国家有关法律法规，本着平等自愿和诚信的原则，经协商达成下列条款并共同遵守：

1. 合同服务期内的保密义务

1.1 乙方在甲方任职期间，必须遵守甲方固定的任何成文或不成文的保密规章、制度，履行与其工作岗位相应的保密职责。甲方的保密规章、制度没有规定或者规定不明确之处，乙方亦应本着谨慎、诚信的态度，采取任何必要、合理的措施，维护其于任职期间知悉或者持有的任何属于甲方或者虽属于第三方但甲方承诺有保密义务的技术秘密或其他商业秘密信息，以保持其机密性。

1.2 未经甲方书面同意，不得以泄露、公开、发布、出版、传授、转让或者其他任何方式使任何第三方（包括不该知悉该项秘密的甲方的其他职员）知悉属于甲方或者虽属于他人但甲方承诺有保密义务的技术秘密或者其他商业秘密信息，也不得在履行职务之外使用这些秘密信息。

1.3 未经甲方书面同意，不得接受与甲方存在竞争或合作关系的第三方以及甲方客户或潜在客户的聘用（包括兼职），更不得直接或间接将甲方的业务推荐或介绍给其他公司。

1.4 未经甲方书面同意，不得作为股东或投资人对与甲方业务相同或类似或相关的行业进行投资，更不得与甲方发生竞争，将甲方业务归为个人办理，或不以甲方名义从事与甲方竞争的业务。

1.5 乙方离职后仍需对其在甲方任职期间接触、知悉的属于甲方或者虽属于第三方但甲方承诺有过保密义务的技术秘密和其他商业秘密信息承担如同任职期间一样的保密义务和不擅自使用有关秘密信息的义务，直到这些信息在本行业成为公知性信息为止。

1.6 乙方在为甲方履行职务期间，不得擅自使用任何属于他人的商业秘密，亦不得擅自实施可能侵犯他人知识产权的行为。若由此导致甲方承担侵权赔偿责任的，甲方有权向乙方追偿。

1.7 自甲方认定乙方须为其承担保密义务时起，甲方应向乙方支付一定数额的保密费，保密费列入乙方每月的薪酬总额内。

2. 离职后的竞业禁止义务

2.1 不论因何种原因从甲方离职，乙方应立即向甲方移交所有自己掌握的，包含有职务活动中所涉及商业秘密的所有文件、记录、资料、器具、数据、笔记、报告、计划、目录、来往信函、说明、图样、蓝图及纲要（包括但不限于上述内容之任何形式之复制品）等，并办妥有关交接手续，前述涉密物品、文件、信息均为甲方所有，乙方将保证有关信息不外泄，不得以任何形式留存甲方有关商业秘密信息，也不得以任何方式再现、复制或传递给任何人。

2.2 乙方不论因何种原因从甲方离职，离职后 3 年内不得在与甲方从事的行业相同或相近的企业，及与甲方有竞争关系的企业内工作。

2.3 不论因何种原因从甲方离职，离职后 3 年内不得设立或与他人共同设立与甲方有竞争关系的企业或者从事与甲方商业秘密有关的业务。

2.4 乙方在从甲方离职后 3 年内，不得直接或间接通过任何手段为自己、他人或任何单位的利益或与他人或单位联合，以拉拢、引诱、招用或鼓动之手段使甲方其他成员离职或挖走甲方其他成员。

2.5 从乙方离职之日起，甲方应按竞业禁止期限向乙方支付一定数额的竞业禁止补偿费。补偿费的标准为每月人民币　　元。如乙方拒绝领取，甲方可以将补偿费向有关部门提存。

2.6 竞业禁止期届满之日起，甲方即停止补偿费的支付。

2.7 竞业禁止期内乙方应于每月 20 日前向甲方告知其现在的住所地址、联系方法及工作情况，甲方有权核实情况，乙方应当予以积极配合。

3. 违约责任

3.1 乙方不履行规定义务的，应当承担违约责任，违约金需一次性向甲方支付，违约金额为乙方离开甲方上年度的薪酬总额的　　倍。同时，乙方的违约行为给甲方造成损失的，乙方应当赔偿甲方的损失，乙方所获得的收益应当全部归还甲方。

3.2 甲方不履行本协议规定义务的，应当承担违约责任，需一次性向乙方支付违约金人民币　　元。

4. 争议解决

因履行本协议发生的劳动争议，双方应以协商为主，如果无法协商解决，则双方均有权向甲方所在地有管辖权的人民法院提起诉讼。

5. 其他

5.1 本协议提及的技术秘密包括但不限于：技术方案、工程设计、电路设计、制造方法、配方、工艺流程、技术指标、计算机软件、数据库、研究开发记录、技术报告、检测报告、实验数据、试验结果、图纸、样品、样机、模型、模具、操作手册、技术文档、相关的函电等。

5.2 本协议提及的商业秘密，包括但不限于：客户名单、行销计划、采购资料、定价政策、投标书、财务资料、进货渠道等。

5.3 本协议未尽事宜，或与今后国家有关规定相悖的，按有关规定执行。

5.4 本协议作为劳动合同附件，经甲乙双方签字盖章后，具有同等法律效力。

5.5 本协议一式两份，甲乙双方各持一份，具有同等法律效力。

甲方（签章）： 　　　　乙方（签字）：

代表（签字）：

日期： 年 月 日　　日期： 年 月 日

第八章 企业知识产权贯标

第一节 知识产权贯标概述

一、知识产权贯标

通常所说的贯标，是指企业贯彻 ISO9000 质量管理体系标准、ISO14000 环境管理体系标准和 OHSAS18000 职业健康安全管理体系规范，依据三个国际标准建立企业的质量、环境整合和职业健康安全管理体系。知识产权贯标对于企业来说，是指对《企业知识产权管理规范》(GB/T 29490-2013) 国家标准的贯彻实施。知识产权管理体系与其他管理体系都是企业管理体系的有机组成部分，如能与其他管理体系相融合，《企业知识产权管理规范》的运行也会更加便利和高效，知识产权管理也能更好地贯穿于企业生产经营全流程。

近年来，国家大力发展科技产业，鼓励科技创新，科技企业如雨后春笋拔地而起，然而企业的知识产权意识却始终较为薄弱，企业知识产权人才的配置并不合理，在知识产权上的布局能力更是薄弱，由于不能保护好自己的创新科技产品，导致的知识产权纠纷更是频频发生。当前，我国进入了经济发展新常态，对企业的知识产权运用和保护提出了更高的要求。无论是从我国经济社会发展的需要来看，还是从知识产权强国建设的要求来看，都需要运用标准化手段，进一步夯实知识产权宏观管理基础，提升各类创新主体的知识产权综合能力，推进知识产权服务业健康发展，更好地支撑创新驱动发展和经济转型升级。虽然我们看到，不少企业通过提交专利申请等方式有效保护了自己的创新成果，但对于那些知识产权数量较多的企业，还需要通过有效的管理方式将知识产权物尽其用。在此背景下，国家知识产权局制定并推出了旨在帮助企业建立健全知识产权规范化管理的一整套工作流程、方法、制度和文件，供企业贯彻实施，也就是我们现在所说的知识产权贯标。国家知识产权局制定的《企业知识产权管理规范》国家标准自 2013 年 3 月 1 日实施以来，得到各省市知识产权局和企业的积极响应。仅在

2013年，全国就有30个省市的知识产权局制定了贯标工作方案，25个省市成立了领导小组，16个省市的知识产权局联合当地主管质监、科技、国有企业、中小企业等部门共同推行贯标工作。目前，全国已经有上万家企业参与知识产权贯标工作，400多家服务机构开展贯标服务，有上千家企业通过认证审核并获得知识产权管理体系认证证书。

2017年3月，由中国提出的首个知识产权管理新国际标准提案《创新管理——知识产权管理指南》获得国际标准化组织创新管理标准化技术委员会批准立项。根据国际标准制定有关规则，该项国际标准将在三年内完成制定工作。该项国际标准立项标志着基于创新管理全过程的知识产权管理国际标准制定工作的正式启动。这是中国参与知识产权领域国际标准制定历程中具有里程碑意义的大事，也是国际标准化组织将知识产权管理理念纳入现代创新管理国际标准体系的新突破。

二、知识产权贯标的意义

知识产权贯标的意义，从国家层面来说，可以从国家积极推进知识产权贯标工作的目标窥见一斑，国家积极推进知识产权贯标工作的目标在于：在全国范围内推动建立较为规范的贯标工作体系和市场化的认证服务模式，初步构建满足企业需求的贯标咨询服务体系，着力培养一批业务娴熟的贯标专业人才，认真做好贯标支撑配套工作，重点支持国家级知识产权优势企业和示范企业贯标，积极推动高新技术企业贯标。在全国建立并完善企业知识产权管理标准化工作的管理机制；培育上千家达标企业，形成一批拥有核心专利、熟练运用专利制度、国际竞争力较强的知识产权优势企业；企业贯标工作形成长效机制；增强企业管理人员的知识产权管控意识，提高管理水平，培育一批熟悉企业知识产权管理标准的专业人员。贯标工作的核心，就是打造知识产权优势企业，这也是国家知识产权局当前和今后一段时期的重要任务，实施企业知识产权管理标准是信息化时代促进企业知识产权能力与市场竞争能力全面提升的重要桥梁和依托。

国家提倡企业进行知识产权贯标工作，但并不是说要求所有企业必须实施该规范，《企业知识产权管理规范》是国家推荐性标准，但并不强制要求所有企业都实施，是否贯彻实施取决于企业自身的需要。该国家标准面向有需求和有一定管理基础的企业，提供一套基于过程方法的企业知识产权管理模型，指导企业通过策划、实施、检查、改进知识产权管理体系，从而帮助企业进一步强化知识产权创造、运用、管理和保护的能力，增强自主创新能力，实现对知识产权的科学管理和战略运用，进而提高企业在国际、国内的市场竞争能力。

对企业来说，贯彻实施《企业知识产权管理规范》（GB/T 29490-2013）国家标准的好处和意义在于：

第一，从价值角度来讲，贯标有助于提升企业领导和广大职工知识产权意识，调动职工发明创造的积极性，有助于提升企业无形资产价值，帮助企业在今后的融资上市、投资并购及企业出售等资产运作上获取更大的收益。

第二，从地位角度来讲，企业开发的具有知识产权保护的产品，在销售市场上的地位也会明显增强。贯标有助于推动企业产生具备高附加值的自主知识产权的新产品、新技术，进而巩固企业的市场地位。

第三，从风险角度来讲，贯标有助于降低企业生产经营风险，避免或减少企业在产品全生命周期管理过程中出现知识产权法律风险。

第四，从竞争角度来讲，企业通过贯标，在知识产权的管理上将实现规范化、系统化、程序化和精细化，并且能够在企业创新与市场竞争中，合理有效地运用知识产权知识，有力地保护知识产权，并防范知识产权风险，从而提高企业自身的核心竞争力和技术创新能力，支撑企业持续良性稳定的发展，使企业保持活力与动力。

第五，从资质角度来讲，企业贯标后，可以申请企业知识产权管理规范认证，企业是否获得知识产权管理规范认证，是目前科技项目立项、高新技术企业认定、知识产权示范企业和优势企业认定的重要参考条件或者前提条件，贯标验收合格后，还可向科技主管部门申请战略推进项目、专利实施计划等项目。相比未贯标的企业，贯标后的企业明显更有优势，更容易申报和取得项目，也更容易拥有发展机遇，具备条件的企业还有可能获得国家政策补贴或者税收优惠。总之，贯标工作有利于企业享受有关的国家政策、加快企业发展。

高新技术企业是实施创新驱动发展战略和建设创新型国家的重要力量，而知识产权制度是激励创新的基本保障。引导高新技术企业贯标，提升企业的知识产权运用能力和管理水平，对于高新技术企业提高创新能力和竞争优势具有重要作用。目前，高新技术企业政策的制定部门也正在积极研究知识产权管理体系认证与高新技术企业政策衔接问题，对于即将申请高新技术企业认定的企业来说，贯标工作的重要性不言而喻。此外，随着中国首个知识产权管理新国际标准提案——

《创新管理——知识产权管理指南》获得国际标准化组织创新管理标准化技术委员会的批准立项,相信在不久的将来,知识产权贯标会成为众多企业与国际接轨创新管理必不可少的手段。

三、企业如何判断是否需要贯标

如果企业有超过以下问题7项的话,就需要考虑是否需要贯标了。[①]

(1)知识产权是否"全员参与"?是否植根于企业发展规划中?

(2)对于基础的知识产权相关文件是否进行有效管理,确保取得来源时间、保管、使用、废弃的管理规定?

(3)是否了解相关的最新的有关知识产权的法律法规(专利法、商标法、计算机软件保护条例、我国签订的国际条约、各级人大、政府颁布的有关知识产权法规政策等),对相关部门和人员进行传达、跟踪和落实?

(4)是否对于劳动者负有保守用人单位知识产权或商业秘密不对外泄露义务的约定?是否就保密事宜单独签订了合同?

(5)是否对于新员工入职时的知识产权状况进行调查,并有相关制度进行保证?

(6)企业是否建立预警机制并进行知识产权预警?

(7)企业是否在立项前进行了必要的知识产权检索和分析?

(8)企业是否建立了完整的分类分级管理制度?

(9)是否建立了完备的知识产权许可和转让审批管理流程?

(10)是否对知识产权转让和许可进行了必要的评估?

(11)企业是否有利用知识产权进行投融资行为?

(12)企业在合并和并购中是否进行了知识产权尽职调查?

(13)企业是否对公司的知识产权问题进行调查研究,并制定相对对策?

(14)企业是否制定了明确知识产权的相关工作流程?

(15)企业是否建立了知识产权预警体系?

(16)企业是否定期进行知识产权自查,发现和防范知识产权风险?

(17)企业是否进行了海外知识产权申请注册?

(18)企业是否建立了海外知识产权纠纷处理制度?

[①] 高锦荣.搜狐科技万文知识产权管理机构[EB/OL].http://it.sohu.com/20161013/n470174723.shtml

（19）企业是否制定了规范的知识产权合同管理制度，并保留了审查记录？

（20）企业在知识产权委外业务以及委托研发、合作研发等活动中是否制定了知识产权相关条款？

（21）企业是否采取了合理的保密措施保护公司的知识产权？

（22）是否依据采购管理制度和采购流程文件、供应商管理相关制度文件，以及抽查采购合同等方式，证明在采购环节实施和运行了知识产权管理规范？

（23）企业是否能够及时、真实、客观地将知识产权分析结果及时告知企业管理层或有决策权的管理者？

第二节　企业知识产权贯标的主要内容

《企业知识产权管理规范》提供了基于过程方法的企业知识产权管理模型，指导企业策划、实施、检查、改进知识产权管理体系，共分为9个章节，包括前言、引言和正文三部分，正文包括范围、规范性引用文件、术语和定义、知识产权管理体系、管理职责、管理资源、基础管理、实施和运行、审核和改进九个章节，其内容介绍如下：

前言：主要说明了本标准的提出和归口管理单位，主要起草单位和起草人。

引言：介绍了基于过程方法的企业知识产权管理模型，该模型指导企业建立策划、实施、检查、改进的知识产权管理体系，该体系能满足企业开发新产品、提供产品附加值、防范知识产权风险、提高生产效率等经营发展过程中的知识产权管理需求，实现激励创造、灵活运用、全面保护和系统管理知识产权的绩效。企业知识产权管理体系在构建过程中应该遵循战略导向、领导重视和全员参与的指导原则，综合考虑经济社会发展状况、企业规模、所属行业等影响因素。

正文：

1. 范围

明确了本标准应用场合和适用组织。

2. 规范性引用文件

规范性引用文件部分说明了本标准是建立在知识产权管理体系的基础上，在企业具有良好的实施基础。

3. 术语和定义

界定了本标准中提到的知识产权、过程、产品、体系、管理体系、知识产权方针和知识产权手册的定义，是理解标准的基础。

4. 知识产权管理体系

规定了实施知识产权管理体系的总体要求和文件要求。总体要求是实现知识产权管理体系的文件化和持续性。文件要求是对文件化的具体限定，总则部分规定了知识产权管理体系应包括知识产权方针目标、知识产权手册、文件化的程序和记录三个层次的文件；文件控制明确了文件的保存和使用规定，应进行必要的审批程序和分类管理等；知识产权手册规定了其应涵盖的范围；外来文件和记录规定了记录涉及的范围、保管和使用要求等。

5. 管理职责

规定了管理者及管理部门的职责权限，分为5节。管理承诺规定了最高管理者应作为企业知识产权管理的第一责任人，制定知识产权方针、配备必要资源和组织管理评审，知识产权方针规定了方针应适应企业经营发展需要，形成文件，经最高管理者批准、发布，并得到全体员工的理解；策划规定了建立知识产权管理体系前应明确需求，了解知识产权管理活动，制定层次化和可考核的知识产权目标，收集知识产权法律法规和其他相关要求；职责、权限和沟通规定了最高管理者应在企业最高管理层中指定专人作为管理者代表，建立配备专业人员的机构负责知识产权工作，建立有效的沟通渠道，以确保知识产权管理体系的有效性；管理评审规定了确保体系适宜性和有效性的方法，通过对知识产权方针目标、企业经营目标、技术趋势等输入信息的分析，输出对知识产权体系修改的建议。

6. 资源管理

规定了企业知识产权资源管理的要求，包括人力资源、基础设施、财务资源、信息资源四方面的要求。人力资源规定了企业应配备专业的知识产权管理人员，举办必要的教育和培训，加强通过人事合同对知识产权相关问题进行约定，调查和监控入职和离职中的知识产权风险，建立对相关人员的奖励和惩罚机制；基础资源规定了企业应提供必要的软硬件设置和办公场所；财务资源规定了企业应设定知识产权经常性预算费用，以满足知识产权日常事务、机构运行等的经费保障；

信息资源规定了企业应建立收集信息的渠道,加强筛选、分析和利用,控制信息外泄的风险等。

7. 基础管理

规定了知识产权生命周期过程的知识产权管理要求,包括获取、维护、运用和保护的知识产权管理流程,以及合同和保密管理环节的知识产权要求。获取阶段规定了企业在获取知识产权时应明确计划,实施检索分析,制定获取策略和保持获取记录;维护阶段规定了企业应加强知识产权日常管理,在权利放弃和变更前进行必要的评估;运用阶段规定了企业应促进知识产权的实施,在许可和转让前制定调查内容并进行评估,投融资前应开展尽职调查与风险和价值评估,企业重组时应重点对知识产权进行调查评估,制定或参与标准时应明确其知识产权要求,建立或参与联盟和相关组织时应明确其知识产权政策;保护阶段规定了企业知识产权管理风险控制要求,减低侵权和被侵权风险,在发生争议时应评估并选取解决方式,对外贸易时应对贸易地进行调查,并采取相应的边境保护措施。合同管理规定了应加强对合同知识产权条款的审查,加强知识产权委外合同的管理和明确技术合同中的知识产权条款。保密管理规定了应从涉密人员、保密设备、涉密信息和涉密区域四个角度进行管控。

8. 实施和运行

规定了企业立项、研究开发、采购、生产、销售和售后各环节的知识产权管理要求,突出了企业全流程的管理理念。立项规定了企业应加强知识产权信息分析,明确竞争对手和核心专利,制定防范预案;研究开发规定了企业应加强信息利用,制定知识产权规划,适时调整研发策略,通过评估及时实现知识产权的保护;采购规定了企业应加强对供货商的调查,在合同中明确知识产权权责,实施关键信息的保密管理;生产规定了企业应及时评估创新并形成知识产权,加强对协同生产的合同管理和监控;销售和售后规定了应加强销售前的全面审查和分析,制定展会等宣传活动的风险规避方案,建立市场监控措施,因市场变化适时调整知识产权策略。

9. 审核和改进

规定了知识产权管理体系持续改进的要求。本标准规定企业应定期进行内部审核,对审核结果进行分析,根据知识产权方针、目标,制定改进措施,监督执行改进效果,以确保体系的适宜性和有效性。

贯标是基于过程的管理，知识产权管理的每个过程都有输入和输出，一个过程的输出是另一个过程的输入，环环紧扣的过程形成了知识产权管理的整个过程。

从《企业知识产权管理规范》的内容，我们得出企业知识产权贯标的主要内容：

第一，规范企业知识产权管理的基础条件。企业应当有明确的知识产权管理方针和管理目标，并要知识产权管理"领导落实、机构落实、制度落实、人员落实、经费落实"。企业应当建立的知识产权管理制度、职责等。

第二，规范知识产权的资源管理。围绕企业的人力资源管理、财务资源管理、信息资源管理，对上述管理活动涉及的知识产权事项做出相应的规范。

第三，规范企业生产经营各个环节的知识产权管理。明确规定了企业研究与开发活动、原辅材料采购、生产、销售、对外贸易等重要环节的知识产权管理规范要求，以确保企业生产经营各主要环节的知识产权管理活动处于受控状态，避免自主知识产权权利流失或侵犯他人知识产权。

第四，规范企业知识产权的运行控制。围绕企业的知识产权创造、管理、运用和保护四个重点环节，明确规定了企业在知识产权权利的创造和取得、权利管理、权利运用和权利保护四方面的规范性要求。

第五，规范企业生产经营活动中的文件管理和合同管理。企业在生产经营活动中涉及的有关知识产权的各类活动，应当有相应的记录并形成档案，特别是对企业对内、对外的合同管理做出明确要求。

第六，明确规定企业应建立知识产权动态管理机制。企业应当对自身知识产权管理工作进行定期检查、分析，并对照管理目标对管理工作中存在的问题，制定相应的改进措施，以确保管理目标的实现。

第三节　企业知识产权贯标流程

企业开展贯标工作，首先要对本企业的知识产权现状和面临的形势进行分析和评价，在此基础上提出知识产权方针，依据该方针设定知识产权目标，通过知识产权管理体系的构建和运行控制来实现目标，并通过检查、分析与改进，来确保知识产权管理体系的不断完善，从而实现企业知识产权目标。以上过程之间是相互制约、相互影响的逻辑关系。企业知识产权方针、目标脱离企业实际，或企业知识产权管理体系过程之间存在问题都难以确保知识产权管理的有效性。

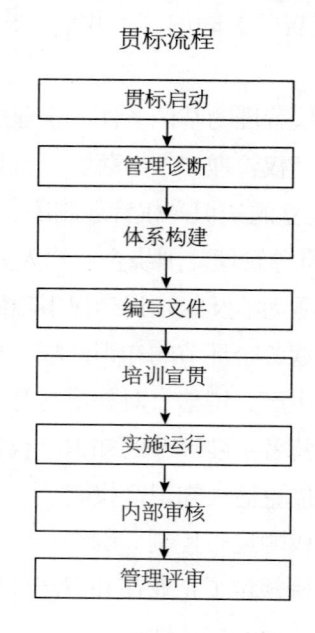

贯标流程

```
贯标启动
   ↓
管理诊断
   ↓
体系构建
   ↓
编写文件
   ↓
培训宣贯
   ↓
实施运行
   ↓
内部审核
   ↓
管理评审
```

一、贯标启动

成立企业贯标工作小组，制定企业贯标工作计划和时间表，召开企业贯标启动大会，对主要参与部门、人员进行贯标相关培训，确定每一阶段的负责人员和配合部门。

二、管理诊断

调查企业基本信息、组织架构、生产经营管理情况和相关制度，运用各种方法诊断企业知识产权及知识产权管理现状以及企业知识产权管理需求和主要存在的问题。

1.诊断内容

企业知识产权管理诊断内容可以按照不同方式进行，如按照企业管理过程的知识产权方针目标诊断、知识产权管理机构及职责诊断、知识产权管理资源诊断、生产经营过程的知识产权管理诊断等；也可以按照企业知识产权类型的知识产权获取、维护、运用、保护的诊断或者基于专利、商标、商业秘密、著作权等的知识产权管理过程诊断。通过这些诊断，摸清知识产权发展与企业发展之间的差距；摸清知识产权规划与企业战略之间的差距；摸清企业目前的知识产权管理水平；排查企业目前有待解决的知识产权问题；排查具体存在的个案问题；进而使企业管理层及知识产权人员能够正确认识自身的知识产权。

2. 诊断方法

（1）知识产权指标分析：财务、客户、业务、学习成长、资源、效率。

（2）人员访谈法：高层管理者、中层管理者、基层管理者、知识产权管理人员。

（3）现场观察法：对企业的知识产权意识、知识、文化的考察。

（4）问卷调查法：收集不能通过面谈得到的数据与看法。

（5）统计分析法：通过数据统计进行综合对比。

3. 知识产权诊断报告

知识产权诊断报告是诊断过程和解决方案的最终展现形式，既要体现过程数据，又要给出解决方案。诊断报告的内容要具体、可操作，能给企业指明方向。知识产权诊断报告要让企业能明确企业知识产权管理现状与《企业知识产权管理规范》的差距，找出出现问题的原因，并给出依据企业的现状应该采取何种措施，以达到知识产权管理标准化。知识产权诊断报告一般分为信息统计、访谈记录、存在问题、问题剖析和实施方案等五个方面。知识产权信息统计主要从管理制度、管理程序、管理记录统计、知识产权数量统计、资源统计等方面明确企业的知识产权管理现状；访谈记录可以根据访谈的总结归纳出重点的记录信息；存在问题是在统计信息和访谈记录的基础上对知识产权问题进行界定；问题剖析是对界定的问题进行深度分析，明确产生问题的原因；实施方案是根据问题和原因设计企业实现知识产权管理标准化的途径。

三、体系构建

制定企业知识产权方针、目标，策划企业知识产权职能架构，构建企业知识产权管理体系。知识产权管理体系是由知识产权方针、目标、知识产权管理组织机构和人员职责、生产经营活动各个环节的知识产权管理事项所构成的有机整体。企业知识产权管理体系的适宜性和有效性是知识产权管理标准化成功的关键，因此企业应对照《企业知识产权管理规范》要求，依据企业的规模、行业特点和发展重点策划知识产权方针，并在方针的指导下通过最高管理者承诺，设立知识产权管理部门，任命知识产权管理者代表，明确管理职责，配备人力资源、财务资源、信息资源和基础设施，建立企业知识产权管理体系框架，为进一步推动贯标工作和实施知识产权日常管理确定基础。

构建企业知识产权管理体系框架包括如下内容：

第一，策划企业知识产权方针。知识产权方针是企业最高管理者代表企业向社会公开做出的承诺，指明企业知识产权工作奋斗的方向。最终知识产权方针应由最高管理者确定。

第二，制定企业知识产权长期和中期目标。企业应根据知识产权方针的内涵制定知识产权长期目标和中期目标。

第三，正式任命管理者代表。应从最高管理层中指定一名人员作为管理者代表，负责建立、实施并保持知识产权管理体系的运行、协调企业内外有关的知识产权工作等。

第四，设立知识产权管理部门和各部门知识产权管理职责。企业应设立专门的知识产权管理部门，负责知识产权工作，并制定各部门应承担的相关职责。

第五，设置专职管理岗位、明确专职或兼职管理者。人是管理有效开展的基础，专业和专职人员是知识产权顺利开展的前提，企业应配备专业的人员从事知识产权管理活动，明确其岗位职责和任职条件，并通过培训和教育等手段促进管理人员能力的提升。

第六，提供人力、财务、信息、基础设施方面的资源支持。资源投入是企业开展知识产权工作的保障，充足的资源投入可以确保各项工作有序地开展。

第七，将企业知识产权目标分解为年度目标和部门目标。年度目标是企业对知识产权工作绩效的一种测量方式。相关部门均应制定目标和指标，即对年度目标进行分解，明确完成条件、责任人等信息，并根据需要制定具体的实施方案。

四、编写文件

知识产权管理体系文件主要包括知识产权手册、管理程序和记录表单。知识产权手册是企业知识产权管理体系文件的总框架，是企业管理文件的总纲；管理程序是知识产权管理制度和控制程序的总称，明确规定知识产权生命周期和生产经营过程中的要求，其固化了企业中各个知识产权管理流程，是进行知识产权日常管理的依据；记录表单是知识产权活动的记录，是有效追溯知识产权管理过程的工具。知识产权体系文件应充分体现知识产权管理的需求，涵盖企业知识产权管理流程，有效管理知识产权事项。文件编写应当注意具备可操作性、适应性、灵活性，等等。

1. 知识产权手册

知识产权手册通常包括封面、批准页、目录、前言、知识产权手册的管理、适用范围、术语和缩写、知识产权方针和目标、组织机构和职责、知识产权管理体系要求、附录等，其具体介绍如下：

（1）封面

封面应按组织管理标准的统一封面格式编制。一般应包括文件编号、手册名称、组织名称、发布及实施日期等，知识产权手册的编号应按组织管理标准的统一编号办法进行。

（2）批准页

批准页为知识产权手册的发布令，一般由企业最高管理者签字发布，其内容包括简要说明知识产权手册的重要性及各部门的实施要求，以及何年何月何日起实施。

（3）目录

由于知识产权手册篇幅较长，为了查阅方便，必须编写目录。目录应列出手册所含各章节的题目和页码。各章节及前言、附录等的编排应清楚、合理。

（4）前言

前言内容主要有企业基本情况，如名称、地址、规模、通信方式等，另外还有组织发展概况，尤其是知识产权管理历史及所获得的荣誉，实施知识产权管理规范的动机、目的等。

（5）知识产权手册的管理

简要阐明知识产权手册的编制、审核、批准情况；知识产权手册修改、换版规则；知识产权手册管理、控制规则等。

（6）适用范围

指出企业实施知识产权管理规范的范围，包括裁减状况和裁减说明。

（7）术语与缩写

关于知识产权管理方面的术语，以及其他可能引起使用者误解或难于理解的专门用语的解释。

（8）知识产权方针和目标

企业为构建知识产权管理体系所确定的方针和目标。

（9）组织机构和职责

明确的机构设置，分条款地阐明影响到知识产权的各管理、执行和验证的职能部门的职责、权限以及隶属和工作关系，并以职能分工表的形式，将各知识产权管理体系要求分配到各个部门，使各要求得到落实。此部分应明确最高管理者、管理者代表、知识产权管理部门和其他职能部门的知识产权职责。

（10）知识产权管理体系要求

根据《企业知识产权管理规范》的要求，结合企业的实际情况，简要阐述对每个知识产权管理体系要素实施控制的内容、要求和措施。力求语言简明扼要、精炼准确，必要时可引用相应的程序文件。手册中各项内容的先后顺序尽可能与标准内容顺序一致，便于对照，如果非一一对应，应增加标准对照页。编制手册时必须注意覆盖标准要求，不能随意取舍或不加任何说明。

（11）附录

知识产权手册涉及附录均放于此，必要时刻附体系文件目录及相关的程序文件，附录目的在于补充说明正文的内容。

2. 记录表单

记录是指企业开展知识产权管理活动过程中形成的各类活动记载载体。包括纸张、磁盘（带）、光盘、照片、录音、录像、模型、样品等各种形式的载体。企业对知识产权管理活动的记录可以按照具体情况，采取相应的记录方式。但记录应当符合以下要求：

（1）完整性

记录应当完整，即开展任何知识产权管理活动都要留有记录，以使各项活动都有据可查。

（2）规范性

企业开展知识产权管理活动的记录应当符合企业规定的记录要求，形成统一的记录体系，不能同一类事项的记录前后记录方式不一致，有多记和少记事项。可在企业内部形成一套记录模板，按模板进行填写记录。

（3）追溯性

企业开展各项知识产权管理活动都要有记录，记录内容必须完整，即每个记录都要记载活动的所有事项，不得有遗漏内容，记录要有活动时间、地点、参加对象、活动内容、记录人、记录日期等。所有记录都应当根据其重要程度，设立归档保存期限，归档保存，以便查阅。

五、培训宣贯

颁布企业知识产权管理手册、制度、程序、表单，开展企业知识产权宣贯培训，指导各个部门、人员正确理解和执行。知识产权教育培训是企业员工推行知识产权管理体系的基础，是全体员工参与知识产权管理的要求。企业应通过各种渠道向全体员工进行知识产权管理标准化的宣传培训，包括知识产权方针的内涵，知识产权目标的要求，各个岗位的知识产权管理职责，知识产权管理制度要求，知识产权管理流程要求等。对于企业的管理层应该从宏观层面进行培训，使之明确知识产权与企业经营发展的关系；对知识产权管理人员应加强对标准理解方面的培训，使其对知识产权管理体系有总体认识和具体了解；对研究开发等重点岗位的人员应进行相关技能培训，使之能提升创新能力。在知识产权贯标培训中还必须培训专业的知识产权管理内审人员，使之了解内容的基本要求，为知识产权管理体系的内审和管理评审做好人才储备。

六、实施运行

运行企业知识产权管理体系，填写体系运行记录，定期进行体系运行监测。管理的关键是执行力，知识产权管理执行力是贯标工作成功的关键，因此应重点推动各岗位和环节的执行力，使各项知识产权活动按照流程规范的要求推进，使各种知识产权事务按照制度要求的方式管理，在管理过程中加强对记录的检查，采用规范化的记录表单记录活动情况，并依据文件规定进行归档保存。

七、内部审核

企业对其自身的知识产权管理体系进行审核，并对审核中的不合格项采取纠正和改进措施。内部审核的目的在于：确定管理体系与内部审核准则的符合程度；评价管理体系实现特定目标的能力；识别管理体系潜在改进的方面。内部审核的工作要点：

1. 审核内容

企业开展知识产权管理内部审核的内容应涵盖知识产权管理体系建立及运行

的各个环节。主要包括：企业的知识产权方针、管理目标是否与企业的发展战略相适应；知识产权管理机构是否符合企业发展的实际需要；企业知识产权管理所需的人力、基础设施、财务、信息资源是否落实；企业在生产经营流程中的知识产权管理工作是否存在不足以及实际管理绩效；企业知识产权相关合同的管理是否存在问题等。

2. 审核方法

企业开展知识产权管理内部审核可以采取多种方式。可以查阅各项内容的管理文件、台账及活动记录；也可以实施现场考察，检查各部门知识产权工作开展情况；还可以采取组织召开座谈会或者听取各部门详细汇报的方式进行。

3 审核人员

企业开展知识产权管理内部审核的人员应当由知识产权主管、知识产权管理部门及相关部门的领导、贯标工作内审员等组成。

八、管理评审

企业最高管理者就企业知识产权管理体系的现状、适宜性、充分性和有效性以及方针和目标的贯彻落实情况进行评审，从而满足标准的要求，实现企业知识产权管理的良性循环，提升企业的创新力和竞争力。

对企业知识产权管理体系运行状况的管理评估，应当由企业的最高管理层组织实施，并应当有开展管理评估活动的时间要求（如每年或每两年评估一次等）。企业开展知识产权管理体系的管理评估，主要是对知识产权管理体系的运行绩效实施评估，要依据定性和定量相结合的原则组织评估，根据企业知识产权管理体系涉及的各个环节的管理内容，采取审阅企业内部各项规章制度是否合理、各部门知识产权管理工作职责划分是否明确合理；听取各部门工作汇报；查阅各部门知识产权工作任务完成情况、工作进度记录情况、工作档案保管情况等方法，开展管理评估。管理评估的重点环节是分析企业知识产权管理体系在各个管理环节的运行情况，查找和发现存在的问题，并根据存在问题研究制定改进措施。

附录：企业知识产权管理常用法律规范一览

［1］中华人民共和国专利法（2008）

［2］中华人民共和国专利法实施细则（2010）

［3］专利审查指南（2010）、国家知识产权局关于修改《专利审查指南》的决定（2013、2017）

［4］中华人民共和国商标法（2013）

［5］中华人民共和国商标法实施条例（2014）

［6］商标评审规则（2014）

［7］中华人民共和国著作权法（2010）

［8］中华人民共和国著作权法实施条例（2013）

［9］计算机软件保护条例（2013）

［10］反不正当竞争法（1993）

［11］关于禁止侵犯商业秘密行为的若干规定（1998）

［12］《企业知识产权管理规范》（GB/T 29490-2013）